마이크로파이썬을 활용해 ESP32를 제어하고 사물인터넷(IoT) 제작하기

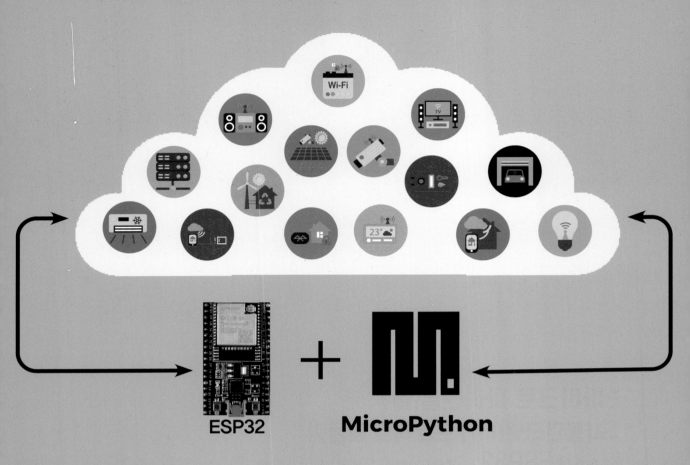

ESP32 + MicroPython

장문철 다두이노 공저

마이크로 파이썬을 활용해
사물인터넷(IoT) 프로젝트 만들기
with ESP32

:: 사물인터넷의 기본부터 실제 작동하는 시스템 설계 구축 실습까지
:: 실제 사물인터넷 장치를 만드는 과정을 단계별 실습
:: 프로그래밍의 기본 개념부터 시작해 점차 복잡한 프로젝트 구현까지

앤써북
ANSWERBOOK

마이크로 파이썬을 활용해
사물인터넷(IoT) 프로젝트 만들기
with ESP32

초판 1쇄 발행 | 2024년 02월 25일

지은이 | 장문철, 다두이노 공저
펴낸이 | 김병성
펴낸곳 | 앤써북

출판사 등록번호 | 제 382-2012-0007 호
주소 | 경기도 고양시 일산 서구 가좌동 565번지
전화 | 070-8877-4177
FAX | 031-919-9852
도서문의 | 앤써북 http://answerbook.co.kr

ISBN | 979-11-93059-20-3 13000

[안내]
• 책에서 설명한 사례 그림 또는 캡처 화면 일부가 모자이크 처리되어 있는데, 이는 각 콘텐츠 개발사와 창작자의 권리를 보호하기 위해서입니다. 책을 보시는데 약간의 불편함이 있더라도 이점 양해바랍니다.
• 이 책은 다양한 전자 부품을 활용하여 예제를 실습할 수 있습니다. 단, 전자 부품을 잘못 사용할 경우 파손 외 2차적인 피해가 발생할 수 있으니, 실습 시 반드시 책에서 표시된 내용을 준수하여 사용해야 함을 고지합니다.

Preface

머리말

마이크로파이썬을 활용하여 ESP32를 제어하고 사물인터넷(IoT) 프로젝트를 만들어봅니다. 이를 통해 우리는 사물과 사람, 또는 사물 간의 상호작용을 가능하게 하는 다양한 응용 프로그램을 구현할 수 있습니다. 사물인터넷은 우리의 일상 속에서 점점 더 많은 영역에 통합되고 있으며, 이는 기술의 발전과 함께 더욱 확장될 전망입니다.

파이썬은 그 사용의 용이성과 다양한 라이브러리 덕분에 사물인터넷 분야에서 가장 인기 있는 프로그래밍 언어 중 하나로 자리 잡고 있습니다. 이 책은 파이썬 언어를 사용하여 실제 사물인터넷 장치를 개발하고 구현하는 과정을 담고 있습니다. 특히 마이크로파이썬과 ESP32를 활용하여, 프로그래밍의 기본 개념부터 시작해 점차 복잡한 프로젝트를 구현할 수 있는 능력을 기를 수 있도록 구성되었습니다.

이 책에서는 다양한 하드웨어 부품들을 사용함으로써 학습 경험을 풍부하게 합니다. 센서, 모터, LED, 그리고 다양한 통신 모듈 등을 사용하여 실제로 작동하는 사물인터넷 장치를 만드는 것은 이론적 지식과 실제적 기술을 동시에 발전시키는 데 큰 도움이 됩니다. 이를 통해 학습자들은 사물인터넷의 기본 개념뿐만 아니라, 실제로 작동하는 시스템을 설계하고 구축하는 데 필요한 실질적인 기술을 습득할 수 있습니다.

다양한 예제와 실습을 제공하여 이러한 기술을 단계적으로 이해하고 익힐 수 있도록 돕습니다. 각 예제는 실제 사물인터넷 장치를 만드는 과정을 단계별로 안내하며, 이를 통해 학습자들은 복잡한 개념과 기술을 쉽고 재미있게 배울 수 있도록 하였습니다.

저자 **장문철**

이 책의 실습에 필요한 책 소스 파일과 긴급 공지 사항 및 정오표와 같은 안내 사항은 앤써북 공식 카페의 책 전용 게시판을 이용하시면 됩니다.

책 소스 다운로드 & 정오표

이 책의 실습에 필요한 소스 파일은 앤써북 공식 네이버 카페 좌측 중간 위치의 [마이크로파이썬 사물인터넷 프로젝트] 게시판을 클릭하고 "책 소스 및 Q&A 방법" 공지글 속의 [첨부파일 모아보기]–[내PC 저장]을 클릭하여 저장합니다. 또는 책소스 다운로드 전용게시판 주소로 바로 접근 후 다운로드 받습니다.

▶ 앤써북 공식 네이버 카페 https://cafe.naver.com/answerbook
▶ 책 소스 다운로드 전용게시판 바로가기 https://cafe.naver.com/answerbook/5782

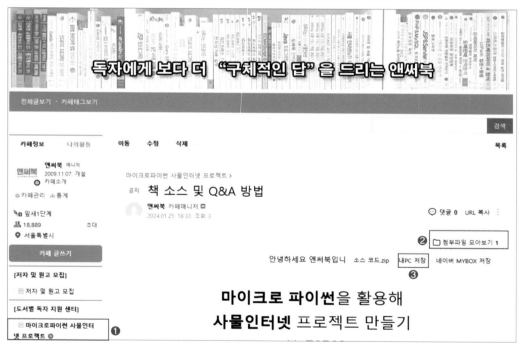

책 내용 문의하기

이 책의 실습을 진행하면서 발생하는 오류는 저자가 운영하는 다두이노 사이트의 문의게시판을 이용하면 보다 더 정확한 답변 받으실 수 있습니다.

▶ Q&A 다두이노 문의게시판 : https://daduino.co.kr/

다두이노 회원가입하고 [문의게시판]–[글쓰기] 클릭 후 문의글 작성합니다.

Hands-on supplies

이 책의 실습 준비물

이 책의 실습에 필요한 준비물은 부품 형태의 키트와 완제품 형태의 보드 두 가지 중 원하는 제품으로
선택 구입하시면 됩니다.

- 제품 1 : ESP32 사물인터넷 키트
- 제품 2 : ESP32 사물인터넷 보드

▶ 키트 및 보드 구매처 : 다두이노 www.daduino.co.kr

ESP32 사물인터넷 키트 구성 살펴보기

다음은 "ESP32 사물인터넷 키트"의 부품 목록입니다.

- 미포함 옵션사항

ESP32 CH340 타입보드

- 기본 구성품 및 옵션사항

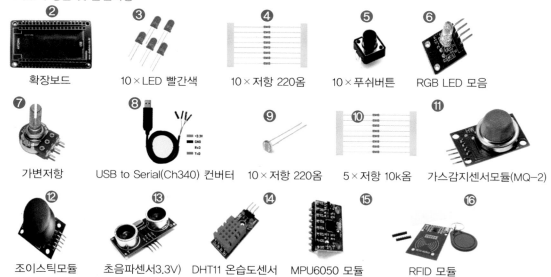

| ❷ 확장보드 | ❸ 10×LED 빨간색 | ❹ 10×저항 220옴 | ❺ 10×푸쉬버튼 | ❻ RGB LED 모음 |

| ❼ 가변저항 | ❽ USB to Serial(Ch340) 컨버터 | ❾ 10×저항 220옴 | ❿ 5×저항 10k옴 | ⑪ 가스감지센서모듈(MQ-2) |

| ⑫ 조이스틱모듈 | ⑬ 초음파센서3.3V) | ⑭ DHT11 온습도센서 | ⑮ MPU6050 모듈 | ⑯ RFID 모듈 |

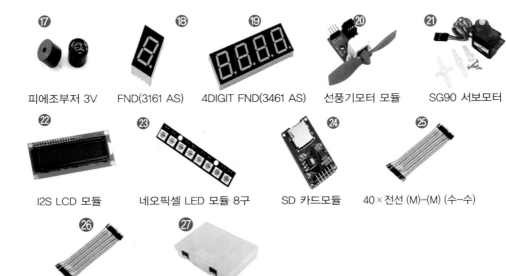

⑰ 피에조부저 3V   ⑱ FND(3161 AS)   ⑲ 4DIGIT FND(3461 AS)   ⑳ 선풍기모터 모듈   ㉑ SG90 서보모터

㉒ I2S LCD 모듈   ㉓ 네오픽셀 LED 모듈 8구   ㉔ SD 카드모듈   ㉕ 40×전선 (M)-(M) (수-수)

㉖ 40×전선 (M)-(F) (수-암)   ㉗ 케이스

부품	이름	수량	특이사항	부품	이름	수량	특이사항
❶	ESP32 CH340 타입 보드	1	옵션상품	⑮	MPU6050 가속도자이로 모듈	1	
❷	ESP32 확장보드LED 빨강	1		⑯	RFID 모듈	1	
❸	LED 빨강	10		⑰	피에조부저 부품	1	
❹	220옴 저항	20		⑱	FND(3161AS)	1	
❺	버튼	10		⑲	4DIGIT FND(3461AS)	1	
❻	RGB LED모듈	1		⑳	선풍기모터 모듈	1	
❼	가변저항	1		㉑	서보모터 SG90	1	
❽	USB to Serial(CH340) 컨버터 USB타입	1		㉒	I2C LCD 1602	1	
❾	CDS조도센서	2		㉓	네오픽셀 LED 8개 BAR타입	1	
❿	10K옴 저항	5		㉔	SD카드모듈	1	
⓫	가스센서모듈	1		㉕	수/수 점퍼케이블	1	
⓬	조이스틱모듈	1		㉖	암/수 점퍼케이블	1	
⓭	초음파센서(3.3V)	1		㉗	케이스	1	
⓮	DHT11 온습도센서모듈	1					

ESP32 사물인터넷 보드 구성 살펴보기

다음은 "ESP32 사물인터넷 보드"의 구성 목록입니다.

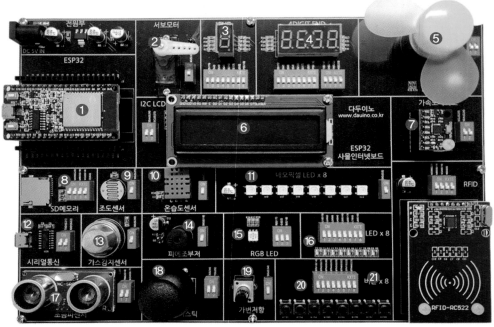

부품	이름	수량	부품	이름	수량
❶	ESP32 CH340 타입 보드	1	⑫	시리얼 통신	1
❷	서보모터	1	⑬	가스센서	1
❸	FND	1	⑭	피에조부저	1
❹	4DIGIT FND	1	⑮	RGB LED모듈	1
❺	선풍기모터	1	⑯	LED 빨강	8
❻	I2C LCD 1602	1	⑰	초음파센서	1
❼	MPU6050 가속도자이로센서	1	⑱	조이스틱	1
❽	SD카드리더기	1	⑲	가변저항	1
❾	조도센서	1	⑳	버튼	8
❿	네오픽셀 LED	1	㉑	RFID + 태그	1
⑪	네오픽셀 LED	8			

Contents
목 차

Contents
목 차

03 입력장치 및 센서

Contents
목 차

Contents
목 차

CHAPTER
08 작품만들기

파이썬
사물인터넷 시작하기

01 _ 1 사물인터넷 개요

esp32를 사용하여 마이크로파이썬과 사물인터넷을 다루는 것을 목표로 합니다. 마이크로파이썬을 사용하는 방법부터 시작하여 기본적인 입출력 기능, 센서 및 출력장치의 사용, 사물인터넷 통신 방법, 표준 프로토콜 및 사물인터넷 서비스에 대한 내용을 다룹니다. 또한 다양한 프로젝트를 통해 실제 응용 프로그램을 만드는 방법을 배울 것입니다.

01 _ 2 파이썬과 마이크로파이썬

파이썬 개요 및 특징

파이썬은 1991년에 Guido van Rossum이 개발한 고급 프로그래밍 언어로, 간결하고 읽기 쉬운 문법을 가지고 있으며, 다양한 운영 체제에서 사용할 수 있습니다. 파이썬의 주요 특징은 다음과 같습니다.

- 간결한 문법
  파이썬은 들여쓰기를 통해 코드 블록을 정의하며, 이로 인해 가독성이 좋습니다.
- 다양한 라이브러리와 모듈
  파이썬은 다양한 라이브러리와 모듈을 포함하고 있어, 다양한 작업을 수행하기 위한 도구가 풍부하게 제공됩니다.
- 크로스 플랫폼 지원
  파이썬은 다양한 운영 체제에서 동작하므로 이식성이 뛰어납니다.
- 동적 타이핑: 변수의 데이터 타입을 런타임에 결정하므로 유연한 프로그래밍이 가능합니다.

마이크로파이썬 개요 및 특징

마이크로파이썬(MicroPython)은 파이썬 프로그래밍 언어를 기반으로 한 작은 규모의 파이썬 인터프리터입니다.

주요 특징은 다음과 같습니다

- **임베디드 시스템 지원**
  마이크로파이썬은 주로 임베디드 시스템, 마이크로컨트롤러, IoT 디바이스 등의 작고 제한된 자원을 가진 환경에서 사용됩니다.
- **형 크기**
  마이크로파이썬은 작고 경량화된 인터프리터로, 메모리와 저장 공간을 효율적으로 사용합니다.
- **하드웨어 제어**
  마이크로파이썬을 사용하여 하드웨어를 제어하고 센서와 액추에이터를 다룰 수 있으며, 이로 인해 IoT 개발에 유용합니다.
- **파이썬 호환성**
  마이크로파이썬은 파이썬 3.x 버전의 문법과 라이브러리를 기반으로 하며, 파이썬 개발자들이 비교적 쉽게 사용할 수 있습니다.

파이썬과 마이크로파썬 차이

- 용도: 파이썬은 범용 프로그래밍 언어로 다양한 분야에서 사용됩니다. 반면에 마이크로파이썬은 주로 임베디드 시스템과 IoT 디바이스에서 사용되며, 하드웨어 제어에 특화되어 있습니다.
- 크기와 성능: 파이썬은 상대적으로 큰 인터프리터이고, 메모리와 저장 공간을 많이 사용합니다. 마이크로파이썬은 소형 크기로 최적화되어 자원 제약이 있는 환경에서 사용하기에 적합합니다.
- 라이브러리: 파이썬은 다양한 라이브러리와 모듈을 제공하며, 범용적으로 활용 가능합니다. 마이크로파이썬은 하드웨어 관련 라이브러리와 모듈이 강조됩니다.
- 생태계: 파이썬은 넓은 개발자 커뮤니티와 풍부한 문서화, 지원을 가지고 있습니다. 마이크로파이썬은 상대적으로 작은 생태계를 가지고 있지만, IoT 개발자들 사이에서는 인기가 있습니다.

이러한 차이로 인해 파이썬과 마이크로파이썬은 서로 다른 용도와 환경에서 사용됩니다. 파이썬은 범용 프로그래밍 언어로 다양한 분야에서 활용되는 반면, 마이크로파이썬은 제한된 자원을 가진 임베디드 시스템과 IoT 디바이스에서 하드웨어 제어를 위해 사용됩니다.

01 _ 3 마이크로파이썬 개발환경 구성

구글에서 thonny를 검색 후 Thonny 사이트에 접속합니다.

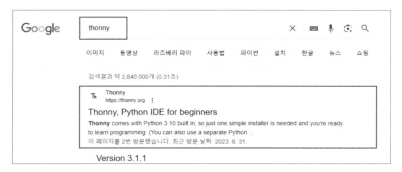

[Windows] 부분에 마우스를 이동합니다.

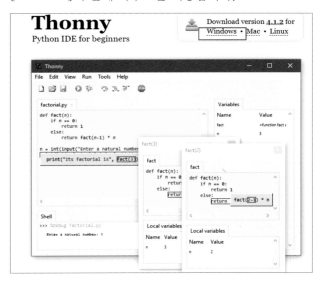

Thonny의 설치파일을 다운로드 받습니다. 64bit 설치버전으로 다운로드 받아 진행합니다. 버전은 다운로드 시점의 최신버전을 다운로드받습니다.

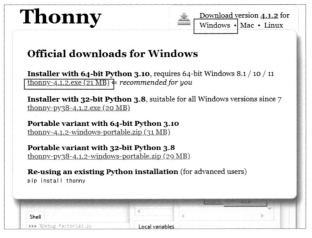

다운로드된 파일을 더블클릭하여 설치를 진행합니다. 버전은 다운로드 시점의 최신버전을 다운로드 받습니다.

Install for me only를 클릭하여 설치를 진행합니다.

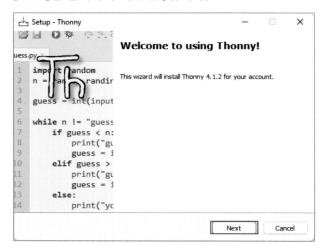

[Next]를 클릭하여 계속진행합니다.

[Next]를 클릭하여 계속진행합니다.

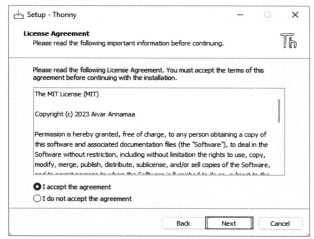

[Next]를 클릭하여 계속진행합니다. 설치되는 폴더의 위치입니다. 변경하지 않습니다.

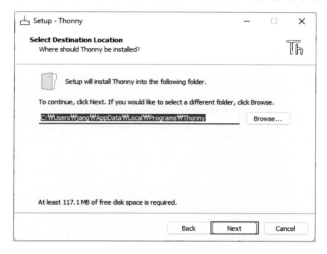

[Next]를 클릭하여 계속진행합니다.

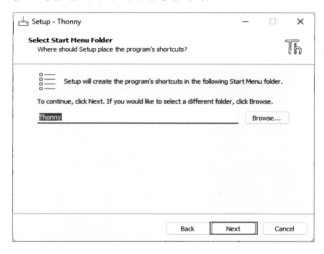

[Next]를 클릭하여 계속진행합니다. 바탕화면에 아이콘을 만드는 옵션을 체크하여도 무방합니다.

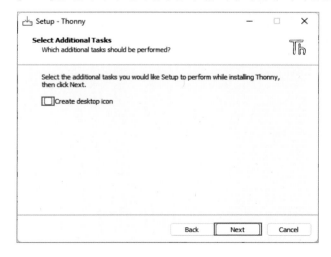

[Install]를 클릭하여 설치합니다.

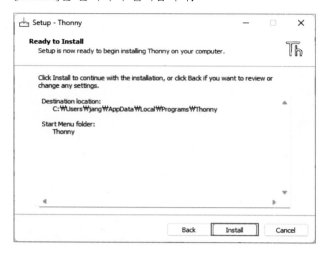

[Finish]를 클릭하여 설치를 완료합니다.

바탕화면에 아이콘이 없다면 [검색]에서 thonny를 검색 후 앱을 실행합니다.

언어를 [한국어]로 변경 후 [Lets go]를 클릭하여 Thonny를 실행합니다.

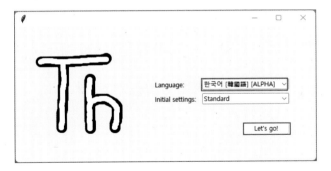

파이썬 코드를 작성할 수 있는 Thonny가 실행되었습니다.

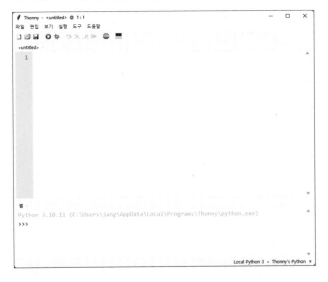

영어로 설정하였다면 아래의 [도구Tool] ─〉[옵션option] 에 접속합니다.

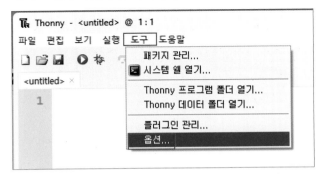

[언어 Language]를 한국어로 변경 후 [확인 OK]를 눌러 언어를 한국어로 변경합니다.

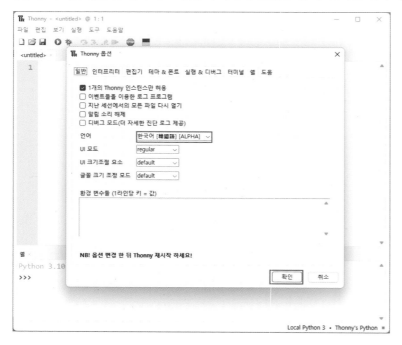

ESP32와 PC 연결

ESP32에 마이크로파이썬을 사용하기 위해서는 마이크로파이썬을 ESP32에 한번 업로드를 해야합니다.

USB케이블을 이용하여 보드와 연결합니다.

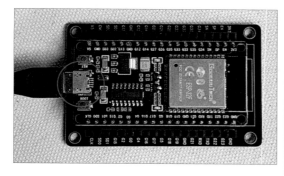

CH340 드라이버 설치

책에서 사용하는 ESP32 보드의 경우 USB to Serial 통신을 위한 칩으로 CH340을 사용합니다. ch340의 드라이버를 설치합니다.

구글에서 ch340 driver download를 검색한다음 아래 gogo.co.nz 사이트에 접속합니다.

[Windows CH340 Driver] 부분을 클릭하여 드라이버를 다운로드 받습니다.

The CH340 chip is used by a number of Arduino compatible board and much less painful.

Windows

(Manufacturer's Chinese Info Link)

- Download the Windows CH340 Driver
- Unzip the file
- Run the installer which you unzipped
- In the Arduino IDE when the CH340 is connected you will see a C system.

다운로드받은 압축파일의 압축을 풀어 줍니다.

CH34x_Install_Windows_v3_4.zip
CH34x_Install_Windows_v3_4

압축을 푼 폴더에 접속하여 설치파일을 더블클릭합니다.

CH34x_Install_Windows_v3_4.EXE

[INSTALL]을 클릭하여 설치를 진행합니다. 설치 실패(FAIL)이 나온다면 ESP32보드의 USB케이블을 연결한 다음 다시 [INSTALL]을 클릭하여 설치합니다.

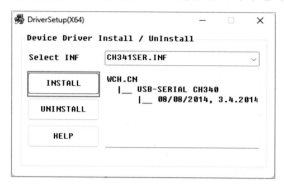

설치가 완료되면 [확인]을 클릭 후 [X]를 눌러 드라이버 설치프로그램을 닫습니다.

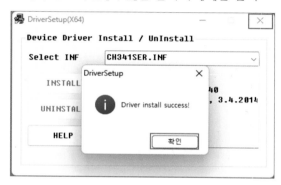

ESP32에 마이크로파이썬 설치

ESP32에 마이크로파이썬을 설치합니다. 설치는 한 번만 진행되며 설치가 완료되면 ESP32보드에 마이크로파이썬이 설치되어 파이썬 명령어를 해석하는 해석기가 설치됩니다.

Thonny에서 [도구] -> [옵션]을 클릭합니다.

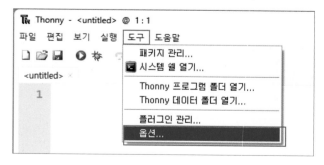

[인터프리터] 탭으로 이동하여 인터프리터(명령어해석기) 부분에 MicoroPython(ESP32)를 선택합니다. 포트는 자동 검출로 선택한다음 [Install or update MicroPython(esptool)] 부분을 클릭합니다.

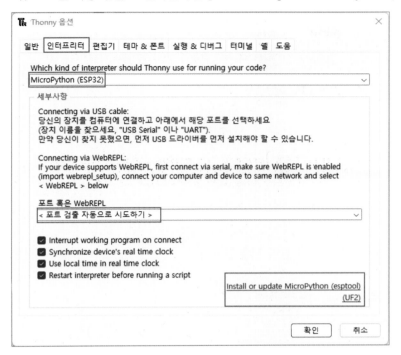

포트가 자동으로 검출되지 않는다면 [포트 혹은 WebREPL]에서 USB Serial로 되어 있는 포트를 선택합니다.

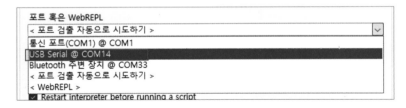

Taget port: [USB Serial @ COMXX]을 선택합니다. COM뒤에 번호는 컴퓨터마다 다르므로 ESP32가 연결된 포트를 선택합니다.

MicroPython family: [ESP32]를 선택합니다.

variant: [Espressif ESP32 / WROOM]을 선택합니다.

version: [1.20.0]으로 선택합니다. 2023.09월 기준 1.20.0 버전이 최신이나 설치시점의 최신버전으로 선택하여 설치합니다.

설정 완료 후 [설치] 버튼을 클릭하여 설치를 진행합니다. 설치는 컴퓨터마다 다르나 2~10분 가량 소요됩니다.

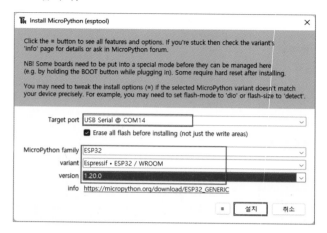

Done! 으로 설치가 완료되었으면 [닫기]를 눌러 설치 창을 닫습니다.

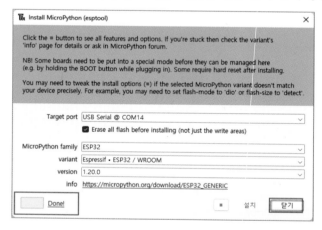

옵션에서도 [확인]을 눌러 MicroPython (ESP32)로 파이썬을 시작합니다.

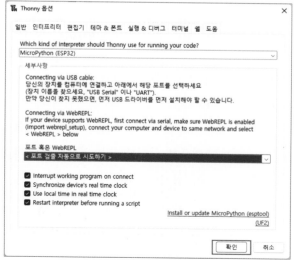

ESP32와 Thonny가 잘 연결되었다면 아래 [쉘] 영역에 MicroPython v1.20.0 으로 연결된 버전이 출력됩니다. 연결되지 않는다면 [STOP]아이콘을 눌러 ESP32보드를 리셋하여 연결을 확인합니다. 잘 연결되었다면 설치를 완료하였습니다.

Thonny 편집기에서 오른쪽 아래 부분을 클릭하여 연결된 파이썬 환경의 확인이 가능하며 다른 환경으로 변경도 가능합니다.

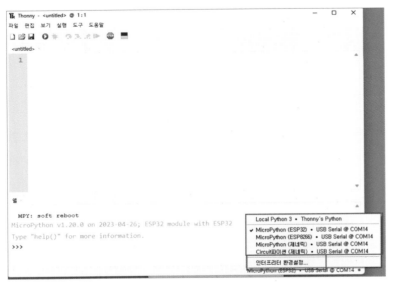

Thonny에서 파이썬을 조금더 편하게 사용하기
위해서 자동완성 기능을 활성화 합니다.
[도구] -> [옵션]을 클릭합니다.

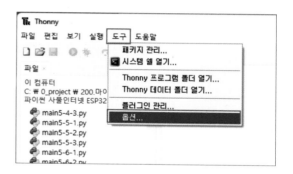

편집기 탭에서 Automatically로 시작하는 옵션 두 개를 체크한다음 [확인]을 눌러 저장합니다.
Thonny에서 자동완성을 사용하기 위한 옵션입니다.

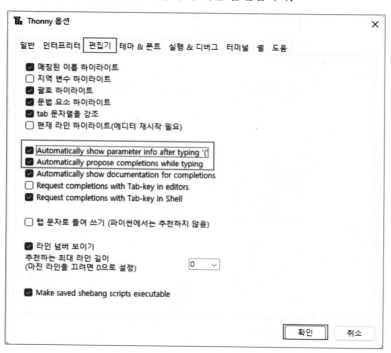

print를 입력한다고 하면 print 모든 글자를 입력하지 않고 몇글자만 입력하더라도 thonny에서 완
성된 함수 등을 추천하여 중간에 엔터를 입력하면 글자를 완성합니다. 자동완성 기능으로 코드를 작
성할 때 매우 편리한 기능입니다.

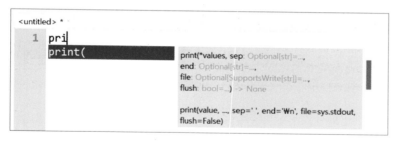

라이브러리 설치

제공되는 라이브러리는 ESP32 마이크로파이썬 장치에 설치되어야 합니다.

※ 모든 기능이 추가적인 라이브러리가 필요하지는 않으나, 초음파센서, SD카드, RFID 등 복잡한 기능을 하는 부품에서 라이브러리가 활용됩니다.

아래 주소에 접속한 후 [라이브러리.zip]을 다운로드 받습니다.

https://munjjac.tistory.com/13

라이브러리 마이크로파이썬에 업로드하기

다운로드 받은 라이브러리 파일의 압축을 풀어 준비합니다.

아래와 같이 초음파센서, LCD, SD카드 등 다양한 라이브러리 파일이 있습니다.

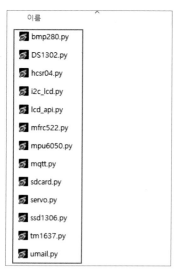

마이크로파이썬 장치의 파일 내용을 확인하기 위해 [보기] -> [파일]을 체크합니다.

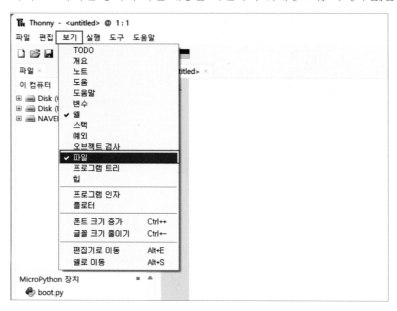

압축을 푼 [라이브러리] 폴더로 이동합니다.

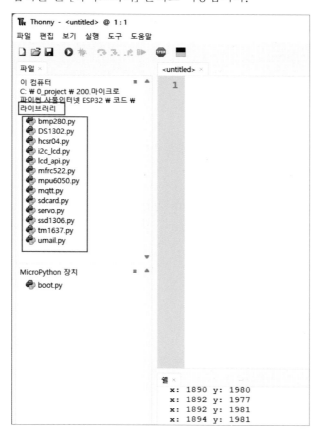

처음파일을 선택 후 [쉬프트+마지막 파일]을 선택하면 모든 파일의 선택이 가능합니다. 모든 파일을 선택 후 마우스 오른쪽을 클릭한다음 [/에 업로드]를 클릭하여 마이크로파이썬 장치에 라이브러리를 업로드합니다.

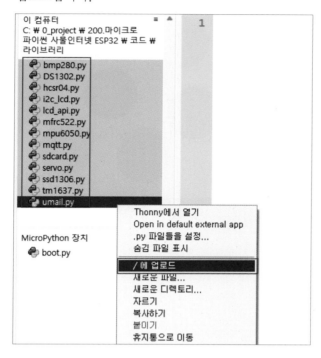

업로드 중입니다.

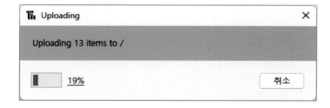

업로드가 완료되면 마이크로파이썬 장치에 라이브러리가 모두 업로드 되었습니다. 모든 예제코드에서 라이브러리를 사용하지는 않으나 LCD, 온습도센서 등 외부 장치 등을 제어할 때 라이브러리를 사용합니다.

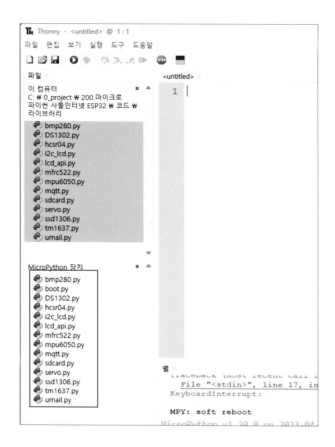

마이크로파이썬 장치의 저장공간 확인도 가능합니다.

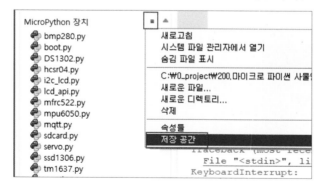

전체공간 2.0MB 중에 108KB를 사용하여 1.9MB만큼 사용가능합니다.

01 _ 4 파이썬 기초 문법

파이썬의 기초 문법에 대해서 알아보겠습니다.

출력과 입력

출력

print()함수를 이용한 출력방법을 소개합니다.

```
main1-4-1.py
01    print("1 hello")
02    print("2 hello","hi")
03    print("3 hello","hi","happy")
04    print("4 hello"+"hi")
05    print("5 hello",end="")
06    print("6 hi")
07    print('7 hello', "hi", 'good')
08    print("8 'say hello'")
09    print('9 "say happy"')
```

위 소스 코드를 줄별로 설명해 드리겠습니다.

01 'print("1 hello")': "1 hello"라는 문자열을 출력하는 명령입니다.

02 'print("2 hello","hi")': "2 hello"와 "hi"라는 두 개의 문자열을 출력합니다. 여러 개의 인자를 ','로 구분하여 출력할 수 있습니다.

03 'print("3 hello","hi","happy")': "3 hello", "hi", "happy"라는 세 개의 문자열을 출력합니다. 역시 ','로 구분되어 출력됩니다.

04 'print("4 hello"+"hi")': "4 hellohi"라는 문자열을 출력합니다. 문자열 연결 연산자 '+'를 사용하여 두 문자열을 이어붙입니다.

05 'print("5 hello",end="")': "5 hello"를 출력하고, 'end' 매개변수를 빈 문자열("")로 설정하여 다음 'print' 문이 줄바꿈 없이 이어서 출력됩니다.

06 'print("6 hi")': "6 hi"라는 문자열을 출력하며, 앞선 'print' 문과 이어서 출력됩니다.

07 'print('7 hello', "hi", 'good')': '7 hello', "hi", 'good'라는 세 개의 문자열을 출력합니다. 작은 따옴표나 큰 따옴표로 감싸진 문자열은 모두 문자열로 처리됩니다.

08 'print("8 'say hello'")': "8 'say hello'"라는 문자열을 출력합니다. 작은 따옴표 안에 있는 문자열은 큰 따옴표로 둘러싸여 있기 때문에 출력됩니다.

09 'print('9 "say happy"')': '9 "say happy"'라는 문자열을 출력합니다. 큰 따옴표 안에 있는 문자열은 작은 따옴표로 둘러싸여 있기 때문에 출력됩니다.

[◑ 현재 스크립트 실행] 아이콘을 클릭하여 코드를 실행합니다.

각 결과값이 셸 영역에 출력되었습니다.

```
셸
MPY: soft reboot
1 hello
2 hello hi
3 hello hi happy
4 hellohi
5 hello6 hi
7 hello hi good
8 'say hello'
9 "say happy"
```

입력

input()함수를 사용하여 사용자 값을 입력받아 저장하고 그값을 더하는 방법을 알아봅니다.

main1-4-2.py

```
1    a = input("첫 번째 값을 입력하세요:")
2    print("첫 번째 값 출력",a)
3
4    b = input("두 번째 값을 입력하세요:")
5    print("두 번째 값 출력",b)
6
7    print("더한 값:",a+b)
```

01 'a = input("첫 번째 값을 입력하세요:")': 사용자로부터 입력을 받기 위해 'input' 함수를 사용합니다. 이 함수는 사용자로부터 문자열을 입력받고, 그 값을 변수 'a'에 저장합니다. 입력 시에 "첫 번째 값을 입력하세요:"라는 메시지가 사용자에게 표시됩니다.

02 'print("첫 번째 값 출력",a)': 변수 'a'에 저장된 값을 출력하는 명령입니다. "첫 번째 값 출력" 라는 문자열과 'a' 변수에 저장된 값이 함께 출력됩니다.

04 'b = input("두 번째 값을 입력하세요:")': 두 번째 값을 입력받기 위해 'input' 함수를 다시 사용합니다. 사용자로부터 입력받은 값을 변수 'b'에 저장합니다. 입력 시에 "두 번째 값을 입력하세요:"라는 메시지가 표시됩니다.

05 'print("두 번째 값 출력",b)': 변수 'b'에 저장된 값을 출력하는 명령입니다. "두 번째 값 출력" 라는 문자열과 'b' 변수에 저장된 값이 함께 출력됩니다.

07 'print("더한 값",a+b)': 변수 'a'와 'b'에 저장된 값을 더하는 명령입니다. 그러나 주의해야 할 점은 'input' 함수로 입력받은 값은 문자열로 저장되기 때문에, 이 코드는 두 문자열을 단순히 이어붙이는 연산을 수행합니다. 즉, 두 문자열을 연결하고 "더한 값" 문자열과 함께 출력합니다. 정수나 실수로 더하기를 원하면 입력 값을 정수나 실수로 변환해야 합니다.

[● 현재 스크립트 실행] 아이콘을 클릭하여 코드를 실행합니다.

쉘 영역에서 값을 입력합니다.

```
쉘
>>> %Run -c $EDITOR_CONTENT

 MPY: soft reboot
 첫 번째 값을 입력하세요:
```

첫 번째 값은 10, 두 번째 값은 hello를 입력하였습니다. input()으로 입력한 값은 모두 문자열로 10과 hello를 더해 문자열을 이어붙인 형태로 출력되었습니다. 문자열의 덧셈은 문자열을 이어붙인 형태입니다.

```
쉘
>>> %Run -c $EDITOR_CONTENT

 MPY: soft reboot
 첫 번째 값을 입력하세요:10
 첫 번째 값 출력 10
 두 번째 값을 입력하세요:hello
 두 번째 값 출력 hello
 더한 값: 10hello
>>>
```

변수와 자료형

숫자형, 문자형, 불형

- 정수형 (int): 정수를 나타냅니다. 예를 들어, 1, 100, −5 등의 값을 저장할 수 있습니다.
- 부동소수점형 (float): 실수를 나타냅니다. 소수점을 가진 숫자를 표현할 때 사용합니다. 예를 들어, 3.14, −0.5, 2.0 등이 있습니다.
- 문자열 (str): 문자의 시퀀스를 나타냅니다. 작은 따옴표(')나 큰 따옴표(")로 둘러싸인 문자들의 집합입니다. 예를 들어, "Hello, World!"나 'Python'과 같은 문자열이 있습니다. 문자열은 인덱싱, 슬라이싱 및 다양한 문자열 연산을 지원합니다.
- 불형 (Boolean): 불리언 (bool): 참(True) 또는 거짓(False)을 나타냅니다. 주로 조건문과 논리 연산에 사용됩니다. 예를 들어, 조건문에서 어떤 조건이 참이면 True를 반환하고, 그렇지 않으면 False를 반환합니다.

아래의 코드를 작성합니다.

main1-4-3.py

```
01    a =10
02    b =3.14
03    c ="abc"
04    d ='20'
05    e =True
06
07    print("타입비교:",type(a),type(b),type(c),type(d),type(e))
08
09    print("a+b:",a+b)
10    print("c+d:",c+d)
11    print("b+d:",str(b)+d)
12    print("b+d:",b+int(d))
```

01 'a = 10': 정수형 변수 'a'를 선언하고 값을 10으로 초기화합니다.

02 'b = 3.14': 부동소수점형 변수 'b'를 선언하고 값을 3.14로 초기화합니다.

03 'c = "abc"': 문자열 변수 'c'를 선언하고 값을 "abc"로 초기화합니다.

04 'd = '20'': 문자열 변수 'd'를 선언하고 값을 '20'으로 초기화합니다. 따옴표로 감싸져 있기 때문에 문자열로 처리됩니다.

05 'e = True': 불리언 변수 'e'를 선언하고 값을 True로 초기화합니다.

07 'print("타입비교:", type(a), type(b), type(c), type(d), type(e))': 변수들의 타입을 비교하여 출력합니다. 'type()' 함수를 사용하여 각 변수의 데이터 타입을 확인하고, 이를 문자열과 함께 출력합니다.

09 'print("a+b:", a + b)': 변수 'a'와 'b'의 값을 더한 결과를 출력합니다. 'a'는 정수, 'b'는 부동소수점이므로 정수와 부동소수점을 더한 결과가 출력됩니다.

10 'print("c+d:", c + d)': 문자열 변수 'c'와 'd'의 값을 이어붙여 출력합니다. 문자열 연결이므로 "abcd"가 출력됩니다.

11 'print("b+d:", str(b) + d)': 부동소수점 변수 'b'를 문자열로 변환한 후 문자열 변수 'd'와 이어붙여 출력합니다. 결과적으로 "3.1420"이 출력됩니다.

12 'print("b+d:", b + int(d))': 부동소수점 변수 'b'와 정수로 변환한 문자열 변수 'd'를 더하고 결과를 출력합니다. 'int(d)'는 문자열 '20'을 정수 20으로 변환하며, 따라서 부동소수점과 정수를 더한 결과가 출력됩니다.

[● 현재 스크립트 실행] 아이콘을 클릭하여 코드를 실행합니다.

```
셸
>>> %Run -c $EDITOR_CONTENT

 MPY: soft reboot
 타입비교: <class 'int'> <class 'float'> <class 'str'> <class 'str'> <class 'bool'>
 a+b: 13.14
 c+d: abc20
 b+d: 3.1420
 b+d: 23.14
>>>
```

리스트

리스트(list)는 파이썬에서 가장 기본적이고 유용한 데이터 구조 중 하나입니다. 리스트는 여러 항목을 담을 수 있는 순서가 있는 배열 형태의 데이터 구조를 제공합니다. 각 항목은 콤마로 구분되며, 대괄호 '[ ]'로 묶여 있습니다. 리스트는 다양한 데이터 유형을 혼합하여 저장할 수 있습니다. 리스트를 사용하면 데이터를 쉽게 추가, 삭제, 수정하거나 검색할 수 있습니다.

main1-4-4.py

```python
01    a_list = [1,2,3.14,"hello"]
02    print("a_list:",a_list)
03
04    b_list = [1,2,3.14,"hello",['hi',500]]
05    print("b_list:",b_list)
06
07    #리스트 인덱스
08    c_list = [1,2,3,4,5,6]
09    print("c_list:",c_list)
10    print("c_list[0]:",c_list[0])
11    print("c_list[2]:",c_list[2])
12    print("c_list[-1]:",c_list[-1])
13    print("c_list[-3]:",c_list[-3])
14
15    #리스트 슬라이스
16    d_list = [1,2,3,4,5,6]
17    print("d_list:",d_list)
18    print("d_list[0:2]:",d_list[0:2])
19    print("d_list[:2]:",d_list[:2])
20    print("d_list[2:]:",d_list[2:])
```

01 'a_list = [1, 2, 3.14, "hello"]': 리스트 'a_list'를 생성하고, 정수, 부동소수점, 문자열로 구성된 요소들을 포함합니다.
02 'print("a_list:", a_list)': 리스트 'a_list'의 내용을 출력합니다.
04 'b_list = [1, 2, 3.14, "hello", ['hi', 500]]': 리스트 'b_list'를 생성하고, 리스트 안에 또 다른 리스트를 포함합니다. 이러한 중첩된 리스트를 만들 수 있습니다.
05 'print("b_list:", b_list)': 리스트 'b_list'의 내용을 출력합니다.
08 'c_list = [1, 2, 3, 4, 5, 6]': 정수로만 구성된 리스트 'c_list'를 생성합니다.
10 'print("c_list[0]:", c_list[0])': 리스트 'c_list'의 첫 번째 요소(인덱스 0)를 출력합니다.

11 'print("c_list[2]:", c_list[2])': 리스트 'c_list'의 세 번째 요소(인덱스 2)를 출력합니다.

12 'print("c_list[-1]:", c_list[-1])': 리스트 'c_list'의 마지막 요소(음수 인덱스 –1을 사용하여)를 출력합니다.

13 'print("c_list[-3]:", c_list[-3])': 리스트 'c_list'의 뒤에서 세 번째 요소(음수 인덱스 –3을 사용하여)를 출력합니다.

15 'd_list = [1, 2, 3, 4, 5, 6]': 정수로만 구성된 또 다른 리스트 'd_list'를 생성합니다.

17 'print("d_list:", d_list)': 리스트 'd_list'의 내용을 출력합니다.

18 'print("d_list[0:2]:", d_list[0:2])': 리스트 'd_list'의 처음부터 두 번째 요소(인덱스 0부터 1까지) 슬라이싱하여 출력합니다.

19 'print("d_list[:2]:", d_list[:2])': 리스트 'd_list'의 처음부터 두 번째 요소(인덱스 0부터 1까지) 슬라이싱하여 출력합니다. 슬라이스 시작 인덱스를 지정하지 않으면 자동으로 0부터 시작합니다.

20 'print("d_list[2:]:", d_list[2:])': 리스트 'd_list'의 세 번째 요소(인덱스 2)부터 마지막 요소까지 슬라이싱하여 출력합니다. 슬라이스 종료 인덱스를 지정하지 않으면 자동으로 리스트의 끝까지 포함합니다.

[● 현재 스크립트 실행] 아이콘을 클릭하여 코드를 실행합니다.

```
셸
MPY: soft reboot
a_list: [1, 2, 3.14, 'hello']
b_list: [1, 2, 3.14, 'hello', ['hi', 500]]
c_list: [1, 2, 3, 4, 5, 6]
c_list[0]: 1
c_list[2]: 3
c_list[-1]: 6
c_list[-3]: 4
d_list: [1, 2, 3, 4, 5, 6]
d_list[0:2]: [1, 2]
d_list[:2]: [1, 2]
d_list[2:]: [3, 4, 5, 6]
```

튜플

튜플(tuple)은 리스트와 유사한 데이터 구조로, 여러 항목을 저장할 수 있는 순서가 있는 컬렉션입니다. 하지만 튜플과 리스트의 가장 큰 차이점은 튜플은 불변(immutable)하다는 점입니다. 즉, 한 번 생성된 튜플은 그 내용을 변경할 수 없습니다.

튜플은 괄호 '( )'로 묶거나, 괄호 없이 콤마 ','로 구분된 항목을 나열하여 생성할 수 있습니다. 주로 데이터를 변경하면 안 되는 상황에서 사용하며, 리스트보다 메모리 효율적인 경우가 있습니다.

```
main1-4-5.py
01    a_tuple = (1,2,3,"hello")
02    print("a_tuple:",a_tuple)
03    print(type(a_tuple))
04
05    b_tuple =2,3,4,"hello"
06    print("b_tuple:",b_tuple)
07    print(type(b_tuple))
08
09    #튜플 인덱싱 및 슬라이싱
10    print("b_tuple[0]:",b_tuple[0])
11    print("b_tuple[:2]:",b_tuple[:2])
12
13    #튜플 값 변경
14    b_tuple[0] =10
```

01 'a_tuple = (1, 2, 3, "hello")': 튜플 'a_tuple'을 생성하고, 정수와 문자열로 구성된 요소들을 포함합니다. 튜플은 소괄호 '()'를 사용하여 생성합니다.

02 'print("a_tuple:", a_tuple)': 튜플 'a_tuple'의 내용을 출력합니다.

03 'print(type(a_tuple))': 튜플 'a_tuple'의 데이터 타입을 출력합니다. 이 코드는 'type()' 함수를 사용하여 튜플의 데이터 타입을 확인하는 예제입니다.

05 'b_tuple = 2, 3, 4, "hello"': 괄호 없이 튜플 'b_tuple'을 생성합니다. 일반적으로 튜플은 괄호로 둘러싸지만, 괄호 없이도 여러 값들을 쉼표로 구분하여 튜플을 생성할 수 있습니다.

06 'print("b_tuple:", b_tuple)': 튜플 'b_tuple'의 내용을 출력합니다.

07 'print(type(b_tuple))': 튜플 'b_tuple'의 데이터 타입을 출력합니다.

10 'print("b_tuple[0]:", b_tuple[0])': 튜플 'b_tuple'의 첫 번째 요소(인덱스 0)를 출력합니다.

11 'print("b_tuple[:2]:", b_tuple[:2])': 튜플 'b_tuple'의 처음부터 두 번째 요소(인덱스 0부터 1)까지 슬라이싱하여 출력합니다.

13 'b_tuple[0] = 10': 이 코드는 튜플의 값을 변경하려고 시도하는 부분입니다. 그러나 튜플은 변경 불가능한 자료형이므로 에러가 발생할 것입니다. 튜플 내부의 값을 수정하려면 새로운 튜플을 생성해야 합니다.

[● 현재 스크립트 실행] 아이콘을 클릭하여 코드를 실행합니다.

튜플은 리스트와 마찬가지로 인덱싱과 슬라이싱을 이용하여 값을 가져올수 있습니다. 다만 튜플의 요소를 변경하면 에러가 발생합니다.

```
쉘
>>> %Run -c $EDITOR_CONTENT

MPY: soft reboot
a_tuple: (1, 2, 3, 'hello')
<class 'tuple'>
b_tuple: (2, 3, 4, 'hello')
<class 'tuple'>
b_tuple[0]: 2
b_tuple[:2]: (2, 3)
Traceback (most recent call last):
  File "<stdin>", line 14, in <module>
TypeError: 'tuple' object doesn't support item assignment
>>>
```

딕셔너리

딕셔너리(dictionary)는 파이썬에서 사용되는 키-값 쌍(key-value pair) 데이터 구조입니다. 딕셔너리는 중괄호 '{ }'로 묶여 있으며, 각 항목은 키(key)와 그에 해당하는 값(value)으로 구성됩니다. 키는 고유하며 변경되지 않는 값이며, 값은 키에 연결된 데이터를 나타냅니다.

딕셔너리는 데이터를 검색하고 저장하는 데 효율적이며, 키를 사용하여 값을 빠르게 찾을 수 있습니다. 딕셔너리는 다양한 데이터 형식을 값으로 포함할 수 있으며, 유연하게 데이터를 구조화하는 데 사용됩니다.

main1-4-6.py

```
1    a_dict = {"name":'dain', "age": 7, "like": "mom"}
2    print("a_dict:",a_dict)
3    print('a_dict["name"]:',a_dict["name"])
4
5    #값추가
6    a_dict["height"] =120
7    print("a_dict:",a_dict)
```

01 'a_dict = {"name": 'dain', "age": 7, "like": "mom"}': 딕셔너리 'a_dict'를 생성합니다. 이 딕셔너리에는 "name", "age", "like"라는 키(key)와 이에 해당하는 값(value)들이 포함되어 있습니다. 딕셔너리는 중괄호 '{}'를 사용하여 생성하며, 각 항목은 콜론(':')으로 키와 값이 구분됩니다.

02 'print("a_dict:", a_dict)': 딕셔너리 'a_dict'의 내용을 출력합니다.

03 'print('a_dict["name"]:', a_dict["name"])': 딕셔너리 'a_dict'에서 "name" 키의 값을 출력합니다. 대괄호를 사용하여 딕셔너리에서 특정 키에 해당하는 값을 얻을 수 있습니다.

05 'a_dict["height"] = 120': 딕셔너리 'a_dict'에 "height"라는 키와 값 120을 추가합니다. 새로운 키와 값을 추가할 때는 대괄호를 사용하여 키를 지정하고 등호('=')를 통해 값을 할당합니다.

06 'print("a_dict:", a_dict)': 딕셔너리 'a_dict'의 내용을 출력합니다. 이번에는 "height" 키와 값이 추가되어 출력됩니다.

[▶ 현재 스크립트 실행] 아이콘을 클릭하여 코드를 실행합니다.

```
쉘
>>> %Run -c $EDITOR_CONTENT

 MPY: soft reboot
 a_dict: {'name': 'dain', 'age': 7, 'like': 'mom'}
 a_dict["name"]: dain
 a_dict: {'like': 'mom', 'height': 120, 'name': 'dain', 'age': 7}
>>>
```

연산자와 제어문

산술연산자

산술 연산자(arithmetic operators)는 숫자형 데이터를 사용하여 수학적 연산을 수행하는 데 사용되는 연산자들입니다. 주요 산술 연산자는 다음과 같습니다:

❶ 덧셈 연산자 (+): 두 숫자를 더합니다.

❷ 뺄셈 연산자 (−): 첫 번째 숫자에서 두 번째 숫자를 뺍니다.

❸ 곱셈 연산자 (*): 두 숫자를 곱합니다.

❹ 나눗셈 연산자 (/): 첫 번째 숫자를 두 번째 숫자로 나눕니다. 결과는 부동소수점 형태일 수 있습니다.

❺ 정수 나눗셈 연산자 (//): 첫 번째 숫자를 두 번째 숫자로 나눈 뒤 소수점 이하를 버린 정수값을 반환합니다.

❻ 나머지 연산자 (%): 첫 번째 숫자를 두 번째 숫자로 나눈 나머지를 반환합니다.

❼ 거듭제곱 연산자 (**): 첫 번째 숫자를 두 번째 숫자의 거듭제곱으로 계산합니다.

산술 연산자는 숫자형 데이터를 다루는 데 사용되며, 수학적 계산을 프로그램에서 수행할 때 필수적입니다.

```
01    a =50
02    b =20
03
04    print("a+b:", a+b) #더하기
05    print("a-b:", a-b) #빼기
06    print("a*b:", a*b) #곱하기
07    print("a/b:", a/b) #나누기
08    print("a%b:", a%b) #나머지
09    print("a//b:", a//b) #몫
10    print("a**b:", a**b) #거듭제곱
```

01 'a = 50': 정수 변수 'a'를 선언하고 값을 50으로 초기화합니다.
02 'b = 20': 정수 변수 'b'를 선언하고 값을 20으로 초기화합니다.
04 'print("a+b:", a+b)': 변수 'a'와 'b'를 더한 결과를 출력합니다. 이 경우 50 + 20 = 70이므로 "a+b: 70"이 출력됩니다.
05 'print("a-b:", a-b)': 변수 'a'에서 'b'를 뺀 결과를 출력합니다. 50 - 20 = 30이므로 "a-b: 30"이 출력됩니다.
06 'print("a*b:", a*b)': 변수 'a'와 'b'를 곱한 결과를 출력합니다. 50 * 20 = 1000이므로 "a*b: 1000"이 출력됩니다.
07 'print("a/b:", a/b)': 변수 'a'를 변수 'b'로 나눈 결과를 출력합니다. 50 / 20 = 2.5이므로 "a/b: 2.5"가 출력됩니다.
08 'print("a%b:", a%b)': 변수 'a'를 변수 'b'로 나눈 나머지를 출력합니다. 50 % 20 = 10이므로 "a%b: 10"이 출력됩니다.
09 'print("a//b:", a//b)': 변수 'a'를 변수 'b'로 나눈 몫을 출력합니다. 50 // 20 = 2이므로 "a//b: 2"가 출력됩니다.
10 'print("a**b:", a**b)': 변수 'a'를 변수 'b'만큼 거듭제곱한 결과를 출력합니다. 50^20은 매우 큰 수이므로 정확한 결과를 표현하기 어렵지만, "a**b: 큰 수"와 같이 출력될 것입니다.

[⊙ 현재 스크립트 실행] 아이콘을 클릭하여 코드를 실행합니다.

```
쉘
>>> %Run -c $EDITOR_CONTENT

MPY: soft reboot
a+b: 70
a-b: 30
a*b: 1000
a/b: 2.5
a%b: 10
a//b: 2
a**b: 95367431640625000000000000000000000
>>>
```

비교연산자

비교 연산자(comparison operators)는 두 개의 값을 비교하여 논리적인 참(True) 또는 거짓(False)을 반환하는 연산자들입니다. 주로 조건문과 함께 사용되어 프로그램에서 조건을 평가하는 데 사용됩니다. 다음은 주요 비교 연산자입니다:

❶ **동등 비교 연산자 (==):** 두 값이 서로 같으면 참(True)을 반환합니다.

❷ **부등 비교 연산자 (!=):** 두 값이 서로 다르면 참(True)을 반환합니다.

❸ **크다 비교 연산자 ()):** 왼쪽 값이 오른쪽 값보다 크면 참(True)을 반환합니다.

❹ **작다 비교 연산자 (():** 왼쪽 값이 오른쪽 값보다 작으면 참(True)을 반환합니다.

❺ **크거나 같다 비교 연산자 ()=):** 왼쪽 값이 오른쪽 값보다 크거나 같으면 참(True)을 반환합니다.

❻ **작거나 같다 비교 연산자 ((=):** 왼쪽 값이 오른쪽 값보다 작거나 같으면 참(True)을 반환합니다.

비교 연산자는 조건문에서 사용되어 프로그램이 특정 조건을 만족하는지 여부를 판단할 때 중요하게 활용됩니다.

```
main1-4-8.py
01    a =10
02    b =20
03
04    print("a==b:", a==b) #같음
05    print("a!=b:", a!=b) #다름
06    print("a<b:", a<b) #a가 작음
07    print("a<=b:", a<=b) #a가 작거나 같음
08    print("a>b:", a>b) #a가 큼
09    print("a>=b:", a>=b) #a가 크거나 같
```

01 'a = 10': 정수 변수 'a'를 선언하고 값을 10으로 초기화합니다.

02 'b = 20': 정수 변수 'b'를 선언하고 값을 20으로 초기화합니다.

04 'print("a==b:", a==b)': 변수 'a'와 'b'의 값이 같은지를 비교한 결과를 출력합니다. 'a'와 'b'가 다르므로 "a==b: False"가 출력됩니다.

05 'print("a!=b:", a!=b)': 변수 'a'와 'b'의 값이 다른지를 비교한 결과를 출력합니다. 'a'와 'b'가 다르므로 "a!=b: True"가 출력됩니다.

06 'print("a<b:", a<b)': 변수 'a'가 변수 'b'보다 작은지를 비교한 결과를 출력합니다. 'a'가 'b'보다 작으므로 "a<b: True"가 출력됩니다.

07 'print("a<=b:", a<=b)': 변수 'a'가 변수 'b'보다 작거나 같은지를 비교한 결과를 출력합니다. 'a'가 'b'보다 작으므로 "a<=b: True"가 출력됩니다.

08 'print("a>b:", a>b)': 변수 'a'가 변수 'b'보다 큰지를 비교한 결과를 출력합니다. 'a'가 'b'보다 작으므로 "a>b: False"가 출력됩니다.

09 'print("a>=b:", a>=b)': 변수 'a'가 변수 'b'보다 크거나 같은지를 비교한 결과를 출력합니다. 'a'가 'b'보다 작으므로 "a>=b: False"가 출력됩니다.

이렇게 코드에서는 비교 연산자를 사용하여 두 변수의 관계를 비교하고, 그 결과를 출력하는 예제입니다.

[◉ 현재 스크립트 실행] 아이콘을 클릭하여 코드를 실행합니다.

```
쉘
>>> %Run -c $EDITOR_CONTENT

 MPY: soft reboot
 a==b: False
 a!=b: True
 a<b: True
 a<=b: True
 a>b: False
 a>=b: False
>>>
```

논리연산자

논리 연산자(logical operators)는 불리언 데이터를 다룰 때 사용되며, 여러 개의 불리언 표현식을 조합하여 새로운 불리언 결과를 얻는 데 사용됩니다. 주요 논리 연산자는 다음과 같습니다:

❶ 논리 AND (and): 모든 피연산자가 참(True)일 때만 참(True)을 반환하며, 하나라도 거짓(False) 이면 거짓(False)을 반환합니다.

❷. 논리 OR (or): 최소한 하나의 피연산자가 참(True)이면 참(True)을 반환하며, 모든 피연산자가 거 짓(False)이면 거짓(False)을 반환합니다.

❸ 논리 NOT (not): 피연산자의 불리언 값을 반전시킵니다. 참(True)은 거짓(False)으로, 거짓 (False)은 참(True)으로 변환됩니다.

논리 연산자는 조건문에서 복잡한 조건을 평가하거나, 불리언 값들 간의 관계를 조작할 때 유용하게 사용됩니다.

```
main1-4-9.py
01    a =10
02    b =20
03
04    #and
05    print("True and True:", True and True)
06    print("False and True:", False and True)
07    print("a > 5 and b > 10:", a >5 and b >10)
08    print("a > 15 and b > 10:", a >15 and b >10)
09
10    #or
11    print("True or True:", True or True)
12    print("False or True:", False or True)
13    print("a > 5 and b > 10:", a >5 or b >10)
14    print("a > 15 and b > 10:", a >15 or b >30)
15
16    #not
17    print("not True:", not True)
18    print("not False:", not False)
```

01 'a = 10': 정수 변수 'a'를 선언하고 값을 10으로 초기화합니다.

02 'b = 20': 정수 변수 'b'를 선언하고 값을 20으로 초기화합니다.

05 'print("True and True:", True and True)': 'and' 논리 연산자를 사용하여 'True'와 'True'를 비교한 결과를 출력합니다. 'and' 연산자는 두 개의 조건이 모두 'True'일 때만 'True'를 반환하므로 "True and True: True"가 출력됩니다.

06 'print("False and True:", False and True)': 'and' 논리 연산자를 사용하여 'False'와 'True'를 비교한 결과를 출력합니다. 하나 이상의 조건이 'False'이면 전체 표현식은 'False'가 되므로 "False and True: False"가 출력됩니다.

07 'print("a > 5 and b > 10:", a > 5 and b > 10)': 변수 'a'가 5보다 크고 변수 'b'가 10보다 큰지를 비교한 결과를 출력합니다. 'a'는 10이고 'b'는 20이므로 둘 다 조건을 만족하므로 "a > 5 and b > 10: True"가 출력됩니다.

08 'print("a > 15 and b > 10:", a > 15 and b > 10)': 변수 'a'가 15보다 크고 변수 'b'가 10보다 큰지를 비교한 결과를 출력합니다. 'a'는 10이므로 첫 번째 조건을 만족하지 않으므로 "a > 15 and b > 10: False"가 출력됩니다.

10 'print("True or True:", True or True)': 'or' 논리 연산자를 사용하여 'True'와 'True'를 비교한 결과를 출력합니다. 'or' 연산자는 두 개의 조건 중 하나라도 'True'이면 전체 표현식은 'True'가 되므로 "True or True: True"가 출력됩니다.

11 'print("False or True:", False or True)': 'or' 논리 연산자를 사용하여 'False'와 'True'를 비교한 결과를 출력합니다. 둘 중 하나가 'True'이므로 "False or True: True"가 출력됩니다.

12 'print("a > 5 or b > 10:", a > 5 or b > 10)': 변수 'a'가 5보다 크거나 변수 'b'가 10보다 큰지를 비교한 결과를 출력합니다. 'a'는 100이므로 첫 번째 조건을 만족하므로 "a > 5 or b > 10: True"가 출력됩니다.

13 'print("a > 15 or b > 10:", a > 15 or b > 30)': 변수 'a'가 15보다 크거나 변수 'b'가 30보다 큰지를 비교한 결과를 출력합니다. 두 조건 모두 만족하지 않으므로 "a > 15 or b > 10: False"가 출력됩니다.

16 'print("not True:", not True)': 'not' 논리 연산자를 사용하여 'True'를 부정한 결과를 출력합니다. 'not' 연산자는 주어진 조건을 반대로 뒤집습니다. 따라서 "not True: False"가 출력됩니다.

17 'print("not False:", not False)': 'not' 논리 연산자를 사용하여 'False'를 부정한 결과를 출력합니다. "not False: True"가 출력됩니다.

[◉ 현재 스크립트 실행] 아이콘을 클릭하여 코드를 실행합니다.

```
쉘
MPY: soft reboot
True and True: True
False and True: False
a > 5 and b > 10: True
a > 15 and b > 10: False
True or True: True
False or True: True
a > 5 and b > 10: True
a > 15 and b > 10: False
not True: False
not False: True
>>>
```

조건문

조건문은 프로그래밍에서 조건에 따라 코드의 실행 흐름을 제어하는 제어 구조입니다. 조건문은 주어진 조건을 평가하고 그 결과에 따라 다른 코드 블록을 실행하거나 스킵합니다. 주로 "만약 (if)" 특정 조건이 참(True)이라면 무엇을 실행하라, "그렇지 않다면 (else)" 다른 것을 실행하라와 같은 로직을 구현하는 데 사용됩니다.

조건문의 중요한 특징 중 하나는 들여쓰기(indentation)입니다. 파이썬과 같은 프로그래밍 언어에서 들여쓰기는 코드 블록의 시작과 끝을 나타내는 방법으로 사용됩니다. 일반적으로 들여쓰기는 공백 문자 또는 탭 문자를 사용하여 구현되며, 코드 블록은 같은 수준의 들여쓰기로 표시됩니다.

주요 조건문 구조는 다음과 같습니다:

❶ if 문: 주어진 조건이 참(True)인 경우에만 특정 코드 블록을 실행합니다.

❷ if-else 문: 주어진 조건이 참(True)이면 첫 번째 코드 블록을 실행하고, 그렇지 않으면 두 번째 코드 블록을 실행합니다.

❸ if-elif-else 문: 여러 개의 조건을 순차적으로 평가하며, 처음으로 참(True)인 조건을 만나면 해당 코드 블록을 실행합니다. 그렇지 않으면 else 블록을 실행합니다.

조건문을 사용하여 프로그램의 실행 흐름을 제어할 때, 들여쓰기를 정확하게 사용해야 합니다. 들여쓰기 오류는 코드의 의도를 혼동시키고 프로그램 오류를 발생시킬 수 있으므로 주의가 필요합니다.

```
01    a =10
02
03    #if
04    if a >5:
05        print("a는 5보다 큼")
06
07    if a <5:
08        print("a는 5보다 작음")
09
10    #if else
11    if a >20:
12        print("a는 20보다 큼")
13    else:
14        print("a는 20보다 작음")
15
16    #if elif else
17    if a >0 and a <9:
18        print("a는 0보다 크고 9보다 작음")
19    elif a >=10 and a <20:
20        print("a는 10이상이고 20보다 작음")
21    else:
22        print("a는 20보다 큼")
```

01 'a = 10': 정수 변수 'a'를 선언하고 값을 10으로 초기화합니다.

04 'if a > 5:': 'if' 조건문을 사용하여 변수 'a'가 5보다 큰지를 검사합니다. 조건이 참인 경우에만 아래의 코드 블록을 실행합니다.

05 'print("a는 5보다 큼")': 조건이 참일 때 실행되는 코드 블록입니다. 변수 'a'가 5보다 크므로 "a는 5보다 큼"이 출력됩니다.

07 'if a < 5:': 'if' 조건문을 사용하여 변수 'a'가 5보다 작은지를 검사합니다. 조건이 거짓이므로 아래의 코드 블록은 실행되지 않습니다.

10 'if a > 20:': 'if' 조건문을 사용하여 변수 'a'가 20보다 큰지를 검사합니다.

11 'print("a는 20보다 큼")': 조건이 참일 때 실행되는 코드 블록입니다. 변수 'a'가 20보다 크지 않으므로 실행되지 않고, 대신 'else' 블록이 실행됩니다.

13 'else:': 이 부분은 'if' 조건문이 거짓인 경우 실행되는 코드 블록입니다.

14 'print("a는 20보다 작음")': 'else' 블록에 있는 코드가 실행되므로 "a는 20보다 작음"이 출력됩니다.

16 'if a > 0 and a < 9:': 'if' 조건문을 사용하여 변수 'a'가 0보다 크고 9보다 작은지를 검사합니다. 조건이 참이면 아래의 코드 블록을 실행합니다.

18 'print("a는 0보다 크고 9보다 작음")': 조건이 참일 때 실행되는 코드 블록입니다. 변수 'a'가 0보다 크고 9보다 작으므로 "a는 0보다 크고 9보다 작음"이 출력됩니다.

19 'elif a >= 10 and a < 20:': 'elif' 조건문을 사용하여 변수 'a'가 10 이상이고 20보다 작은지를 검사합니다. 이전의 조건문이 거짓인 경우에만 실행됩니다.

20 'print("a는 10이상이고 20보다 작음")': 'elif' 블록에 있는 코드가 실행되므로 "a는 10이상이고 20보다 작음"이 출력됩니다.

21 'else:': 이 부분은 이전의 모든 조건문이 거짓인 경우 실행되는 코드 블록입니다.

22 'print("a는 20보다 큼")': 'else' 블록에 있는 코드가 실행되므로 "a는 20보다 큼"이 출력됩니다.

[⊙ 현재 스크립트 실행] 아이콘을 클릭하여 코드를 실행합니다.

```
셸
>>> %Run -c $EDITOR_CONTENT

MPY: soft reboot
a는 5보다 큼
a는 20보다 작음
a는 10이상이고 20보다 작음
>>>
```

반복문

반복문(loop)은 프로그래밍에서 동일한 코드 블록을 여러 번 실행하는 데 사용되는 제어 구조입니다. 반복문은 특정 조건을 만족하는 동안 코드를 반복적으로 실행하거나, 컬렉션(예: 리스트 또는 배열)의 각 항목을 처리하는 데 유용하게 사용됩니다.

주요 반복문 유형은 다음과 같습니다:

❶ for 반복문: 주로 컬렉션(예: 리스트, 튜플, 문자열)의 각 항목을 순회하며 코드 블록을 실행합니다. 반복 횟수는 컬렉션의 크기에 의해 결정됩니다.

❷ while 반복문: 주어진 조건이 참(True)인 동안 코드 블록을 반복해서 실행합니다. 반복 횟수는 조건이 거짓(False)이 될 때까지 지속됩니다.

반복문은 코드의 재사용과 효율성을 향상시키는 데 중요한 역할을 합니다. 코드 블록 내에서 변수와 조건을 사용하여 반복문을 조작하고, 반복문을 적절하게 활용하여 프로그램의 로직을 구현할 수 있습니다.

main1-4-11.py

```
01    #for, range
02    for i in range(5):
03        print("hello",end=",")
04    print("")
05
06    #for 리스트 반복
07    fruits_list = ["banana","apple","orange"]
08    for fruit in fruits_list:
09        print(fruit,end=",")
10    print("")
11
12
13    #while
14    i =0
15    while i <5:
16        print(i,end=",")
17        i +=1
18    print("")
19
20    #while break
21    i =0
22    while True:
23        print(i,end=",")
24        i +=1
25        if i >=5:
26            break
27    print("")
```

01 'for, range': 'for' 루프와 'range' 함수를 사용하여 반복 작업을 수행하는 코드입니다.

02 'for i in range(5):': 'range(5)'는 0부터 4까지의 숫자를 생성하는 범위를 나타내며, 'for' 루프를 사용하여 이 범위의 숫자를 변수 'i'에 하나씩 대입합니다.

03 'print("hello", end=",")': "hello"를 출력하고 줄 바꿈 대신 콤마로 끝납니다.

06 'for 리스트 반복': 리스트 요소를 반복하는 'for' 루프를 사용하는 코드입니다.

07 'fruits_list = ["banana", "apple", "orange"]': 과일 이름을 포함하는 리스트 'fruits_list'를 생성합니다.

08 'for fruit in fruits_list:': 'fruits_list'의 각 요소를 변수 'fruit'에 대입하여 반복합니다.

09 'print(fruit, end=",")': 리스트의 각 과일 이름을 출력하고 콤마로 끝납니다.

12 'while': 'while' 루프를 사용하여 반복 작업을 수행하는 코드입니다.

13 'i = 0': 정수 변수 'i'를 초기화합니다.

14 'while i < 5:': 'i'가 5보다 작은 동안 다음 루프를 계속 반복합니다.

15 'print(i, end=",")': 변수 'i'의 값을 출력하고 콤마로 끝납니다.

17 'i += 1': 'i'의 값을 1씩 증가시킵니다.

19 'while break': 'while' 루프와 'break' 문을 사용하여 반복 작업을 수행하는 코드입니다.

20 'i = 0': 정수 변수 'i'를 초기화합니다.

22 'while True:': 무한 루프를 시작합니다.

23 'print(i, end=",")': 변수 'i'의 값을 출력하고 콤마로 끝납니다.

24 'i += 1': 'i'의 값을 1씩 증가시킵니다.

25 'if i >= 5:': 'i'가 5 이상인 경우에 'break' 문을 사용하여 루프를 종료합니다.

이 코드는 'for' 루프와 'while' 루프를 사용하여 반복 작업을 수행하고, 'break' 문을 사용하여 루프를 종료하는 예제입니다.

[● 현재 스크립트 실행] 아이콘을 클릭하여 코드를 실행합니다.

```
셸
>>> %Run -c $EDITOR_CONTENT

 MPY: soft reboot
 hello,hello,hello,hello,hello,
 banana,apple,orange,
 0,1,2,3,4,
 0,1,2,3,4,
>>>
```

오류 및 예외처리

오류

다음의 코드를 작성하여 의도적으로 에러를 발생시킵니다.

main1-4-12.py		
1	a =10	
2		
3	print(a/0)	

0으로 나누는 연산은 수학적으로 정의되지 않으며, 파이썬에서는 이런 경우를 처리하면 예외(에러)가 발생합니다. 구체적으로 말하면 "ZeroDivisionError"라는 예외가 발생하며 프로그램이 중단됩니다.

[● 현재 스크립트 실행] 아이콘을 클릭하여 코드를 실행합니다.

```
쉘

>>> %Run -c $EDITOR_CONTENT

 MPY: soft reboot
 Traceback (most recent call last):
   File "<stdin>", line 3, in <module>
 ZeroDivisionError: divide by zero
>>>
```

예외처리

예외 처리(exception handling)는 프로그램이 실행 중에 예상치 못한 상황 또는 오류가 발생했을 때, 이러한 상황을 처리하고 프로그램이 비정상적으로 종료되는 것을 방지하기 위한 프로그래밍 기법입니다. 예외 처리는 코드를 보다 견고하게 만들어 프로그램이 예기치 않은 오류에도 안정적으로 작동할 수 있도록 도와줍니다.

주요 개념은 다음과 같습니다:

❶ 예외(Exception): 예상치 못한 상황이나 오류를 나타내는 객체로, 예외는 프로그램의 실행 중에 발생할 수 있습니다. 예를 들어, 0으로 나누기와 같은 수학적 오류는 예외를 발생시킬 수 있습니다.

❷ 예외 처리 구문: 일반적으로 'try', 'except' 블록을 사용하여 예외 처리를 구현합니다.

  – 'try' 블록: 예외가 발생할 수 있는 코드를 포함합니다.

  – 'except' 블록: 'try' 블록에서 예외가 발생하면 실행되는 블록으로, 예외를 처리하거나 로깅할 수 있습니다.

예외 처리는 프로그램 안정성을 향상시키며, 예외가 발생해도 프로그램이 계속 실행되도록 보장합니다. 좋은 예외 처리는 예외를 적절하게 처리하고 사용자에게 명확한 오류 메시지를 제공하여 디버깅을 돕는 역할을 합니다.

```
main1-4-3.py
01    a =10
02
03    #try except
04    try:
05        print(a/0)
06    except:
07        print("에러")
08
09    #에러원인
10    try:
11        print(a/0)
12    except Exception as e:
13        print("에러원인:",e)
```

01 'a = 10': 정수 변수 'a'를 선언하고 값을 10으로 초기화합니다.

04 'try except': 예외 처리를 위한 'try'와 'except' 블록을 사용하는 코드입니다. 이 블록을 사용하여 예외가 발생할 가능성이 있는 코드를 실행하고, 예외가 발생하면 그에 따른 처리를 수행합니다.

05 'print(a/0)': 예외가 발생할 가능성이 있는 코드입니다. 0으로 나누는 작업은 예외를 발생시킵니다.

06 'except:':'try'블록에서 예외가 발생하면 이 블록의 코드가 실행됩니다. 여기서는 간단히 "에러"를 출력합니다.

10 'try:': 또 다른 예외 처리 블록을 시작합니다.

11 'print(a/0)': 예외가 발생할 가능성이 있는 코드입니다. 여전히 0으로 나누는 작업을 시도하고 있습니다.

12 'except Exception as e:': 'try' 블록에서 예외가 발생하면 이 블록의 코드가 실행됩니다. 'Exception'은 모든 예외의 기본 클래스이며, 'as e'는 발생한 예외를 변수 'e'에 할당하는 것을 의미합니다.

13 'print("에러원인:", e)': 예외가 발생한 원인을 출력합니다. 이 경우 "에러원인: division by zero"와 같이 0으로 나누려고 했기 때문에 "division by zero"라는 에러 메시지가 출력됩니다.

이렇게 예외 처리를 사용하면 프로그램이 예외를 발생시켜도 중단되지 않고 예외를 처리하거나 그에 대한 정보를 출력할 수 있습니다.

[● 현재 스크립트 실행] 아이콘을 클릭하여 코드를 실행합니다.

```
쉘
>>> %Run -c $EDITOR_CONTENT

MPY: soft reboot
에러
에러원인: divide by zero
>>>
```

함수, 클래스

함수

함수(function)는 프로그램에서 재사용 가능한 코드 블록을 나타내며, 특정 작업을 수행하거나 값을 반환하는 데 사용됩니다. 함수는 코드를 모듈화하고, 가독성을 높이며, 유지보수를 쉽게 만드는 데 도움이 됩니다.

주요 개념은 다음과 같습니다.

❶ **함수 정의:** 함수를 정의하려면 함수 이름, 매개변수(parameter), 함수 본문을 포함하는 코드 블록이 필요합니다. 함수 이름은 호출할 때 사용되며, 매개변수는 함수에 전달되는 값의 이름이나 변수입니다.

❷ **함수 호출:** 함수를 호출하려면 함수 이름과 필요한 매개변수 값을 전달합니다. 함수는 호출될 때 정의된 코드 블록을 실행하고 결과를 반환할 수 있습니다.

❸ **매개변수:** 함수가 입력으로 받는 값을 나타냅니다. 매개변수는 함수 정의에서 선언하며, 함수가 호출될 때 실제 값이 전달됩니다.

❹ **반환값:** 함수가 작업을 수행한 후 결과 값을 반환할 수 있습니다. 반환값은 함수 호출자에게 전달되며, 함수 정의에서 'return' 키워드를 사용하여 지정됩니다.

함수는 프로그램의 모듈성과 재사용성을 높이는 데 중요한 역할을 합니다. 코드를 함수로 나누고 필요할 때 호출하여 사용하면 코드의 가독성이 향상되고 유지보수가 용이해집니다.

```
main1-4-14.py
01    #함수1
02    def func_1():
03        print("hello")
04
05    func_1()
06
07    #함수2
08    def func_2(name):
09        print("이름:",name)
10
11    func_2("dain")
12
13    #함수3
14    def func_3():
15        a =10
16        b =20
17        return a + b
18
19    c = func_3()
20    print(c)
21
22    #함수4
23    def func_4(a,b):
24        return a * b
25
26    d = func_4(10,4)
27    print(d)
28
29    #함수5
30    def func_5(a,b):
31        return a + b, a * b
32
33    e,f = func_5(10,4)
34    print(e,f)
```

01 '#함수1': 함수를 정의하고 호출하는 예제입니다.
02 'def func_1():': 'func_1'이라는 이름의 함수를 정의합니다.
03 'print("hello")': 함수 'func_1' 내에서 "hello"를 출력하는 코드입니다.
05 'func_1()': 'func_1' 함수를 호출합니다. 이로 인해 "hello"가 출력됩니다.
07 '#함수2': 매개변수를 가지고 있는 함수를 정의하고 호출하는 예제입니다.
08 'def func_2(name):': 'name'이라는 매개변수를 받는 'func_2' 함수를 정의합니다.
09 'print("이름:", name)': 'name' 매개변수의 값을 출력하는 코드입니다.
11 'func_2("dain")': 'func_2' 함수를 호출하고 "dain"을 인자로 전달합니다. 함수 내에서는 "이름: dain"이 출력됩니다.
13 '#함수3': 함수 내에서 값을 계산하고 반환하는 예제입니다.
14 'def func_3():': 매개변수 없이 'func_3' 함수를 정의합니다.
15 'a = 10': 변수 'a'에 10을 할당합니다.
16 'b = 20': 변수 'b'에 20을 할당합니다.

17 'return a + b': 변수 'a'와 'b'의 합계를 반환합니다.

19 'c = func_3()': 'func_3' 함수를 호출하고 그 결과를 변수 'c'에 저장합니다. 함수 내에서 변수 'a'와 'b'를 더한 결과인 300이 반환됩니다.

20 'print(c)': 변수 'c'의 값을 출력합니다. 이로 인해 300이 출력됩니다.

22 '#함수4': 매개변수를 받아서 값을 반환하는 예제입니다.

23 'def func_4(a, b):': 'a'와 'b'라는 두 개의 매개변수를 받는 'func_4' 함수를 정의합니다.

24 'return a * b': 매개변수 'a'와 'b'를 곱한 결과를 반환합니다.

26 'd = func_4(10, 4)': 'func_4' 함수를 호출하고 10과 4를 인자로 전달합니다. 함수 내에서는 10과 4를 곱한 결과인 40이 반환됩니다.

27 'print(d)': 변수 'd'의 값을 출력합니다. 이로 인해 40이 출력됩니다.

29 '#함수5': 여러 개의 값을 반환하는 함수를 정의하고 호출하는 예제입니다.

30 'def func_5(a, b):': 'a'와 'b'라는 두 개의 매개변수를 받는 'func_5' 함수를 정의합니다.

31 'return a + b, a * b': 매개변수 'a'와 'b'를 더한 결과와 매개변수 'a'와 'b'를 곱한 결과를 튜플로 반환합니다.

33 'e, f = func_5(10, 4)': 'func_5' 함수를 호출하고 10과 4를 인자로 전달합니다. 함수 내에서는 두 결과를 튜플로 묶어 반환하므로 'e'에는 덧셈 결과인 14가, 'f'에는 곱셈 결과인 40이 할당됩니다.

34 'print(e, f)': 변수 'e'와 'f'의 값을 출력합니다. 이로 인해 "14 40"이 출력됩니다.

[▶ 현재 스크립트 실행] 아이콘을 클릭하여 코드를 실행합니다.

```
셸 ·
>>> %Run -c $EDITOR_CONTENT

MPY: soft reboot
hello
이름: dain
30
40
14 40

>>>
```

클래스

클래스(class)는 객체지향 프로그래밍(OOP)에서 중요한 개념으로, 비슷한 특징을 가진 객체들을 추상화하고 그룹화하기 위한 틀 또는 설계도 역할을 합니다. 클래스는 객체의 속성(attribute)과 동작(method)을 정의하며, 이러한 클래스를 사용하여 여러 개의 객체를 생성할 수 있습니다.

주요 개념은 다음과 같습니다:

❶ **클래스 정의**: 클래스를 정의하려면 클래스의 이름과 클래스의 속성(변수)과 동작(메서드)을 정의합니다. 속성은 클래스의 특징을 나타내는 데이터를 저장하고, 메서드는 클래스가 수행하는 동작을 정의합니다.

❷. **객체(Object)**: 클래스를 기반으로 생성된 실제 인스턴스를 객체라고 합니다. 클래스의 정의를 토대로 여러 객체를 생성할 수 있으며, 각 객체는 고유한 상태를 가질 수 있습니다.

클래스는 객체지향 프로그래밍에서 코드의 구조와 재사용성을 향상시키는 데 사용되며, 현실 세계의 개념을 프로그램으로 모델링하는 데 유용합니다. 클래스는 속성과 메서드를 포함하여 객체의 특성과 동작을 정의하고, 이를 통해 프로그램을 더 모듈화하고 관리하기 쉽게 만듭니다.

```
01    class Human1():
02        def set_name_like(self, age, like):
03            self.age = age
04            self.like = like
05
06        def info(self):
07            print(f"나이:{self.age} 좋아하는것:{self.like}")
08
09    jang = Human1()
10    lee = Human1()
11
12    jang.set_name_like(15,"apple")
13    jang.info()
14
15    lee.set_name_like(10,"banana")
16    lee.info()
17
18
19    class Human2():
20        def __init__(self, age, like):
21            self.age = age
22            self.like = like
23
24        def info(self):
25            print(f"나이:{self.age} 좋아하는것:{self.like}")
26
27
28    dain = Human2(7,"시나모롤")
29    kim = Human2(7,"축구")
30
31    dain.info()
32    kim.info()
```

두 개의 클래스 'Human1'과 'Human2'를 정의하고 이를 사용하여 객체를 생성하고 정보를 출력하는 예제입니다. 먼저 'Human1' 클래스를 설명하고, 다음으로 'Human2' 클래스를 설명하겠습니다.

Human1 클래스

01 'class Human1():': 'Human1' 클래스를 정의합니다.

02 'def set_name_like(self, age, like):': 'set_name_like' 메서드를 정의합니다. 이 메서드는 'self', 'age', 'like' 매개변수를 받습니다.

03 'self.age = age': 객체의 'age' 속성을 입력된 'age' 값으로 설정합니다.

04 'self.like = like': 객체의 'like' 속성을 입력된 'like' 값으로 설정합니다.

06 'def info(self):': 'info' 메서드를 정의합니다. 이 메서드는 객체의 정보를 출력하는 역할을 합니다.

07 'print(f"나이:{self.age} 좋아하는것:{self.like}")': 객체의 'age'와 'like' 속성을 출력합니다.

09-10 'jang'과 'lee'라는 두 개의 'Human1' 클래스의 객체를 생성합니다.

12-13 'jang' 객체의 'set_name_like' 메서드를 호출하여 나이를 15로, 좋아하는 것을 "apple"로 설정한 후, 'info' 메서드를 호출하여 정보를 출력합니다.

15~16 'lee' 객체의 'set_name_like' 메서드를 호출하여 나이를 10으로, 좋아하는 것을 "banana"로 설정한 후, 'info' 메서드를 호출하여 정보를 출력합니다.

19   'class Human2():': 'Human2' 클래스를 정의합니다.

20   'def __init__(self, age, like):': '__init__' 메서드를 정의합니다. 이 메서드는 객체를 초기화하는 역할을 합니다. 'self', 'age', 'like' 매개변수를 받습니다.

21   'self.age = age': 객체의 'age' 속성을 입력된 'age' 값으로 설정합니다.

22   'self.like = like': 객체의 'like' 속성을 입력된 'like' 값으로 설정합니다.

24~25 'def info(self):': 'info' 메서드를 정의합니다. 이 메서드는 객체의 정보를 출력하는 역할을 합니다.

26   'print(f"나이:{self.age} 좋아하는것:{self.like}")': 객체의 'age'와 'like' 속성을 출력합니다.

28~29 'dain'과 'kim'라는 두 개의 'Human2' 클래스의 객체를 생성하면서 각각의 나이와 좋아하는 것을 초기화합니다.

31~32 'dain'과 'kim' 객체의 'info' 메서드를 호출하여 정보를 출력합니다.

두 클래스는 객체를 생성하고 객체의 속성과 메서드를 활용하여 정보를 출력하는 예제입니다.

'Human2' 클래스는 '__init__' 메서드를 사용하여 객체 초기화를 간편하게 수행할 수 있습니다.

[◉ 현재 스크립트 실행] 아이콘을 클릭하여 코드를 실행합니다.

```
쉘
>>> %Run -c $EDITOR_CONTENT

 MPY: soft_reboot
 나이:15   좋아하는것:apple
 나이:10   좋아하는것:banana
 나이:7   좋아하는것:시나모롤
 나이:7   좋아하는것:축구

>>>
```

import

import

'import'는 파이썬에서 외부 모듈 또는 패키지에서 코드를 가져와 사용하는 데 사용되는 키워드입니다. 파이썬은 기본 라이브러리와 외부 라이브러리를 모듈 형태로 제공하며, 이러한 모듈을 'import'를 사용하여 현재 스크립트 또는 프로젝트에 가져올 수 있습니다.

간단히 말하면, 'import'를 사용하면 다음과 같은 일을 할 수 있습니다:

❶ 외부 모듈 또는 패키지의 함수, 클래스 또는 변수를 현재 스크립트에서 사용할 수 있도록 가져옵니다.

❷ 코드의 재사용을 촉진하며, 기능을 확장하거나 개선하는 데 도움이 됩니다.

❸ 다른 프로그래머가 작성한 코드를 활용할 수 있습니다.

import'를 사용하면 파이썬 생태계에서 다양한 기능과 라이브러리를 활용하여 프로그램을 개발할 수 있습니다.

```
01    #import1
02    import random
03
04    print(random.randint(10, 50))
05
06    #import2
07    from random import randint
08
09    print(randint(10, 50))
10
11    #import3
12    from random import randint, randrange
13
14    print(randint(10, 50))
15    print(randrange(50))
16
17    #import4
18    import random as rd
19
20    print(rd.randint(10, 50))
```

import1
01 'import random': 모듈 'random'을 가져옵니다.
04 'print(random.randint(10, 50))': 'random' 모듈에서 'randint' 함수를 사용하여 10과 50 사이의 난수를 생성하고 출력합니다.

import2
06 'from random import randint': 'random' 모듈에서 'randint' 함수만 가져옵니다.
09 'print(randint(10, 50))': 'randint' 함수를 직접 사용하여 10과 50 사이의 난수를 생성하고 출력합니다.

import3
12 'from random import randint, randrange': 'random' 모듈에서 'randint'와 'randrange' 함수를 가져옵니다.
14 'print(randint(10, 50))': 'randint' 함수를 사용하여 10과 50 사이의 난수를 생성하고 출력합니다.
15 'print(randrange(50))': 'randrange' 함수를 사용하여 0부터 49 사이의 난수를 생성하고 출력합니다.

import4
17 'import random as rd': 모듈 'random'을 가져오되, 모듈의 별명을 'rd'로 지정합니다.
20 'print(rd.randint(10, 50))': 'rd'라는 별명으로 'random' 모듈의 'randint' 함수를 사용하여 10과 50 사이의 난수를 생성하고 출력합니다.

이 코드 예제는 모듈을 다양한 방식으로 가져와서 모듈에 포함된 함수를 사용하는 방법을 보여줍니다. Python에서 모듈을 가져오는 다양한 방법을 이해할 수 있습니다.

[◉ 현재 스크립트 실행] 아이콘을 클릭하여 코드를 실행합니다.

```
쉘
>>> %Run -c $EDITOR_CONTENT

 MPY: soft reboot
 20
 26
 30
 24
 10
>>>
```

CHAPTER
02

기본 입출력 기능

마이크로파이썬을 사용하여 하드웨어를 제어하는 기본 기능을 학습하는 과정은 다음과 같습니다:

❶ 디지털 출력 (Digital Output)

- 마이크로파이썬을 사용하여 디지털 핀을 설정하고, 이를 통해 LED나 모터와 같은 디지털 장치를 제어할 수 있습니다.
- 디지털 출력을 이용하여 장치를 켜고 끄는 방법을 배웁니다.

❷ 디지털 입력 (Digital Input)

- 디지털 입력 핀을 설정하고, 버튼 또는 센서와 같은 디지털 입력 장치의 상태를 읽을 수 있습니다.
- 이를 통해 버튼을 누르거나 센서의 값을 감지하는 방법을 학습합니다.

❸ 아날로그 출력 (Analog Output)

- 아날로그 출력 핀을 사용하여 PWM (펄스 폭 변조) 신호를 생성하고, 이를 통해 LED의 밝기를 조절하거나 모터의 속도를 제어할 수 있습니다.

❹ 아날로그 입력 (Analog Input)

- 아날로그 입력 핀을 설정하고, 가변 저항기나 조도 센서와 같은 아날로그 입력 장치의 값을 읽어올 수 있습니다.
- 이를 통해 주위 환경의 물리적 상태를 감지하고 모니터링하는 방법을 이해합니다.

❺ 시리얼 통신 (Serial Communication)

- 시리얼 통신을 이용하여 마이크로파이썬과 다른 장치 또는 컴퓨터 간에 데이터를 주고받는 방법을 배웁니다.
- 시리얼 통신을 활용하여 센서 데이터를 컴퓨터로 전송하거나, 컴퓨터에서 제어 명령을 마이크로파이썬으로 전달하는 방법을 학습합니다.

❻ 타이머와 쓰레드 (Timer and Threads)

- 타이머를 설정하여 주기적으로 작업을 수행하거나, 일정 시간 후에 특정 동작을 실행하는 방법을 익힙니다.
- 쓰레드를 사용하여 병렬로 작업을 처리하고, 여러 작업을 동시에 실행하는 방법을 이해합니다.

이러한 학습을 통해 마이크로파이썬을 사용하여 다양한 하드웨어를 제어하고, 시리얼 통신을 통해 다른 장치와 상호작용하며, 타이머와 쓰레드를 활용하여 효율적으로 하드웨어를 다루는 방법을 습득할 수 있습니다.

02 _ 1 디지털 출력

디지털 출력은 전기 신호를 두 가지 상태로 표현하는 방법 중 하나입니다. 이 두 가지 상태는 보통 "로우(Low)"와 "하이(High)"로 표현되며, 각각 0 또는 거짓(비활성화)과 1 또는 참(활성화)을 나타냅니다. 디지털 출력은 디지털 회로에서 사용되며, 여러 종류의 디지털 장치와 통신하거나 다양한 제어 작업을 수행하는 데 활용됩니다. 예를 들어, 디지털 출력은 LED를 켜고 끄는, 모터를 제어하는, 스위치를 감지하는 등 다양한 응용 분야에서 사용됩니다.

간단히 말하면, 디지털 출력은 두 가지 가능한 상태를 사용하여 정보를 전달하고 제어하는 방식입니다. 다음의 회로를 구성합니다.

회로

부품핀	ESP32핀
LED1	15
LED2	2
LED3	0
LED4	4
LED5	16
LED6	17
LED7	5
LED8	18

브레드보드를 이용한 회로연결

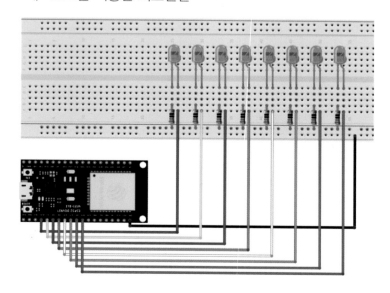

8개의 LED를 15,2,0,4,16,17,5,18 번핀에 연결합니다. LED를 보호하기 위한 저항은 220옴을 사용하며 220옴 저항을 통해 GND와 연결합니다 LED의 긴다리가 +로 긴다리를 ESP32의 핀들에 연결합니다.

ESP32 사물인터넷 보드를 이용한 회로연결

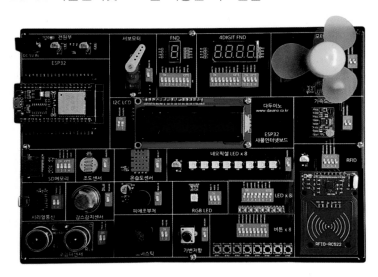

[LED x 8]의 선택 스위치를 위쪽방향(ON)으로 선택합니다. [LED x 8]를 제외한 나머지 선택스위치는 아랫방향(OFF)로 선택합니다.

LED 깜빡이기

15번핀에 연결된 LED를 1초마다 깜빡이는 코드를 작성합니다.

```
main2-1-1.py
01    from machine import Pin
02    import time
03
04    led1=Pin(15,Pin.OUT)
05
06    while True:
07        led1.value(1)
08        time.sleep(1.0)
09        led1.value(0)
10        time.sleep(1.0)
```

01: machine 라이브러리에서 Pin 클래스를 불러온다.
 - Pin 클래스는 마이크로컨트롤러의 GPIO (General Purpose Input/Output) 핀을 제어하기 위해 사용됩니다.

02: time 모듈을 불러온다.
- 이 모듈은 시간과 관련된 기능들, 예를 들어 지연(sleep) 기능을 사용할 수 있게 해줍니다.

04: Pin(15, Pin.OUT)을 사용하여 15번 핀을 출력 모드(Pin.OUT)로 설정하고, 이를 led1 변수에 할당한다.
- 이 코드는 15번 핀을 LED의 제어 핀으로 사용하겠다는 의미입니다.

06: while True: 로 무한 루프를 시작한다.
- 이 루프 내의 코드는 계속해서 반복 실행됩니다.

07: led1.value(1)를 사용하여 15번 핀의 전압을 HIGH 상태로 만든다.
- 이로 인해 연결된 LED가 켜질 것입니다.

08: time.sleep(1.0)을 사용하여 프로그램을 1초 동안 일시 중지한다.
- LED가 1초 동안 켜져 있을 것입니다.

09: led1.value(0)를 사용하여 15번 핀의 전압을 LOW 상태로 만든다.
- 이로 인해 연결된 LED가 꺼질 것입니다.

10: time.sleep(1.0)을 사용하여 프로그램을 1초 동안 일시 중지한다.
- LED가 1초 동안 꺼져 있을 것입니다.

이 코드는 기본적으로 15번 핀에 연결된 LED를 1초 간격으로 켜고 끄는 작업을 무한히 반복합니다.
[◉ 현재 스크립트 실행] 아이콘을 클릭하여 코드를 실행합니다.

결과

15번 핀에 연결된 LED를 1초 간격으로 켜고 끄는 작업을 무한히 반복합니다.

파일 컴퓨터에 저장하기

[파일] -> [저장]을 클릭하여 파일을 저장합니다.

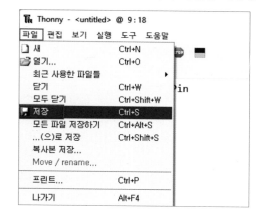

파일을 컴퓨터에 저장하기 위해서 [이 컴퓨터]를 선택합니다.

폴더에 파일이름.py를 입력 후 [저장] 버튼을 눌러 파일을 저장합니다. 위의 코드는 main2-1-1.py 파일로 저장하였습니다.

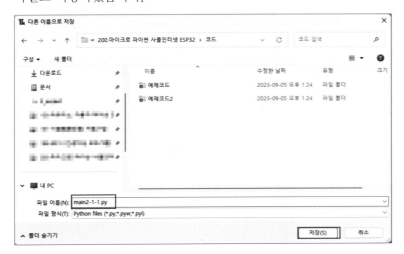

thonny에서 저장된 파일의 이름으로 표시되었습니다.

이방법은 파이썬 파일을 컴퓨터에 저장하고 컴퓨터에 저장된 파일을 한줄씩 불러와 마이크로 파이썬 장치에서 실행하는 방법입니다.

main.py 파일 장치에 저장하고 바로 실행하기

마이크로파이썬 장치에 파일을 저장하고 전원이 인가되면 바로 실행하기 위해서는 마이크로파이썬 장치에 main.py 이름으로 저장하면 됩니다. 마이크로파이썬 장치에서는 부팅후에 main.py 파일을 찾아 바로 실행합니다.

[파일] →[…(으)로 저장]을 클릭합니다.

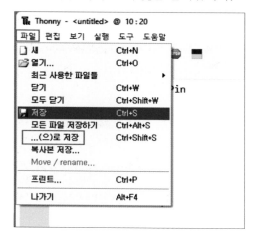

[MicroPython 장치]를 선택합니다.

파일 이름을 main.py로 입력 후 [확인]을 눌러 저장합니다.

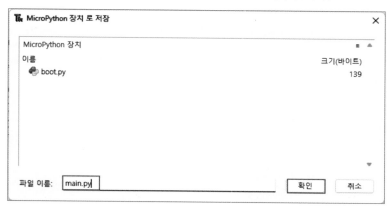

main.py로 MicroPython 장치에 저장되었습니다. 장치에저장된 파일을 읽어올 경우 [] 대괄호로 [main.py] 파일명 양옆에 대괄호가 붙여서 표시됩니다.

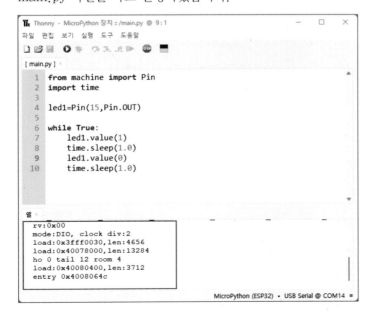

리셋버튼으로 ESP32보드를 리셋하거나 또는 전원을 다시 연결합니다.

결과

ESP32보드가 부팅이 되면 main.py 파일을 실행하여 코드가 동작합니다.

15번 핀에 연결된 LED를 1초 간격으로 켜고 끄는 작업을 무한히 반복합니다.

thonny에서 마이크로파이썬 장치와 연결되었다는 표시가 쉘 영역에 출력되지 않습니다. 부팅후에 main.py 파일을 바로 실행하였습니다.

main.py 파일의 실행을 중지하고 싶다면 [STOP]아이콘을 클릭하여 마이크로파이썬 장치를 멈춥니다. [STOP]버튼을 누르고난 후 에는 thonny와 연결되었습니다.

[보기] → [파일]을 체크하여 MicroPython 장치에 있는 파일을 확인 할 수 있습니다.

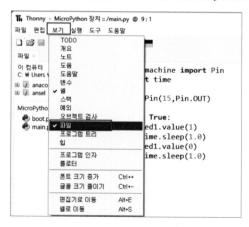

왼쪽의 MicroPython 장치에 저장되어있는 파일의 확인이 가능합니다. boot.py는 thonny와 연결하기 위한 파일로 절대로 삭제하거나 수정하여서는 안됩니다. 삭제나 수정을 하였다면 다시 마이크로파이썬프로그램을 설치하여 진행합니다.

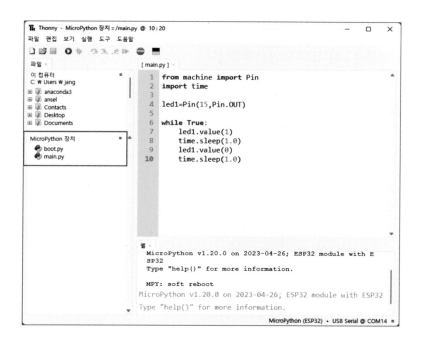

main.py 파일을 삭제한다음 다음의 코드들을 진행합니다.

main.py 파일에 마우스 오른쪽을 클릭 후 [삭제] 버튼을 클릭합니다.

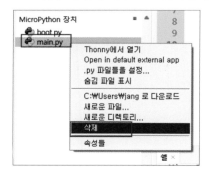

main.py 파일이 MicroPython 장치에서 삭제되었습니다.

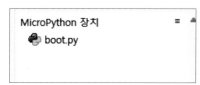

어떤 장치를 만들때는 전원이 인가되면 main.py 프로그램이 동작하여 바로 실행되는게 맞는 방식이나 우리는 부품등을 테스트하기 위해서 다양한 코드를 작성하고 실험하는 단계로 main.py 파일로 실행하지 않고 코드들을 PC에 저장한다음 실행하는 방식으로 진행하도록 하겠습니다.

8개의 LED 제어하기

15,2,0,4,16,17,5,18 핀에 연결된 8개의 LED를 모두 제어해봅니다.

8개의 LED를 제어하는 간단한 프로그램입니다.

main2-1-2.py

```python
01    from machine import Pin
02    import time
03
04    led1=Pin(15,Pin.OUT)
05    led2=Pin(2,Pin.OUT)
06    led3=Pin(0,Pin.OUT)
07    led4=Pin(4,Pin.OUT)
08    led5=Pin(16,Pin.OUT)
09    led6=Pin(17,Pin.OUT)
10    led7=Pin(5,Pin.OUT)
11    led8=Pin(18,Pin.OUT)
12
13    while True:
14        led1.value(1)
15        led2.value(1)
16        led3.value(1)
17        led4.value(1)
18        led5.value(1)
19        led6.value(1)
20        led7.value(1)
21        led8.value(1)
22        time.sleep(1.0)
23
24        led1.value(0)
25        led2.value(0)
26        led3.value(0)
27        led4.value(0)
28        led5.value(0)
29        led6.value(0)
30        led7.value(0)
31        led8.value(0)
32        time.sleep(1.0)
```

4~11 8개의 LED를 각각 다른 핀에 연결합니다. 예를 들어, 'led1'은 핀 15에 연결되어 있습니다.

14~21 8개의 LED를 모두 켭니다. 'led1'부터 'led8'까지 각각의 LED에 대해 'value(1)'을 호출하여 LED를 켭니다.

22 1초 동안 대기합니다.

24~31 8개의 LED를 모두 끕니다. 'led1'부터 'led8'까지 각각의 LED에 대해 'value(0)'을 호출하여 LED를 끕니다.

32 다시 1초 동안 대기합니다.

[◉ 현재 스크립트 실행] 아이콘을 클릭하여 코드를 실행합니다.

15,2,0,4,16,17,5,18핀에 연결된 LED8개가 1초마다 깜빡입니다.

8개의 LED 파이썬답게 제어하기

파이썬의 리스트를 사용하여 8개의 LED의 제어를 파이썬답게 만들어봅니다. 8개의 LED를 제어하는 또 다른 방법을 보여줍니다. 이 코드 역시 8개의 LED를 켜고 끄는 패턴을 무한히 반복합니다.

```
main2-1-3.py
01     from machine import Pin
02     import time
03
04     led_pins=[15,2,0,4,16,17,5,18]
05     leds=[]
06     for pin in led_pins:
07         leds.append(Pin(pin,Pin.OUT))
08
09     while True:
10         for led in leds:
11             led.value(1)
12         time.sleep(1.0)
13
14         for led in leds:
15             led.value(0)
16         time.sleep(1.0)
```

04 'led_pins'라는 리스트를 만듭니다. 이 리스트는 8개의 LED가 연결된 핀 번호를 저장합니다.
05 빈 리스트 'leds'를 만듭니다. 이 리스트는 나중에 LED 객체를 저장할 것입니다.
06 'led_pins' 리스트를 반복하면서 각 핀 번호에 대한 LED 객체를 생성하고 'leds' 리스트에 추가합니다.
07 'Pin' 클래스를 사용하여 LED 객체를 생성하고 'Pin.OUT'을 전달하여 출력 핀으로 설정합니다.
09 무한 루프를 시작합니다.
10 'leds' 리스트에 있는 모든 LED를 켭니다. 'for' 루프를 사용하여 'leds' 리스트의 각 항목에 대해 'led.value(1)'을 호출하여 LED를 켭니다.
11 1초 동안 대기합니다.
14 'leds' 리스트에 있는 모든 LED를 끕니다. 'for' 루프를 사용하여 'leds' 리스트의 각 항목에 대해 'led.value(0)'을 호출하여 LED를 끕니다.
15 1초 동안 대기합니다.

[◉ 현재 스크립트 실행] 아이콘을 클릭하여 코드를 실행합니다.

15,2,0,4,16,17,5,18핀에 연결된 LED8개가 1초마다 깜빡입니다.

[◉ 정지/재시작] 아이콘을 눌러 코드를 멈춥니다.

LED가 켜져있을 때 멈출 경우 LED가 켜져있는 상태로 종료됩니다. LED의 경우 원하지 않았는데 켜졌습니다. 모터 등 움직이는 물체의 경우 심각한 문제가 발생할 수 있으므로 안정하게 코드를 종료하는 방법에 대해 알아봅니다.

다음의 코드에서는 안전하게 코드를 종료하는 코드를 작성해보도록 합니다.

키보드인터럽트 사용해서 코드 안전하게 종료하기

키보드인터럽트가 발생하면 LED를 끄고 코드를 종료해 안전하게 코드를 종료합니다. 사용자가 `Ctrl` + `C` 를 누르면 프로그램이 정상적으로 종료되도록 하는 프로그램입니다.

main2-1-4.py

```
01    from machine import Pin
02    import time
03
04    led_pins = [15, 2, 0, 4, 16, 17, 5, 18]
05    leds = []
06    for pin in led_pins:
07        leds.append(Pin(pin, Pin.OUT))
08
09    try:
10        while True:
11            for led in leds:
12                led.value(1)
13            time.sleep(1.0)
14
15            for led in leds:
16                led.value(0)
17            time.sleep(1.0)
18
19    except KeyboardInterrupt:
20        for led in leds:
21            led.value(0)
22    print("코드를 종료합니다")
```

19 'try' 블록에서 'KeyboardInterrupt' 예외가 발생하면, 즉 사용자가 `Ctrl` + `C` 를 누르면 실행됩니다.

20 모든 LED를 끄고 종료하기 전에 'for' 루프를 사용하여 'leds' 리스트의 각 항목에 대해 'led.value(0)'을 호출하여 LED를 끕니다.

21 "코드를 종료합니다" 메시지를 출력합니다.

[▶ 현재 스크립트 실행] 아이콘을 클릭하여 코드를 실행합니다.

사용자가 `Ctrl` + `C` 를 누르면 프로그램이 정상적으로 종료되도록 하는 프로그램입니다.
15,2,0,4,16,17,5,18핀에 연결된 LED8개가 1초마다 깜빡입니다.

[셸] 영역에 마우스를 클릭하여 선택한 다음 `Ctrl` + `C` 를 눌러 키보드인터럽트를 발생시켜 코드를 종료합니다.

```
Thonny - C:\0_project\200.마이크로 파이썬 사물인터넷 ESP32\코드\main2-1-4.py @ 11:1    —  □  ×
파일 편집 보기 실행 도구 도움말
□ 📄 🖫 ● ❋ ↻ ⟲ ⟳ ▶ ◉ ■
main2-1-3.py ×   main2-1-2.py ×   main2-1-1.py ×   main2-1-4.py ×
 1  from machine import Pin
 2  import time
 3
 4  led_pins = [15, 2, 0, 4, 16, 17, 5, 18]
 5  leds = []
 6  for pin in led_pins:
 7      leds.append(Pin(pin, Pin.OUT))
 8
 9  try:
10      while True:
11          for led in leds:
12              led.value(1)
13          time.sleep(1.0)
14
15          for led in leds:
16              led.value(0)
17          time.sleep(1.0)
18
19  except KeyboardInterrupt:
20      for led in leds:
21          led.value(0)

셸
>>> %Run -c $EDITOR_CONTENT

  MPY: soft reboot

                                    MicroPython (ESP32) • USB Serial @ COM14 ▪
```

코드가 종료되었습니다. 키보드인터럽트가 발생하면 모든 LED를 끝다음 코드를 종료하였습니다.

```
셸 ×
>>> %Run -c $EDITOR_CONTENT

  MPY: soft reboot
  코드를 종료합니다
>>> |
```

LED에 효과주어 제어하기

LED가 켜지는 시간과 꺼지는 시간을 조절하여 LED에 효과를 주어 제어해보도록 합니다. 8개의 LED를 깜빡이게 만드는 프로그램입니다. 각 LED는 특정 핀에 연결되어 있으며, 코드는 무한 루프에서 모든 LED를 켜고 끄는 작업을 반복하며, 사용자가 Ctrl + C 를 누르면 정상적으로 종료됩니다.

main2-1-5.py

```
01    from machine import Pin
02    import time
03
04    led_pins = [15, 2, 0, 4, 16, 17, 5, 18]
05    leds = []
06    for pin in led_pins:
07        leds.append(Pin(pin, Pin.OUT))
08
09    try:
10        while True:
```

```
11                    for led in leds:
12                            led.value(1)
13                            time.sleep(0.05)
14
15                    for led in leds:
16                            led.value(0)
17                            time.sleep(0.05)
18
19            except KeyboardInterrupt:
20                for led in leds:
21                        led.value(0)
22            print("코드를 종료합니다")
```

11 'leds' 리스트에 있는 모든 LED를 켭니다. 'for' 루프를 사용하여 'leds' 리스트의 각 항목에 대해 'led.value(1)'을 호출하여 LED를 켭니다.

12 각 LED를 켠 후 0.05초 동안 대기합니다. 이렇게 하면 LED가 빠르게 깜빡이게 됩니다.

15 'leds' 리스트에 있는 모든 LED를 끕니다. 'for' 루프를 사용하여 'leds' 리스트의 각 항목에 대해 'led.value(0)'을 호출하여 LED를 끕니다.

16 각 LED를 끈 후 0.05초 동안 대기합니다.

19 'try' 블록에서 'KeyboardInterrupt' 예외가 발생하면, 즉 사용자가 Ctrl + C 를 누를 때 실행됩니다.

20 모든 LED를 끄고 종료하기 전에 'for' 루프를 사용하여 'leds' 리스트의 각 항목에 대해 'led.value(0)'을 호출하여 LED를 끕니다.

[◉ 현재 스크립트 실행] 아이콘을 클릭하여 코드를 실행합니다.

LED가 순차적으로 켜지고 꺼지므로 LED에 효과를 주어 제어하였습니다.

02 _ 2 디지털 입력

디지털 입력은 두 가지 상태 중 하나를 감지하는 방식입니다. 일반적으로 이 두 가지 상태는 "로우(Low)"와 "하이(High)"로 표현되며, 각각 0 또는 거짓(비활성화)과 1 또는 참(활성화)을 나타냅니다. 디지털 입력은 외부 장치의 상태나 신호를 감지하고 해당 정보를 디지털 회로나 컨트롤러로 전달하는 데 사용됩니다.

간단히 말하면, 디지털 입력은 두 가지 가능한 상태를 사용하여 외부 신호를 감지하고 정보를 전달하는 방식입니다. 이것은 버튼, 스위치, 센서 등 다양한 외부 장치와 상호작용하거나 입력을 감지하고 처리하는 데 사용됩니다.

다음의 회로를 구성합니다.

회로

부품핀	ESP32핀
버튼1	14
버튼2	27
버튼3	26
버튼4	25

브레드보드를 이용한 회로연결

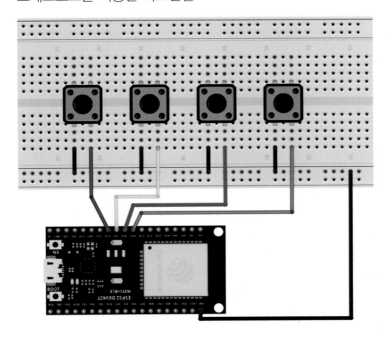

4개의 버튼을 14,27,26,25번 핀에 연결합니다. 반대쪽은 GND와 연결합니다.

ESP32 사물인터넷 보드를 이용한 회로연결

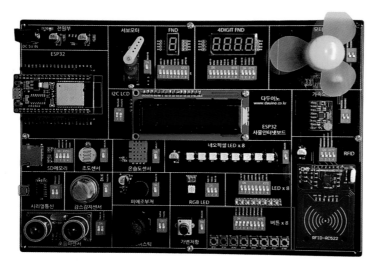

[버튼 x 8]의 선택 스위치중 앞 4개의 스위치를 위쪽방향(ON)으로 선택합니다. 나머지 선택스위치
는 아랫방향(OFF)로 선택합니다.

버튼 입력

디지털 입력 신호를 읽고, 해당 입력 신호에 따라 핀의 상태를 출력하는 프로그램입니다.

main2-2-1.py	

```
01    from machine import Pin
02    import time
03
04    key1=Pin(14,Pin.IN,Pin.PULL_UP)
05
06    while True:
07        print(key1.value())
08        time.sleep(0.1)
```

04 'key1' 변수에 핀 번호 14를 할당하고, 'Pin.IN'을 사용하여 이 핀을 디지털 입력 핀으로 설정합니다. 또한 'Pin.PULL_
UP'을 사용하여 내장 풀업 저항을 활성화합니다. 이렇게 하면 핀에 연결된 스위치나 버튼을 감지할 수 있습니다.g
07 'key1' 핀의 상태를 읽고 출력합니다. 'key1.value()' 함수를 사용하여 핀의 상태를 읽은 후, 그 값을 화면에 출력합니다.

[▶ 현재 스크립트 실행] 아이콘을 클릭하여 코드를 실행합니다.
핀 14에 연결된 디지털 입력 신호를 읽어서 그 값을 출력하고, 0.1초마다 핀의 상태를 감지하고 출력
합니다.

버튼을 누르지 않으면 1이 출력됩니다.

```
쉘 ×
   1
   1
   1
   1
   1
   1
   1
   1
```

버튼을 누르면 0이 출력됩니다.

```
쉘 ×
   0
   0
   0
   0
   0
   0
   0
   0
```

버튼을 누르면 한 번만 출력

입력 신호가 변경될 때 "click" 메시지를 출력하는 프로그램입니다.

```
main2-2-2.py
01    from machine import Pin
02    import time
03
04    key1 = Pin(14, Pin.IN, Pin.PULL_UP)
05    prev_state = key1.value()
06
07    while True:
08        current_state = key1.value()
09        if prev_state ==1 and current_state ==0:
10            print("click")
11            prev_state = current_state
12            time.sleep(0.1)
```

05 'prev_state' 변수에 현재 'key1' 핀의 상태를 저장합니다. 이것은 초기 상태를 나타냅니다.

08 'current_state' 변수에 현재 'key1' 핀의 상태를 저장합니다. 이것은 현재 상태를 나타냅니다.

09 이전 상태 ('prev_state')가 1이고 현재 상태 ('current_state')가 0인 경우에만 "click" 메시지를 출력합니다. 이것은 버튼이 눌렸을 때를 감지하는 부분입니다.

12 'prev_state'를 'current_state'로 업데이트합니다. 이렇게 하면 다음 루프 반복에서 이전 상태가 현재 상태로 갱신됩니다.

[◉ 현재 스크립트 실행] 아이콘을 클릭하여 코드를 실행합니다.

핀 14에 연결된 디지털 입력 신호를 모니터링하고, 버튼이 눌릴 때마다 "click" 메시지를 출력합니다. 이전 상태와 현재 상태를 비교하여 버튼의 상태 변화를 감지하고 처리합니다.

버튼을 누를 때 한 번만 click 이라는 글자가 쉘영역에 출력됩니다.

```
쉘 ×
>>> %Run -c $EDITOR_CONTENT

 MPY: soft reboot
 click
 click
```

버튼을 확인하는 코드를 함수처리

입력 신호가 변경될 때 "click" 메시지를 출력하는 프로그램입니다.

main2-2-3.py

```
01    from machine import Pin
02    import time
03
04    key1 = Pin(14, Pin.IN, Pin.PULL_UP)
05    prev_state = key1.value()
06    def get_key1():
07        global prev_state
08        current_state = key1.value()
09        if prev_state != current_state:
10            prev_state = current_state
11            if current_state ==0:
12                return 1
13        else:
14            return 0
15
16
17    while True:
18        if get_key1():
19            print("click")
20            time.sleep(0.1)
```

06 'get_key1' 함수를 정의합니다. 이 함수는 현재 'key1' 핀의 상태를 반환하고, 상태가 변경될 때만 1을 반환합니다. 이 함수를 사용하여 버튼의 상태 변화를 감지하고 처리합니다.

18 'get_key1()' 함수를 호출하여 버튼 상태를 확인하고, 버튼이 눌렸을 때 1을 반환하면 "click" 메시지를 출력합니다.

[● 현재 스크립트 실행] 아이콘을 클릭하여 코드를 실행합니다.

버튼을 누르면 click이라는 글자가 쉘영역에 출력됩니다. 버튼을 입력받아 처리하는 부분을 함수화 하였습니다.

```
쉘 ×
>>> %Run -c $EDITOR_CONTENT

 MPY: soft reboot
 click
```

여러개의 버튼을 함수처리

두 개의 디지털 입력 신호를 모니터링하고, 각 입력 신호에 대한 "click" 메시지를 출력하는 프로그램입니다.

main2-2-4.py

```
01    from machine import Pin
02    import time
03
04    key1 = Pin(14, Pin.IN, Pin.PULL_UP)
05    prev_state1 = key1.value()
06    key2 = Pin(27, Pin.IN, Pin.PULL_UP)
07    prev_state2 = key2.value()
08    def get_key1():
09        global prev_state1
10        current_state = key1.value()
11        if prev_state1 != current_state:
12            prev_state1 = current_state
13            if current_state ==0:
14                return 1
15        else:
16            return 0
17
18    def get_key2():
19        global prev_state2
20        current_state = key2.value()
21        if prev_state2 != current_state:
22            prev_state2 = current_state
23            if current_state ==0:
24                return 1
25        else:
26            return 0
27
28    while True:
29        if get_key1():
30            print("key1 click")
31            time.sleep(0.1)
32
33        if get_key2():
34            print("key2 click")
35            time.sleep(0.1)
```

08 'get_key1' 함수를 정의합니다. 이 함수는 현재 'key1' 핀의 상태를 반환하고, 상태가 변경될 때만 1을 반환합니다. 이 함수를 사용하여 버튼의 상태 변화를 감지하고 처리합니다.

09~16 'get_key1' 함수 내에서 'prev_state1' 변수를 전역 변수로 선언하고, 현재 'key1' 핀의 상태를 읽고 이전 상태와 비교하여 상태가 변경된 경우 1을 반환합니다. 상태가 변경되지 않은 경우 0을 반환합니다.

18 'get_key2' 함수를 정의합니다. 이 함수는 현재 'key2' 핀의 상태를 반환하고, 상태가 변경될 때만 1을 반환합니다. 이 함수를 사용하여 두 번째 버튼의 상태 변화를 감지하고 처리합니다.

19~26 'get_key2' 함수 내에서 'prev_state2' 변수를 전역 변수로 선언하고, 현재 'key2' 핀의 상태를 읽고 이전 상태와 비교하여 상태가 변경된 경우 1을 반환합니다. 상태가 변경되지 않은 경우 0을 반환합니다.

29 get_key1()' 함수를 호출하여 첫 번째 버튼 상태를 확인하고, 버튼이 눌렸을 때 1을 반환하면 "key1 click" 메시지를 출력합니다.

30 "key1 click" 메시지를 출력한 후 0.1초 동안 대기합니다.

33 'get_key2()' 함수를 호출하여 두 번째 버튼 상태를 확인하고, 버튼이 눌렸을 때 1을 반환하면 "key2 click" 메시지를 출력합니다.

34 "key2 click" 메시지를 출력한 후 0.1초 동안 대기합니다.

[◑ 현재 스크립트 실행] 아이콘을 클릭하여 코드를 실행합니다.

1번 버튼, 2번 버튼의 코드를 함수화 하였습니다.

```
쉘 ×
>>> %Run -c $EDITOR_CONTENT

MPY: soft reboot
key1 click
key2 click
```

버튼 클래스 생성

디지털 입력 신호를 모니터링하고, 입력 신호가 변경될 때 "key1 click" 메시지를 출력하는 프로그램입니다. 코드는 클래스를 사용하여 입력 핀을 캡슐화하고 버튼의 상태 변화를 감지합니다.

main2-2-5.py

```python
01    from machine import Pin
02    import time
03
04    class KeyInputClass:
05        def __init__(self, pin_number):
06            self.key_pin = Pin(pin_number, Pin.IN, Pin.PULL_UP)
07            self.prev_state =self.key_pin.value()
08
09        def get_key_state(self):
10            current_state =self.key_pin.value()
11            if self.prev_state != current_state:
12                self.prev_state = current_state
13                if current_state ==0:
14                    return 1
15            return 0
16
17    key1 = KeyInputClass(14)
18
19    while True:
20        if key1.get_key_state():
21            print("key1 click")
22            time.sleep(0.1)
```

04 'KeyInputClass'라는 클래스를 정의합니다. 이 클래스는 입력 핀을 캡슐화하고 버튼의 상태 변화를 감지하는 메서드를 제공합니다.

05~07 '__init__' 메서드를 정의합니다. 이 메서드는 클래스의 생성자로, 핀 번호를 매개변수로 받습니다. 핀 번호를 사용하여 'key_pin' 멤버 변수를 생성하고, 'Pin.IN'을 사용하여 이 핀을 디지털 입력 핀으로 설정합니다. 또한 'Pin.PULL_UP'을 사용하여 내장 풀업 저항을 활성화합니다. 'prev_state' 멤버 변수를 사용하여 현재 'key_pin' 핀의 상태를 저장합니다.

09~15 'get_key_state' 메서드를 정의합니다. 이 메서드는 현재 'key_pin' 핀의 상태를 반환하고, 상태가 변경될 때만 1을 반환합니다. 이전 상태 ('prev_state')와 현재 상태를 비교하여 상태가 변경된 경우 'prev_state'를 업데이트하고, 현재 상태가 0인 경우 1을 반환합니다. 그렇지 않으면 0을 반환합니다.

17 'key1' 변수에 'KeyInputClass' 클래스를 사용하여 인스턴스를 생성합니다. 이를 통해 첫 번째 버튼을 모니터링할 수 있습니다. 'KeyInputClass' 클래스의 생성자는 버튼이 연결된 핀 번호를 받습니다.

20 'key1.get_key_state()' 메서드를 호출하여 첫 번째 버튼 상태를 확인하고, 버튼이 눌렸을 때 1을 반환하면 "key1 click" 메시지를 출력합니다.

21 "key1 click" 메시지를 출력한 후 0.1초 동안 대기합니다.

[◉ 현재 스크립트 실행] 아이콘을 클릭하여 코드를 실행합니다.

버튼 클래스를 생성하고 누를때만 값이 출력되는 코드를 만들었습니다.

```
쉘 ×
>>> %Run -c $EDITOR_CONTENT

 MPY: soft reboot
 key1 click
 key1 click
```

여러 개의 버튼 클래스로 생성

코드는 KeyInputClass라는 클래스를 사용하여 입력 핀을 캡슐화하고 버튼의 상태 변화를 감지합니다.

main2-2-6.py

```
01    from machine import Pin
02    import time
03
04    class KeyInputClass:
05        def __init__(self, pin_number):
06            self.key_pin = Pin(pin_number, Pin.IN, Pin.PULL_UP)
07            self.prev_state =self.key_pin.value()
08
09        def get_key_state(self):
10            current_state =self.key_pin.value()
11            if self.prev_state != current_state:
12                self.prev_state = current_state
13                if current_state ==0:
14                    return 1
15            return 0
16
17    key1 = KeyInputClass(14)
18    key2 = KeyInputClass(27)
19    key3 = KeyInputClass(26)
20    key4 = KeyInputClass(25)
21
22    while True:
23        if key1.get_key_state():
24            print("key1 click")
25            time.sleep(0.1)
26
```

```
27          if key2.get_key_state():
28              print("key2 click")
29              time.sleep(0.1)
30
31          if key3.get_key_state():
32              print("key3 click")
33              time.sleep(0.1)
34
35          if key4.get_key_state():
36              print("key4 click")
37              time.sleep(0.1)
```

17 'key1' 변수에 'KeyInputClass' 클래스를 사용하여 인스턴스를 생성합니다. 이를 통해 첫 번째 버튼을 모니터링할 수 있습니다. 'KeyInputClass' 클래스의 생성자는 버튼이 연결된 핀 번호를 받습니다.

18~21 'key2', 'key3', 'key4' 변수에도 'KeyInputClass' 클래스를 사용하여 각각의 버튼을 모니터링할 수 있는 인스턴스를 생성합니다.

[● 현재 스크립트 실행] 아이콘을 클릭하여 코드를 실행합니다.

여러 개의 버튼 객체를 생성하여 버튼의 눌림을 처리하였습니다. 클래스를 사용하면 버튼이 더 늘어나더라도 버튼객체를 생성하여 처리하기 때문에 코드를 간결하게 유지가 가능합니다.

```
쉘 ×
>>> %Run -c $EDITOR_CONTENT

MPY: soft reboot
key1 click
key2 click
key3 click
key4 click
```

버튼을 이용하는 부분을 클래스로 만들어 코드의 재사용성을 높이고 코드를 간결한 상태로 유지하였습니다.

인터럽트로 버튼 입력받기

버튼 누름을 인터럽트 핸들러를 사용하여 처리하는 방식으로 구현되었습니다.

main2-2-7.py

```
01    from machine import Pin
02    import time
03
04    def button_interrupt_handler(pin):
05        if pin.value() ==0:
06            print("click")
07
08    key1 = Pin(14, Pin.IN, Pin.PULL_UP)
09
10    key1.irq(trigger=Pin.IRQ_FALLING, handler=button_interrupt_handler)
11
12    while True:
13        time.sleep(0.1)
```

04 'button_interrupt_handler' 함수를 정의합니다. 이 함수는 인자로 받는 'pin' 객체의 상태를 확인하고, 상태가 0일 때 "click" 메시지를 출력합니다.

05 'pin.value() == 0' 조건을 사용하여 버튼의 상태가 눌렸는지 확인합니다.

06 버튼이 눌렸을 때 "click" 메시지를 출력합니다.

08 'key1' 변수에 핀 번호 14를 할당하고, 'Pin.IN'을 사용하여 이 핀을 디지털 입력 핀으로 설정합니다. 또한 'Pin.PULL_UP'을 사용하여 내장 풀업 저항을 활성화합니다.

09 'key1' 핀에 대한 인터럽트 핸들러를 설정하기 위해 'key1.irq()' 메서드를 호출합니다.

10 'trigger' 매개변수를 'Pin.IRQ_FALLING'으로 설정하여, 'key1' 핀에서 하강 엣지(버튼이 눌렸을 때) 인터럽트를 활성화합니다.

11 'handler' 매개변수에 인터럽트가 발생했을 때 호출할 함수인 'button_interrupt_handler' 함수를 지정합니다.

[⊙ 현재 스크립트 실행] 아이콘을 클릭하여 코드를 실행합니다.

인터럽트를 사용하여 버튼 누름을 감지하고 처리하므로, 버튼이 눌리는 즉시 "click" 메시지를 출력하고, 메인 루프는 대기 상태로 유지됩니다.

인터럽트를 사용하여 버튼이 눌렸을 때 click이라는 글자를 출력하였습니다.

```
셸 ×
>>> %Run -c $EDITOR_CONTENT

MPY: soft reboot
click
```

여러 개의 버튼 인터럽트로 입력받기

여러 개의 버튼을 인터럽트로 처리하는 예제코드를 만들어봅니다.

main2-2-8.py

```
01    from machine import Pin
02    import time
03
04    def button_interrupt_handler(pin):
05        time.sleep_ms(100)
06        if pin == key1 and pin.value() ==0:
07            print("key1 click")
08        elif pin == key2 and pin.value() ==0:
09            print("key2 click")
10        elif pin == key3 and pin.value() ==0:
11            print("key3 click")
12        elif pin == key4 and pin.value() ==0:
13            print("key4 click")
14
15    key1 = Pin(14, Pin.IN, Pin.PULL_UP)
16    key2 = Pin(27, Pin.IN, Pin.PULL_UP)
17    key3 = Pin(26, Pin.IN, Pin.PULL_UP)
```

```
18        key4 = Pin(25, Pin.IN, Pin.PULL_UP)
19
20        key1.irq(trigger=Pin.IRQ_FALLING, handler=button_interrupt_handler)
21        key2.irq(trigger=Pin.IRQ_FALLING, handler=button_interrupt_handler)
22        key3.irq(trigger=Pin.IRQ_FALLING, handler=button_interrupt_handler)
23        key4.irq(trigger=Pin.IRQ_FALLING, handler=button_interrupt_handler)
24
25        while True:
26            time.sleep(0.1)
```

06 버튼이 어떤 버튼인지 확인하기 위해 'pin' 객체와 'key1', 'key2', 'key3', 'key4'를 비교합니다.

07 'key1' 버튼이 눌렸고, 버튼 상태가 0(눌림)인 경우 "key1 click" 메시지를 출력합니다.

08 'key2' 버튼이 눌렸고, 버튼 상태가 0(눌림)인 경우 "key2 click" 메시지를 출력합니다.

09 'key3' 버튼이 눌렸고, 버튼 상태가 0(눌림)인 경우 "key3 click" 메시지를 출력합니다.

10 'key4' 버튼이 눌렸고, 버튼 상태가 0(눌림)인 경우 "key4 click" 메시지를 출력합니다.

15 'key1', 'key2', 'key3', 'key4' 변수에 각각 다른 핀 번호를 할당하고, 각 핀을 디지털 입력 핀으로 설정합니다. 또한 'Pin.PULL_UP'을 사용하여 내장 풀업 저항을 활성화합니다.

20 'key1' 핀에 대한 인터럽트 핸들러를 설정합니다. 'IRQ_FALLING' 트리거를 사용하여 버튼이 눌렸을 때 인터럽트를 활성화하고, 핸들러 함수로는 'button_interrupt_handler' 함수를 지정합니다. 이것은 'key1' 버튼의 누름을 처리합니다.

21 'key2' 핀에 대한 인터럽트 핸들러를 설정합니다.

22 'key3' 핀에 대한 인터럽트 핸들러를 설정합니다.

23 'key4' 핀에 대한 인터럽트 핸들러를 설정합니다.

25 무한 루프를 시작합니다.

26 'time.sleep(0.1)'을 사용하여 0.1초 동안 대기하고, 인터럽트 핸들러가 버튼 누름을 처리하도록 합니다.

[● 현재 스크립트 실행] 아이콘을 클릭하여 코드를 실행합니다.

네 개의 버튼 ('key1', 'key2', 'key3', 'key4')을 사용하며, 각 버튼의 누름을 인터럽트를 통해 실시간으로 감지하고 처리합니다. 디바운싱을 위해 버튼 누름 후 100 밀리초 동안 대기하고, 해당 버튼에 따라 다른 메시지를 출력합니다.

인터럽트를 사용하여 여러 개의 버튼을 입력받았습니다.

```
쉘 ×
>>> %Run -c $EDITOR_CONTENT

 MPY: soft reboot
 key1 click
 key2 click
 key3 click
 key4 click
```

02 _ 3 아날로그 출력

ESP32의 경우, PWM(Pulse Width Modulation)을 사용하여 아날로그 출력을 에뮬레이트할 수 있습니다. PWM은 디지털 출력 핀에서 디지털 신호를 주기적으로 변경함으로써 아날로그 신호와 유사한 결과를 얻는 기술입니다. PWM 출력을 사용하면 LED의 밝기 조절, 모터 속도 제어, 소리의 볼륨 조절 등 다양한 제어 및 조절 작업을 수행할 수 있습니다.

요약하면, 아날로그 출력은 연속적인 값 범위에서 출력을 조절할 수 있게 해주는 기술이며, ESP32에서는 PWM을 사용하여 이러한 아날로그 출력을 모방하고 다양한 응용 분야에서 활용할 수 있습니다.
다음의 회로를 구성합니다.

회로

부품핀	ESP32핀
LED R(빨강)	17
LED G(녹색)	5
LED B(파랑)	18

브레드보드를 이용한 회로연결

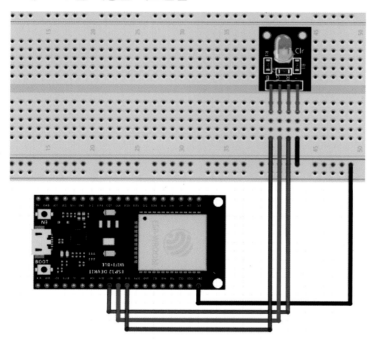

RGB LED모듈의 R은 17번핀, G는 5번핀, B는 18번핀에 연결합니다 − 는 GND핀에 연결합니다.

ESP32 사물인터넷 보드를 이용한 회로연결

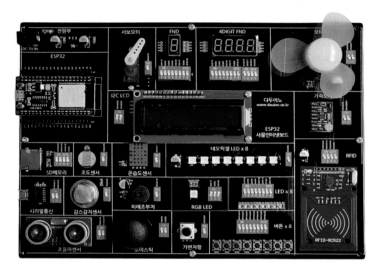

[RGB LED] 의 선택 스위치를 위쪽방향(ON)으로 선택합니다. 나머지 선택스위치는 아랫방향(OFF)로 선택합니다.

PWM을 사용하여 LED 밝기 조절하기

각각의 LED(빨간색, 녹색, 파란색)을 PWM(Pulse Width Modulation)을 사용하여 제어합니다. PWM을 사용하면 LED의 밝기를 조절할 수 있습니다.

main2-3-1.py

```
01    from machine import Pin
02    from machine import PWM
03    import time
04
05    LED_RED = PWM(Pin(17),freq=1000,duty=0)
06    LED_GREEN = PWM(Pin(5),freq=1000,duty=0)
07    LED_BLUE = PWM(Pin(18),freq=1000,duty=0)
08
09
10    while True:
11        LED_RED.duty(0)
12        time.sleep(1.0)
13
14        LED_RED.duty(400)
15        time.sleep(1.0)
16
17        LED_RED.duty(800)
18        time.sleep(1.0)
```

```
19
20          LED_RED.duty(1023)
21          time.sleep(1.0)
```

05 'LED_RED' 변수에 빨간색 LED를 나타내는 PWM 객체를 생성합니다. 핀 번호 17에 연결되어 있으며, PWM 주파수를 1000Hz로 설정하고, 초기 듀티 사이클을 0으로 설정합니다.

06 'LED_GREEN' 변수에 녹색 LED를 나타내는 PWM 객체를 생성합니다. 핀 번호 5에 연결되어 있으며, PWM 주파수를 1000Hz로 설정하고, 초기 듀티 사이클을 0으로 설정합니다.

07 'LED_BLUE' 변수에 파란색 LED를 나타내는 PWM 객체를 생성합니다. 핀 번호 18에 연결되어 있으며, PWM 주파수를 1000Hz로 설정하고, 초기 듀티 사이클을 0으로 설정합니다.

11 'LED_RED.duty(0)'을 사용하여 빨간색 LED의 듀티 사이클을 0으로 설정합니다. 이렇게 하면 빨간색 LED가 꺼집니다.

12 'time.sleep(1.0)'을 사용하여 1초 동안 대기합니다.

13 'LED_RED.duty(400)'을 사용하여 빨간색 LED의 듀티 사이클을 400으로 설정합니다. 이렇게 하면 빨간색 LED가 살짝 밝아집니다.

14 'time.sleep(1.0)'을 사용하여 1초 동안 대기합니다.

15 'LED_RED.duty(800)'을 사용하여 빨간색 LED의 듀티 사이클을 800으로 설정합니다. 이렇게 하면 빨간색 LED가 더 밝아집니다.

16 'time.sleep(1.0)'을 사용하여 1초 동안 대기합니다.

17 'LED_RED.duty(1023)'을 사용하여 빨간색 LED의 듀티 사이클을 최대값인 1023으로 설정합니다. 이렇게 하면 빨간색 LED가 최대 밝기가 됩니다.

18 'time.sleep(1.0)'을 사용하여 1초 동안 대기합니다.

[● 현재 스크립트 실행] 아이콘을 클릭하여 코드를 실행합니다.

빨간색 LED를 각각의 듀티 사이클 값에 따라 다른 밝기로 반복적으로 제어합니다. 듀티 사이클은 0부터 1023까지 변경됩니다.

PWM의 주파수 조절하기

각각의 LED (빨간색, 녹색, 파란색)을 PWM(Pulse Width Modulation)을 사용하여 제어합니다. 그러나 이 코드에서는 PWM 주파수를 10Hz로 매우 낮게 설정하고, 듀티 사이클을 변경하여 LED의 밝기를 제어합니다.

main2-3-2.py

```
01      from machine import Pin
02      from machine import PWM
03      import time
04
05      LED_RED = PWM(Pin(17),freq=10,duty=0)
06      LED_GREEN = PWM(Pin(5),freq=10,duty=0)
07      LED_BLUE = PWM(Pin(18),freq=10,duty=0)
```

```
08
09
10      while True:
11          LED_RED.duty(0)
12          time.sleep(1.0)
13
14          LED_RED.duty(400)
15          time.sleep(1.0)
16
17          LED_RED.duty(800)
18          time.sleep(1.0)
19
20          LED_RED.duty(1023)
21          time.sleep(1.0)
```

05 'LED_RED' 변수에 빨간색 LED를 나타내는 PWM 객체를 생성합니다. 핀 번호 17에 연결되어 있으며, PWM 주파수를 10Hz로 설정하고, 초기 듀티 사이클을 0으로 설정합니다.

[● 현재 스크립트 실행] 아이콘을 클릭하여 코드를 실행합니다.

주파수가 낮기 때문에 LED가 켜지는 시간과 꺼지는 시간의 주기가 짧아 LED가 깜빡이면서 제어됩니다. 주파수는 너무 낮게 설정하면 사용하지 못합니다. 주파수를 사람이 인식할 수 없는 범위로 올려서 사용합니다. 1000이상을 추천합니다.

RGB LED 밝기 조절하기

이 코드는 MicroPython을 사용하여 RGB LED를 제어하는 코드입니다. 코드에서는 빨간색 (LED_RED), 녹색 (LED_GREEN), 파란색 (LED_BLUE) 세 가지 색상의 LED를 PWM (Pulse Width Modulation)을 사용하여 제어합니다. 각 LED를 순차적으로 꺼지고 켜지고 밝기가 조절되며, RGB LED로 다양한 색상을 표현할 수 있습니다.

main2-3-3.py

```
01      from machine import Pin
02      from machine import PWM
03      import time
04
05      LED_RED = PWM(Pin(17),freq=1000,duty=0)
06      LED_GREEN = PWM(Pin(5),freq=1000,duty=0)
07      LED_BLUE = PWM(Pin(18),freq=1000,duty=0)
08
09
10      while True:
11          LED_RED.duty(0)
12          LED_GREEN.duty(0)
13          LED_BLUE.duty(0)
```

```
14              time.sleep(1.0)
15
16              LED_RED.duty(400)
17              LED_GREEN.duty(400)
18              LED_BLUE.duty(400)
19              time.sleep(1.0)
20
21              LED_RED.duty(800)
22              LED_GREEN.duty(800)
23              LED_BLUE.duty(800)
24              time.sleep(1.0)
25
26              LED_RED.duty(1023)
27              LED_GREEN.duty(1023)
28              LED_BLUE.duty(1023)
29              time.sleep(1.0)
```

05 'LED_RED' 변수에 빨간색 LED를 나타내는 PWM 객체를 생성합니다. 핀 번호 17에 연결되어 있으며, PWM 주파수를 1000Hz로 설정하고, 초기 듀티 사이클을 0으로 설정합니다.

06 'LED_GREEN' 변수에 녹색 LED를 나타내는 PWM 객체를 생성합니다. 핀 번호 5에 연결되어 있으며, PWM 주파수를 1000Hz로 설정하고, 초기 듀티 사이클을 0으로 설정합니다.

07 'LED_BLUE' 변수에 파란색 LED를 나타내는 PWM 객체를 생성합니다. 핀 번호 18에 연결되어 있으며, PWM 주파수를 1000Hz로 설정하고, 초기 듀티 사이클을 0으로 설정합니다.

11 'LED_RED.duty(0)', 'LED_GREEN.duty(0)', 'LED_BLUE.duty(0)'을 사용하여 모든 LED의 듀티 사이클을 0으로 설정합니다. 이렇게 하면 모든 LED가 꺼집니다.

12 'time.sleep(1.0)'을 사용하여 1초 동안 대기합니다.

13 모든 LED가 꺼진 상태에서 시작하여 1초 대기합니다.

16 'LED_RED.duty(400)', 'LED_GREEN.duty(400)', 'LED_BLUE.duty(400)'을 사용하여 모든 LED의 듀티 사이클을 400으로 설정합니다. 이렇게 하면 모든 LED가 밝기가 중간 정도로 켜집니다.

17 'time.sleep(1.0)'을 사용하여 1초 동안 대기합니다.

18 모든 LED가 중간 정도로 밝은 상태에서 1초 대기합니다.

21 'LED_RED.duty(800)', 'LED_GREEN.duty(800)', 'LED_BLUE.duty(800)'을 사용하여 모든 LED의 듀티 사이클을 800으로 설정합니다. 이렇게 하면 모든 LED가 밝기가 높아집니다.

22 'time.sleep(1.0)'을 사용하여 1초 동안 대기합니다.

23 모든 LED가 높은 밝기 상태에서 1초 대기합니다.

26 'LED_RED.duty(1023)', 'LED_GREEN.duty(1023)', 'LED_BLUE.duty(1023)'을 사용하여 모든 LED의 듀티 사이클을 최대값인 1023으로 설정합니다. 이렇게 하면 모든 LED가 최대 밝기가 됩니다.

27 'time.sleep(1.0)'을 사용하여 1초 동안 대기합니다.

28 모든 LED가 최대 밝기 상태에서 1초 대기합니다.

[● 현재 스크립트 실행] 아이콘을 클릭하여 코드를 실행합니다.

RGB LED를 모두켜서 흰색으로 설정하였고 밝기를 조절하였습니다. LED의 밝기를 아날로그 출력(PWM)으로 조절하였습니다.

RGB LED로 무지개 색상 표현하기

RGB LED의 밝기를 조절하여 빨주노초파남보 무지개 색상으로 표현해봅니다.

```
main2-3-4.py

01    from machine import Pin, PWM
02    import time
03
04    LED_RED = PWM(Pin(17), freq=1000, duty=0)
05    LED_GREEN = PWM(Pin(5), freq=1000, duty=0)
06    LED_BLUE = PWM(Pin(18), freq=1000, duty=0)
07
08    # 무지개 색상 목록 (빨주노초파남보)
09    rainbow_colors = [
10        (1023, 0, 0), # 빨강
11        (1023, 200, 0), # 주황
12        (1023, 400, 0), # 노랑
13        (0, 1023, 0), # 초록
14        (0, 0, 1023), # 파랑
15        (200, 0, 1023), # 남색
16        (400, 0, 1023), # 보라
17    ]
18
19    while True:
20        for color in rainbow_colors:
21            LED_RED.duty(color[0])
22            LED_GREEN.duty(color[1])
23            LED_BLUE.duty(color[2])
24            time.sleep(1.0)
```

20 'rainbow_colors' 목록의 각 색상에 대해 반복합니다.

21 'LED_RED.duty(color[0])'를 사용하여 빨간색 LED의 듀티 사이클을 'color' 튜플의 첫 번째 요소로 설정합니다. 이렇게 하면 빨간색 LED의 밝기가 변경됩니다.

22 'LED_GREEN.duty(color[1])'를 사용하여 녹색 LED의 듀티 사이클을 'color' 튜플의 두 번째 요소로 설정합니다. 이렇게 하면 녹색 LED의 밝기가 변경됩니다.

23 'LED_BLUE.duty(color[2])'를 사용하여 파란색 LED의 듀티 사이클을 'color' 튜플의 세 번째 요소로 설정합니다. 이렇게 하면 파란색 LED의 밝기가 변경됩니다.

24 'time.sleep(1.0)'을 사용하여 1초 동안 대기합니다.

[⏵ 현재 스크립트 실행] 아이콘을 클릭하여 코드를 실행합니다.

무지개 색상 목록을 사용하여 빨간색, 녹색, 파란색 LED를 순서대로 켜고 끄는 것을 반복합니다. 결과적으로 LED는 빨강, 주황, 노랑, 초록, 파랑, 남색, 보라의 순서로 반복하여 색상을 표현하게 됩니다.

02 _ 4 아날로그 입력

아날로그 입력(Analog Input)은 연속적인 범위에서 다양한 값을 측정하는 입력 방식입니다. 일반적으로 아날로그 입력은 실제 물리적 신호를 전압 또는 전류 값으로 변환하고, 이를 디지털 장치나 마이크로컨트롤러에서 읽어들여 수치로 표시합니다.

예를 들어, 아날로그 입력은 조도 센서에서 주변 환경의 밝기를 측정하거나 온도 센서로부터 온도 값을 읽어들이는 데 사용됩니다. 또한, 가변 저항기나 포텐셔미터(Potentiometer)와 같은 장치로부터 회전각이나 위치 정보를 입력으로 받을 때도 사용됩니다.

아날로그 입력은 연속적인 변화를 감지하고, 이를 디지털 시스템에서 사용 가능한 숫자 값으로 변환하여 처리하거나 제어 작업에 활용합니다.
다음의 회로를 구성합니다.
회로

부품핀	ESP32핀
가변저항	34

브레드보드를 이용한 회로연결

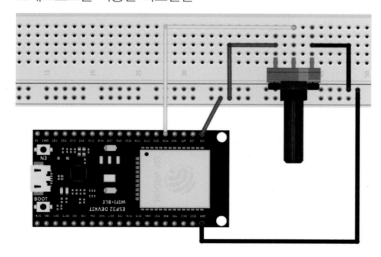

가변저항의 가운데는 34번핀에 연결합니다. 가변저항의 왼쪽끝 핀은 3.3V에 오른쪽끝핀은 GND에 연결합니다.

ESP32 사물인터넷 보드를 이용한 회로연결

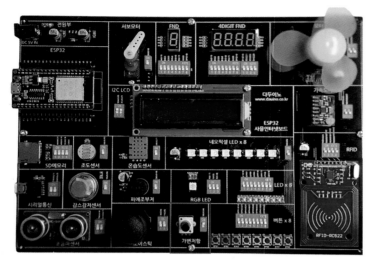

[가변저항] 의 선택 스위치를 위쪽방향(ON)으로 선택합니다. 나머지 선택스위치는 아랫방향(OFF)
로 선택합니다.

아날로그 입력받기

핀 34에서 아날로그 값을 읽어와서 그 값을 출력합니다.

```
main2-4-1.py
01    from machine import Pin
02    from machine import ADC
03    import time
04
05    vr=ADC(Pin(34))
06    vr.atten(ADC.ATTN_11DB)
07
08    while True:
09        vr_value = vr.read()
10        print(vr_value)
11        time.sleep(0.5)
```

05 'vr' 변수에 아날로그 입력을 나타내는 ADC 객체를 생성합니다. 핀 번호 34에 연결된 아날로그 입력을 사용하며, 이를
위해 ADC 객체를 생성합니다.

06 'vr.atten(ADC.ATTN_11DB)'을 사용하여 ADC의 입력 감쇠 (attenuation) 레벨을 11dB로 설정합니다. 이것은 입력 전압 범
위를 확장하여 더 넓은 전압 범위의 입력을 처리할 수 있게 합니다.

08 무한 루프를 시작합니다.

09 'vr_value' 변수에 'vr.read()'를 사용하여 아날로그 입력 값을 읽어옵니다. 'vr.read()'는 현재 아날로그 입력 핀 (여기서
는 34번 핀)의 아날로그 값을 읽어옵니다.

10 'print(vr_value)'를 사용하여 읽어온 아날로그 입력 값을 출력합니다.

11 'time.sleep(0.5)'을 사용하여 0.5초 동안 대기합니다.

[▶ 현재 스크립트 실행] 아이콘을 클릭하여 코드를 실행합니다.

아날로그 입력 핀인 핀 34에서 아날로그 값을 읽어와서 그 값을 출력합니다. 결과적으로 입력된 아날로그 값이 0.5초마다 표시됩니다.

쉘 영역에 측정된 아날로그 값이 출력되었습니다.

```
셸 ×
 0
 0
 0
 1052
 3485
 4095
 4095
 4095
```

전압으로 환산하기

아날로그 입력 값을 읽어와 전압 값으로 변환하여 출력하는 코드입니다.

```
main2-4-2.py
01    from machine import Pin
02    from machine import ADC
03    import time
04
05    vr=ADC(Pin(34))
06    vr.atten(ADC.ATTN_11DB)
07
08    while True:
09        vr_voltage = ( 3.3*vr.read() ) /4095
10        print(vr_voltage)
11        time.sleep(0.5)
```

09 'vr_voltage' 변수에 다음과 같이 계산된 값을 저장합니다:
   – 'vr.read()': 아날로그 입력 핀 (여기서는 34번 핀)의 아날로그 값을 읽어옵니다.
   – '(3.3 * vr.read())': 읽어온 아날로그 값을 3.3으로 곱합니다. 이렇게 하면 0부터 4095까지의 아날로그 값이 전압으로 변환됩니다.
   – '/ 4095': 0부터 4095 범위의 값을 0에서 3.3V 범위로 정규화합니다.
10 'print(vr_voltage)'를 사용하여 계산된 전압 값을 출력합니다.

[▶ 현재 스크립트 실행] 아이콘을 클릭하여 코드를 실행합니다.

아날로그 입력 핀인 핀 34에서 아날로그 값을 읽어와서 해당 값을 전압 값으로 변환하고 출력합니다. 결과적으로 입력된 전압 값이 0.5초마다 표시됩니다.

```
셸 ×
 0.0
 0.0
 0.2401465
 0.8558241
 1.83978
 2.643224
 2.725421
 3.3
```

조건식와 함께 사용하기

아날로그 입력 값을 읽어와 전압 값으로 변환하고, 그 전압 값이 2.0V 이상인지 미만인지를 확인하여 출력하는 코드입니다.

```
main2-4-3.py
01    from machine import Pin
02    from machine import ADC
03    import time
04
05    vr=ADC(Pin(34))
06    vr.atten(ADC.ATTN_11DB)
07
08    while True:
09        vr_voltage = ( 3.3*vr.read() ) /4095
10
11        if vr_voltage >=2.0:
12            print("전압이 2.0V 이상입니다.")
13        else:
14            print("전압이 2.0V 미만입니다.")
15
16        time.sleep(0.5)
```

11 'if' 문을 사용하여 'vr_voltage'가 2.0V 이상인지를 확인합니다.
12 'print("전압이 2.0V 이상입니다.")'를 사용하여 2.0V 이상인 경우 "전압이 2.0V 이상입니다."라는 메시지를 출력합니다.
13 그렇지 않은 경우 (즉, 2.0V 미만인 경우) 'else' 블록을 실행합니다.
14 'print("전압이 2.0V 미만입니다.")'를 사용하여 2.0V 미만인 경우 "전압이 2.0V 미만입니다."라는 메시지를 출력합니다.

[◎ 현재 스크립트 실행] 아이콘을 클릭하여 코드를 실행합니다.

아날로그 입력 핀인 핀 34에서 아날로그 값을 읽어와서 해당 값을 전압 값으로 변환하고, 그 전압 값이 2.0V 이상인지 미만인지를 확인하여 결과를 출력합니다. 결과적으로 입력된 전압 값에 따라 메시지가 출력됩니다.

```
쉘
전압이 2.0V 미만입니다.
전압이 2.0V 미만입니다.
전압이 2.0V 미만입니다.
전압이 2.0V 이상입니다.
전압이 2.0V 이상입니다.
전압이 2.0V 이상입니다.
전압이 2.0V 이상입니다.
전압이 2.0V 이상입니다.
```

02 _ 5 시리얼 통신

시리얼 통신(Serial Communication)은 데이터를 비트 단위로 연속적으로 전송하는 통신 방식입니다. 이 방식은 데이터를 직렬로 전송하며, 데이터를 보내는 측과 데이터를 받는 측 사이에서 정보 교환을 가능하게 합니다.

시리얼 통신은 일반적으로 두 개 이상의 장치 간에 데이터를 송수신하는 데 사용됩니다. 데이터는 한 번에 하나의 비트씩 전송되며, 전송하는 측과 받는 측 간의 설정된 통신 속도(보율, Baud rate)에 따라 비트가 전송됩니다.

시리얼 통신은 간단하고 저렴한 통신 방식으로, 다양한 응용 분야에서 사용됩니다. 예를 들어, 컴퓨터와 주변 장치(프린터, 모뎀, 마우스 등) 간의 통신, 마이크로컨트롤러와 센서, 디스플레이, 블루투스 모듈, GPS 수신기 등과의 통신에 사용됩니다.

다음의 회로를 구성합니다.

회로

부품핀	ESP32핀
TXD	21
RXD	22

브레드보드를 이용한 회로연결

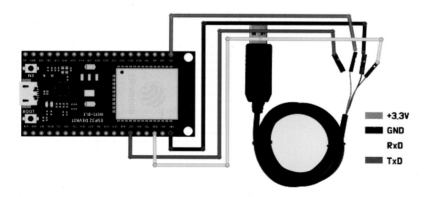

[USB to Serial 컨버터] 부품의 회로를 연결합니다. [USB to Serial 컨버터] 부품의 경우 생산 시점에 따라서 케이블의 색상이 변경 될 수 있으니 제공되는 케이블의 사양을 확인한 다음 연결합니다.

[USB to Serial 컨버터]의 TX핀은 ESP32의 RX핀인 21번에 연결합니다.

[USB to Serial 컨버터]의 RX핀은 ESP32의 TX핀인 22번에 연결합니다.

TX,RX핀은 서로 교차하여 연결합니다. TX로 데이터를 받으면 RX로 수신합니다. 사람의 입으로 말하면 귀로 듣는 것과 같습니다.

ESP32 사물인터넷 보드를 이용한 회로연결

[시리얼 통신] 의 선택 스위치를 위쪽방향(ON)으로 선택합니다. 나머지 선택스위치는 아랫방향 (OFF)로 선택합니다.

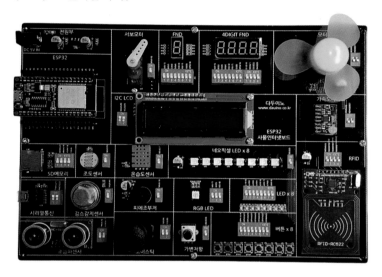

시리얼 통신 포트 설정하기

ESP32 모듈은 시리얼 통신을 통해 마이크로파이썬의 코드를 읽고 동작합니다. 마이크로마이썬으로 이미 사용하고 있으므로 다른 시리얼 통신포트를 사용하여 시리얼 통신을 합니다.

thonny에서 오른쪽 아래부분을 선택하여 통신 포트의 확인이 가능합니다.

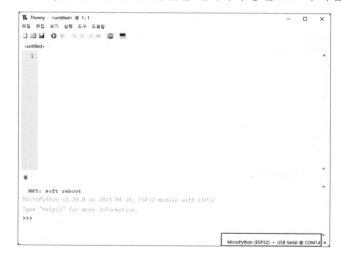

USB케이블 2개를 PC와 연결하면 시리얼 통신포트가 두 개로 연결됨을 확인 할 수 있습니다.

마이크로파이썬으로 실행되는 시리얼 통신포트를 자동으로 하지 않고 ESP32가 연결된 포트를 선택합니다. 포트의 번호가 헷갈린다면 모든 포트를 제거한 다음 ESP32의 USB케이블만 우선 연결한 다음 마이크로파이썬에서 사용되는 포트를 설정합니다.

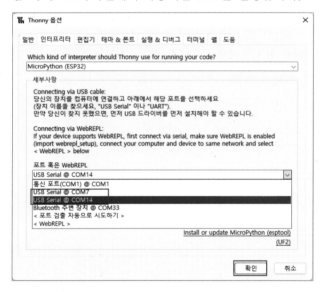

마이크로파이썬으로 연결된 포트를 설정하였습니다.

마이크로 파이썬포트 설정 완료 후 시리얼 통신 케이블을 연결하여 시리얼 통신으로 연결된 포트를 확인합니다. thonny에서 추가로 연결된 포트로 확인이 가능하며 윈도우에서 [장치 관리자]를 통해 연결된 포트의 확인이 가능합니다.

데이터 전송하기

시리얼 통신으로 데이터를 전송하는 방법에 대해서 알아봅니다.

```
main2-5-1.py
01    from machine import Pin
02    from machine import UART
03    import time
04
05    uart=UART(2,9600,rx=21,tx=22)
06
07    while True:
08        uart.write("Hello pc\n")
09        time.sleep(1.0)
```

02 'machine' 모듈에서 'UART' 클래스를 가져옵니다.

05 'UART' 객체를 생성합니다. 'UART'는 Universal Asynchronous Receiver/Transmitter의 약자로, 시리얼 통신을 위한 객체입니다. 여기서는 UART 2번을 사용하며, Baud rate(통신 속도)는 9600으로 설정하고, rx(수신 핀)는 핀 21, tx(송신 핀)는 핀 22로 설정됩니다.

08 UART 객체를 사용하여 "Hello pc\n" 문자열을 시리얼 포트로 전송합니다.

[◉ 현재 스크립트 실행] 아이콘을 클릭하여 코드를 실행합니다. 이 코드는 UART를 사용하여 시리얼 포트를 통해 "Hello pc\n" 메시지를 주기적으로 보내는 예제입니다.

시리얼 통신으로 값을 확인하기 위해서 프로그램을 설치합니다.

구글에서 "hercules 프로그램 다운로드"를 검색한 다음 아래 사이트에 접속합니다.

Download 버튼을 눌러 프로그램을 다운로드 받습니다.

다운로드 받은 프로그램은 실행파일로 더

블클릭하면 프로그램이 바로 실행됩니다.

시리얼 통신외에 TCP/UDP등의 다양한 프로그램의 사용이 가능합니다. 이 프로그램으로 사물인터
넷에서는 TCP/UDP통신을 확인하기위해 계속사용합니다.

[Serial] 탭으로 이동 후 연결된 COM포트를 선택 후 연결한다음 전송되는 값을 확인합니다.

ESP32에서 시리얼 통신으로 전송된 값의 확인이 가능합니다.

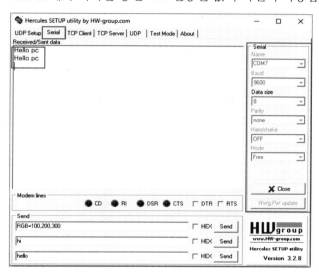

데이터 수신받기

시리얼 통신으로 PC에서 보낸 데이터를 수신받는 코드를 작성합니다.

main2-5-2.py

```
01    from machine import Pin
02    from machine import UART
03    import time
04
05    uart=UART(2,9600,rx=21,tx=22)
06
07    while True:
08        if uart.any():
09            text=uart.read(128).decode("utf-8")
10            print(text)
```

08 UART 객체의 'any()' 메서드를 사용하여 시리얼 버퍼에 데이터가 있는지 확인합니다. 만약 데이터가 있다면 이 조건
이 True가 됩니다.

09 데이터가 있다면, UART 객체의 'read(128)' 메서드를 사용하여 최대 128바이트까지 데이터를 읽어들입니다. 그리고
'decode("utf-8")' 메서드를 사용하여 바이트 데이터를 문자열로 변환합니다. 읽은 데이터는 'text' 변수에 저장됩니다.

10 읽은 데이터를 화면에 출력합니다. 이것은 시리얼 포트를 통해 수신된 데이터를 컴퓨터에 표시하는 목적으로 사용됩니다.

[◉ 현재 스크립트 실행] 아이콘을 클릭하여 코드를 실행합니다.

시리얼 포트로부터 데이터를 읽어들이고, 읽은 데이터를 화면에 출력하는 예제입니다.

Send 영역에 영어로 글자를 입력 후 [Send]버튼을 눌러 데이터를 전송합니다. 전송된 데이터는 분홍색으로 표시됩니다.

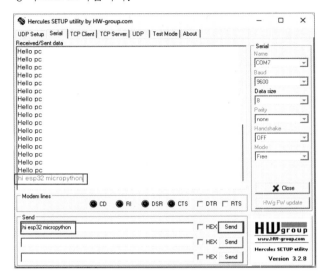

ESP32에서 받은 데이터의 확인이 가능합니다.

"안녕"을 입력합니다. 한글을 입력 후 [Send]를 눌러 데이터를 전송합니다.

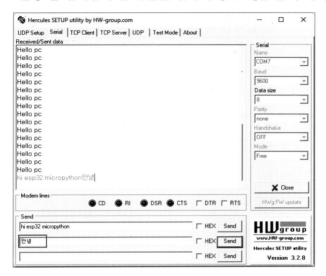

데이터를 수신받는 ESP32에서 에러가 발생합니다. 한글을 인식하지 못해 발생하는 에러입니다.

```
셸 ×
>>> %Run -c $EDITOR_CONTENT

MPY: soft reboot
hi esp32 micropython
Traceback (most recent call last):
  File "<stdin>", line 9, in <module>
UnicodeError:
>>>
```

예외처리하기

받은 데이터에서 에러가 발생하더라도 코드가 종료되지 않도록 예외처리 코드를 추가합니다.

main2-5-3.py

```
01    from machine import Pin
02    from machine import UART
03    import time
04
05    uart=UART(2,9600,rx=21,tx=22)
06
07    while True:
08        if uart.any():
09            try:
10                text=uart.read(128).decode("utf-8")
11                print(text)
12            except:
13                print("영어를 입력하세요.")
```

09 데이터가 있다면, 데이터를 읽어들이려 시도합니다.

12 예외 처리를 사용하여 데이터를 디코딩하던 중 문제가 발생한 경우를 처리합니다. 예외가 발생하면 "영어를 입력하세요."라는 메시지를 출력합니다. 이렇게 한글 문자열이 아닌 데이터가 들어온 경우를 처리하기 위한 예외처리입니다.

[● 현재 스크립트 실행] 아이콘을 클릭하여 코드를 실행합니다.

다시 한글을 전송합니다.

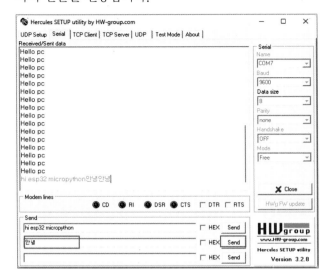

예외처리를 하여 코드가 멈추지 않고 영어를 입력하세요. 라는 글자가 출력되었습니다.

데이터 수신받아 응답하기

데이터를 수신받아 응답하는 방법에 대해서 알아봅니다.

main2-5-4.py

```python
01    from machine import Pin
02    from machine import UART
03    import time
04
05    uart=UART(2,9600,rx=21,tx=22)
06
07    while True:
08        if uart.any():
09            try:
10                text=uart.read(128).decode("utf-8")
11
12                if "hello"in text:
13                    print("ok hello")
14                elif "hi"in text:
15                    print("ok hi")
16
17            except:
18                print("영어를 입력하세요.")
```

12 'text' 변수에 저장된 문자열에 "hello"가 포함되어 있는지 확인합니다.

13 "hello"가 포함되어 있다면 "ok hello"를 출력합니다.

14 "hello"가 포함되어 있지 않고 대신 "hi"가 포함되어 있는지 확인합니다.

15 "hi"가 포함되어 있다면 "ok hi"를 출력합니다.

[⊙ 현재 스크립트 실행] 아이콘을 클릭하여 코드를 실행합니다. hello와 hi를 전송합니다.

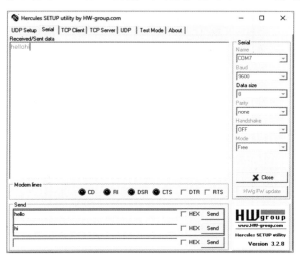

hello와 hi에 따라서 조건을 다르게 실행하여 값이 출력되었습니다.

데이터 분리하기

데이터를 분리하는 방법에 대해서 알아봅니다.

---

main2-5-5.py

```
01    from machine import Pin
02    from machine import UART
03    import time
04
05    uart=UART(2,9600,rx=21,tx=22)
06
07    while True:
08        if uart.any():
09            try:
10                    text=uart.read(128).decode("utf-8")
11
12                    print(text.split(","))
13
14            except:
15                    print("영어를 입력하세요.")
```

12 'text' 변수에 저장된 문자열을 쉼표(',')로 분리하여 리스트로 만들고, 그 리스트를 화면에 출력합니다. 'split(",")' 메서드는 문자열을 쉼표를 기준으로 분리하여 리스트를 생성합니다.

[⏵ 현재 스크립트 실행] 아이콘을 클릭하여 코드를 실행합니다. hi,100,300을 입력합니다. 콤마로 값을 분리하도록 프로그램되어 있기 때문에 콤마를 이용하여 값을 전송합니다.

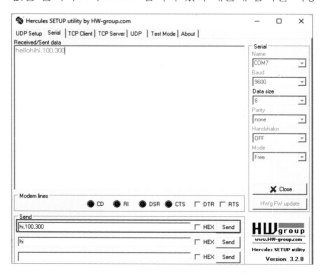

받은 부분에서는 ,콤마로 값을 분리하여 리스트를 생성하였습니다.

```
쉘 ×
>>> %Run -c $EDITOR_CONTENT

MPY: soft reboot
['hi', '100', '300']
```

프로토콜 만들어 데이터 분리하기

통신규칙인 프로토콜을 만들어 원하는 데이터만 분리하는 방법에 대해 알아봅니다.

main2-5-6.py

```
01    from machine import Pin
02    from machine import UART
03    import time
04
05    uart=UART(2,9600,rx=21,tx=22)
06
07    while True:
08        if uart.any():
09            try:
10                text=uart.read(128).decode("utf-8")
11                text1 = text.split("=")
12                print("text1:",text1)
13
14                text2 = text1[-1].split(",")
15                print("text2:",text2)
16
```

```
17                    print("RED:",text2[0])
18                    print("GREEN:",text2[1])
19                    print("BLUE:",text2[2])
20
21          except:
22                  print("영어를 입력하세요.")
```

11 '=' 기호를 기준으로 문자열을 분리하여 리스트인 'text1'에 저장합니다.

12 'text1' 리스트를 화면에 출력합니다.

14 'text1' 리스트에서 마지막 원소를 선택하고, ',' 기호를 기준으로 분리하여 'text2' 리스트에 저장합니다.

15 'text2' 리스트를 화면에 출력합니다.

17 'text2' 리스트의 첫 번째 원소를 화면에 출력합니다. 이것은 "RED" 값입니다.

18 'text2' 리스트의 두 번째 원소를 화면에 출력합니다. 이것은 "GREEN" 값입니다.

19 'text2' 리스트의 세 번째 원소를 화면에 출력합니다. 이것은 "BLUE" 값입니다.

[● 현재 스크립트 실행] 아이콘을 클릭하여 코드를 실행합니다.

시리얼 포트로부터 데이터를 읽어들이고, '=' 기호를 기준으로 분리한 후 "RED", "GREEN", "BLUE" 값을 각각 출력하는 예제입니다. 데이터를 디코딩하던 중 예외가 발생하면 "영어를 입력하세요."라는 메시지를 출력하여 예외 상황을 처리합니다.

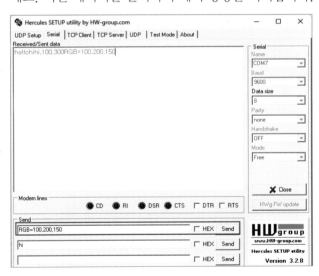

값을 콤마로 분리하여 각각 필요한 부분에 적용하였습니다.

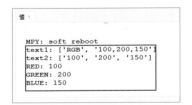

한줄로 코드 줄이기

코드를 파이썬답게 한줄로 줄여서 사용합니다.

main2-5-7.py

```
01    from machine import Pin
02    from machine import UART
03    import time
04
05    uart=UART(2,9600,rx=21,tx=22)
06
07    while True:
08        if uart.any():
09            try:
10                text=uart.read(128).decode("utf-8")
11                text = text.split("=")[-1].split(",")
12
13                print("RED:",text[0])
14                print("GREEN:",text[1])
15                print("BLUE:",text[2])
16
17            except:
18                print("영어를 입력하세요.")
```

11 'text' 변수를 '"="' 기호로 분리하고, 그 결과에서 '","' 기호로 다시 분리하여 리스트인 'text'에 저장합니다. 이것은 데이터에서 "RED", "GREEN", "BLUE" 값을 추출하는 과정입니다.

[● 현재 스크립트 실행] 아이콘을 클릭하여 코드를 실행합니다.

결과는 동일하나 데이터를 분리하는 과정을 한줄로 단순하게 처리하였습니다.

```
쉘
>>> %Run -c $EDITOR_CONTENT

MPY: soft reboot
RED: 100
GREEN: 200
BLUE: 150
```

02 _ 6 하드웨어 타이머 및 쓰레드

하드웨어 타이머(Hardware Timer)

하드웨어 타이머는 하드웨어 장치로 구현된 정밀한 시간 측정 도구입니다. 이러한 타이머는 주로 마이크로컨트롤러나 마이크로프로세서와 같은 임베디드 시스템에서 사용됩니다. 하드웨어 타이머는 정확한 시간 간격을 측정하거나 일정한 주기로 작업을 수행하는 데 사용됩니다. 예를 들어, 타이머 인터럽트를 사용하여 정확한 시간 간격마다 코드를 실행하거나, PWM 신호를 생성하여 모터 속도를 제어하는 데 사용될 수 있습니다.

스레드(Thread)

스레드는 프로세스 내에서 실행되는 독립적인 실행 흐름입니다. 하나의 프로세스는 여러 개의 스레드로 구성될 수 있으며, 각 스레드는 독립적으로 실행되지만 공유된 자원에 액세스할 수 있습니다. 스레드는 병렬 처리 및 동시성 작업을 구현하는 데 사용됩니다. 예를 들어, 멀티스레딩을 사용하여 동시에 여러 작업을 처리하거나, 멀티코어 프로세서에서 병렬 계산을 수행할 수 있습니다. 스레드는 복잡한 프로그램을 효율적으로 작성하고 성능을 향상시키는 데 도움이 됩니다.

요약하면, 하드웨어 타이머는 정밀한 시간 측정을 위한 하드웨어 장치이며, 스레드는 독립적인 실행 흐름으로 다중 작업을 처리하고 동시성을 지원하는 소프트웨어 구조입니다.

하드웨어 타이머 사용하기

하드웨어 타이머를 사용하여 1초마다 동작하는 함수를 만들어봅니다.

main2-6-1.py

```
01    from machine import Timer
02
03    cnt =0
04    def timer0_irq(time0):
05        global cnt
06        print("timer:",cnt)
07        cnt +=1
08
09    time0=Timer(0)
10    time0.init(period=1000,mode=Timer.PERIODIC,callback=timer0_irq)
11
12    while True:
13        pass
```

01 'machine' 모듈에서 'Timer' 클래스를 가져옵니다.

03 'cnt' 변수를 0으로 초기화합니다. 이 변수는 타이머 인터럽트에서 사용되는 카운터로, 타이머가 호출될 때마다 1씩 증가합니다.

04 'timer0_irq' 함수를 정의합니다. 이 함수는 타이머 인터럽트에서 호출될 콜백 함수입니다.

05 'global cnt'를 사용하여 'cnt' 변수를 전역 변수로 사용하겠다고 선언합니다. 이렇게 하면 함수 내에서 'cnt' 변수를 수정할 수 있습니다.

06 "timer"와 'cnt' 변수의 값을 출력합니다.

07 'cnt' 변수를 1 증가시킵니다.

09 'Timer' 객체 'time0'를 생성합니다. 'Timer'는 시간 측정 및 주기적인 작업을 수행하기 위한 객체입니다.

10 'time0.init()' 메서드를 사용하여 타이머 초기화를 설정합니다. 'period=1000'은 1000밀리초(1초) 주기로 타이머를 호출하도록 설정하고, 'mode=Timer.PERIODIC'은 타이머를 주기적으로 동작하도록 설정합니다. 'callback=timer0_irq'는 타이머가 호출될 때 실행할 콜백 함수를 지정합니다. 즉, 1초마다 'timer0_irq' 함수가 호출됩니다.

12 무한 루프를 시작합니다. 이 루프는 프로그램이 종료될 때까지 계속 반복됩니다.

13 'pass' 문은 아무런 동작을 하지 않고 다음 코드로 넘어가도록 하는데, 이 코드에서는 무한 루프를 유지하기 위해 사용됩니다.

이 코드는 타이머를 사용하여 1초마다 'timer0_irq' 함수를 호출하고, 이 함수에서는 카운터 'cnt' 값을 출력하고 증가시키는 예제입니다. 따라서 타이머가 주기적으로 동작하면서 시간 경과를 측정하고 'cnt' 변수를 업데이트합니다.

[▶ 현재 스크립트 실행] 아이콘을 클릭하여 코드를 실행합니다.

하드웨어타이머를 사용하여 콜백함수를 등록하여 콜백함수는 하드웨어타이머에서 설정한 시간마다 동작합니다.

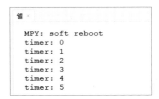

```
MPY: soft reboot
timer: 0
timer: 1
timer: 2
timer: 3
timer: 4
timer: 5
```

하드웨어 타이머 여러개 사용하기

여러 개의 하드웨어 타이머를 사용해보도록 합니다. ESP32의 하드웨어 타이머는 무한하게 사용이 가능하지는 않고 0~3번까지 총 4개의 하드웨어 타이머의 사용이 가능합니다.

```
main2-6-2.py
01      from machine import Timer
02
03      def timer0_irq(time0):
04          print("timer0")
05
06      def timer1_irq(time1):
07          print("timer1")
08
09      time0=Timer(0)
10      time0.init(period=1000,mode=Timer.PERIODIC,callback=timer0_irq)
11
12      time1=Timer(1)
13      time1.init(period=500,mode=Timer.PERIODIC,callback=timer1_irq)
14
15      while True:
16          pass
```

09 'Timer' 객체 'time0'을 생성합니다. 'Timer'는 시간 측정 및 주기적인 작업을 수행하기 위한 객체입니다.

10 'time0.init()' 메서드를 사용하여 'time0' 타이머를 초기화합니다. 'period=1000'은 1000 밀리초(1초) 주기로 타이머를 호출하도록 설정하고, 'mode=Timer.PERIODIC'은 타이머를 주기적으로 동작하도록 설정합니다. 'callback=timer0_irq'는 타이머가 호출될 때 실행할 콜백 함수를 지정합니다. 즉, 1초마다 'timer0_irq' 함수가 호출됩니다.

12 'Timer' 객체 'time1'을 생성합니다.

13 'time1.init()' 메서드를 사용하여 'time1' 타이머를 초기화합니다. 'period=500'은 500 밀리초(0.5초) 주기로 타이머를 호출하도록 설정하고, 'mode=Timer.PERIODIC'은 타이머를 주기적으로 동작하도록 설정합니다. 'callback=timer1_irq'는 타이머가 호출될 때 실행할 콜백 함수를 지정합니다. 즉, 0.5초마다 'timer1_irq' 함수가 호출됩니다.

[◉ 현재 스크립트 실행] 아이콘을 클릭하여 코드를 실행합니다.

이 코드는 두 개의 타이머를 생성하고 각각의 타이머가 주기적으로 동작하도록 설정합니다. 타이머 0은 1초마다 "timer0" 메시지를 출력하고, 타이머 1은 0.5초마다 "timer1" 메시지를 출력합니다. 따라서 두 개의 타이머가 병렬로 동작하면서 주기적으로 작업을 수행합니다.

쓰레드 사용하기

쓰레드는 소프트웨어에서 제공하는 기능으로 쓰레드를 이용하여 병렬처리하는 코드를 작성해봅니다.

main2-6-3.py

```
01    import _thread
02    import time
03
04    def thread_test():
05        while True:
06            print("thread1")
07            time.sleep(2)
08
09    _thread.start_new_thread(thread_test, ())
10
11    while True:
12        print("main")
13        time.sleep(1)
```

01 '_thread' 모듈을 가져옵니다. '_thread' 모듈은 스레드(쓰레드)를 다루기 위한 모듈입니다.

04 'thread_test' 함수를 정의합니다. 이 함수는 스레드에서 실행될 함수입니다.

05 무한 루프를 시작합니다. 이 루프는 스레드에서 실행되며, 계속 "thread1" 메시지를 출력합니다.

07 'time.sleep(2)'를 사용하여 2초 동안 스레드를 일시 정지합니다. 이로 인해 "thread1" 메시지가 2초마다 출력됩니다.

09 '_thread.start_new_thread()' 함수를 사용하여 새로운 스레드를 생성하고, 이 스레드에서 'thread_test' 함수를 실행합니다. 이 함수는 백그라운드에서 동작하며, 메인 스레드와 병렬로 실행됩니다.

11 무한 루프를 시작합니다. 이 루프는 메인 스레드에서 실행되며, 계속 "main" 메시지를 출력합니다.

12 'time.sleep(1)'를 사용하여 1초 동안 메인 스레드를 일시 정지합니다. 이로 인해 "main" 메시지가 1초마다 출력됩니다.

[● 현재 스크립트 실행] 아이콘을 클릭하여 코드를 실행합니다.

이 코드는 두 개의 스레드를 사용하여 병렬로 실행되는 예제입니다. 하나는 메인 스레드에서 "main" 메시지를 출력하고 1초마다 일시 정지하며, 다른 하나는 백그라운드 스레드에서 "thread1" 메시지를 출력하고 2초마다 일시 정지합니다. 따라서 "main"과 "thread1" 메시지가 서로 다른 주기로 출력됩니다.

```
셸
 thread1
 main
 main
 thread1
 main
 main
 thread1
 main
```

쓰레드 여러 개 사용하기

여러 개의 쓰레드를 사용하는 방법에 대해서 알아봅니다.

main2-6-4.py

```python
01    import _thread
02    import time
03
04    def thread_test1():
05        while True:
06            print("thread1")
07            time.sleep(2)
08
09    def thread_test2():
10        while True:
11            print("thread2")
12            time.sleep(0.5)
13
14    _thread.start_new_thread(thread_test1, ())
15    _thread.start_new_thread(thread_test2, ())
16
17    while True:
18        print("main")
19        time.sleep(1)
```

04 'thread_test1' 함수를 정의합니다. 이 함수는 스레드에서 실행될 함수로, 무한 루프를 가지고 "thread1" 메시지를 출력하고 2초 간격으로 잠시 대기합니다.

09 'thread_test2' 함수를 정의합니다. 이 함수도 스레드에서 실행될 함수로, 무한 루프를 가지고 "thread2" 메시지를 출력하고 0.5초 간격으로 잠시 대기합니다.

14 '_thread.start_new_thread()' 함수를 사용하여 두 개의 스레드를 생성하고, 각각의 스레드에서 'thread_test1'과 'thread_test2' 함수를 실행합니다. 이렇게 하면 두 개의 스레드가 백그라운드에서 병렬로 실행됩니다.

17 무한 루프를 시작합니다. 이 루프는 메인 스레드에서 실행되며, 계속 "main" 메시지를 출력하고 1초 간격으로 잠시 대기합니다.

[⊙ 현재 스크립트 실행] 아이콘을 클릭하여 코드를 실행합니다.

이 코드는 세 개의 스레드를 사용하여 병렬로 실행되는 예제입니다. 하나는 메인 스레드에서 "main" 메시지를 출력하고 1초마다 일시 정지하며, 다른 두 개의 스레드는 백그라운드에서 병렬로 실행됩니다. 'thread_test1' 스레드는 "thread1" 메시지를 2초마다 출력하고, 'thread_test2' 스레드는 "thread2" 메시지를 0.5초마다 출력합니다. 따라서 "main", "thread1", "thread2" 메시지가 서로 다른 주기로 출력됩니다.

```
셸 ×
thread2
main
thread2
thread2
thread2
thread1
main
thread2
```

CHAPTER
03

입력장치 및 센서

❶ **디지털 입력장치**: 버튼, 스위치, 푸시 버튼 등과 같은 디지털 입력장치는 ESP32의 GPIO 핀을 통해 연결할 수 있습니다. 이러한 입력장치는 버튼을 누르거나 스위치를 변경함으로써 디지털 신호 (1 또는 0)를 생성하고 읽어올 수 있습니다. 이를 통해 버튼 클릭, 스위치 상태 등을 감지하고 제어할 수 있습니다.

❷ **아날로그 입력장치**: 아날로그 입력장치는 연속적인 변화를 감지하는데 사용됩니다. 예를 들어, 조도센서, 온도센서, 가변 저항기 등이 이에 해당합니다. ESP32는 ADC(아날로그-디지털 변환) 핀을 통해 아날로그 입력장치와 연결할 수 있습니다. 이를 통해 주변 환경의 빛, 온도 등을 측정하고 데이터를 읽어올 수 있습니다.

❸ **센서와 통신**: ESP32는 다양한 통신 프로토콜을 지원합니다. I2C, SPI, UART 등의 통신 방식을 사용하여 다양한 센서와 통신할 수 있습니다. 이러한 통신을 통해 센서로부터 데이터를 수신하고, 해당 데이터를 분석하여 원하는 작업을 수행할 수 있습니다. 예를 들어, 온도 및 습도 센서 (DHT11, DHT22), 가속도 센서 (MPU6050) 등을 사용할 수 있습니다.

ESP32와 마이크로파이썬을 사용하면 빠르고 편리하게 다양한 입력장치와 센서를 연결하고 제어할 수 있으며, 데이터를 처리하고 통신할 수 있어 다양한 IoT (사물인터넷) 프로젝트에 적합한 플랫폼입니다.

03 _ 1 조도센서

CDS 조도센서는 "Cadmium Sulfide"의 약자로, 빛의 강도를 측정하는데 사용되는 부품입니다. 이 센서는 주로 주변 환경의 조도를 감지하여 조명이나 환경 조절 시스템에서 사용됩니다. 다음은 CDS 조도센서의 간단한 설명입니다.

❶ **작동 원리**: CDS 조도센서는 빛의 감도에 따라 전기 저항이 변화하는 성질을 이용합니다. 빛이 많으면 전기 저항이 낮아지고, 어두울수록 전기 저항이 높아집니다.

❷ **응용 분야**: CDS 조도센서는 주로 자동 조명 시스템, 낮과 밤에 따라 환경 조절을 필요로 하는 장소에서 사용됩니다. 이를 통해 에너지 절약과 편의성을 높일 수 있습니다. 또한 카메라 노출 설정, 빛 조절 조명 시스템, 날씨 관측 장치 등 다양한 분야에서 활용됩니다.

❸ **특징**: CDS 조도센서는 비교적 저렴하고 신속하게 빛의 변화를 감지할 수 있는 간단한 디바이스입니다. 그러나 주로 어두운 환경에서 사용할 때 더 정확하게 동작하며, 직접적인 햇빛이나 강한 광원 아래에서는 제대로 동작하지 않을 수 있습니다.

CDS 조도센서는 주로 환경 감지 및 제어 시스템에서 사용되며, 빛의 강도에 따라 자동으로 조명을 조절하거나 다른 장치의 동작을 제어하는 데 유용합니다.

다음의 회로를 구성합니다.

회로

부품핀	ESP32핀
CDS조도센서	35
LED1	15

브레드보드를 이용한 회로연결

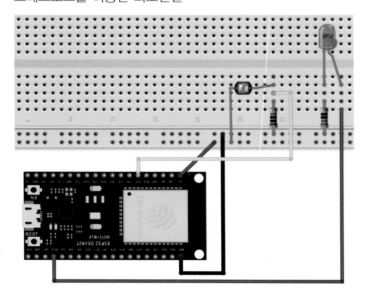

조도센서는 3.3V와 연결하고 나머지 하나의 핀은 10K옴 저항을 이용하여 GND완 연결합니다. 조도센서와 10K옴 저항이 연결된 곳은 35번핀에 연결합니다.

LED는 220옴의 저항을 통해 GND와 연결합니다 LED의 긴다리는 15번핀에 연결합니다.

ESP32 사물인터넷 보드를 이용한 회로연결

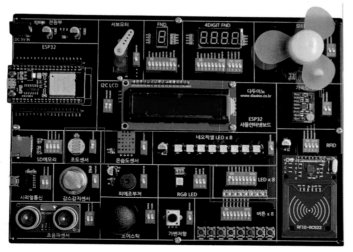

[조도센서],[LED x 8]의 선택 스위치를 위쪽방향(ON)으로 선택합니다. 나머지 선택스위치는 아랫방향(OFF)로 선택합니다.

조도센서로 밝기 확인하기

조도센서의 값을 읽어 출력하는 코드를 작성합니다.

---

main3-1-1.py

```
01    from machine import Pin
02    from machine import ADC
03    import time
04
05    cds_sensor=ADC(Pin(35))
06    cds_sensor.atten(ADC.ATTN_11DB)
07
08    while True:
09        cds_value = cds_sensor.read()
10        print(cds_value)
11        time.sleep(0.5)
```

01 'machine' 라이브러리에서 'Pin' 클래스를 가져옵니다.

02 'machine' 라이브러리에서 'ADC' 클래스를 가져옵니다.

03 'time' 라이브러리를 가져옵니다.

04 'cds_sensor' 변수를 만듭니다. 이 변수는 아날로그 디지털 컨버터(ADC)를 나타내며, 'Pin(35)'를 사용하여 핀 35를 설정합니다.

05 'cds_sensor'의 감도(atten)를 설정합니다. 이 코드에서는 11dB 감도로 설정합니다. 이것은 아날로그 입력 신호의 감도를 나타내며, 이 설정에 따라 입력 범위가 조절됩니다.

07 무한 루프를 시작합니다. 이 루프는 계속해서 실행됩니다.

08 'cds_sensor'에서 값을 읽어와 'cds_value' 변수에 저장합니다.

09 'cds_value' 값을 출력합니다.

10 0.5초 동안 프로그램을 일시 중지합니다. 이것은 'time.sleep(0.5)'를 통해 구현되며, CDS(Cadmium Sulfide) 센서로부터 주어진 간격으로 데이터를 읽고 출력하는 데 사용됩니다.

[⊙ 현재 스크립트 실행] 아이콘을 클릭하여 코드를 실행합니다.

조도센서의 값이 쉘 영역에 출력되었습니다.

어두워지면 자동으로 켜지는 전등 만들기

조도센서의 값에 따라서 LED를 제어하는 코드를 작성합니다. 아래의 코드를 작성합니다.

main3-1-2.py

```
01    from machine import Pin
02    from machine import ADC
03    import time
04
05    cds_sensor=ADC(Pin(35))
06    cds_sensor.atten(ADC.ATTN_11DB)
07
08    led1=Pin(15,Pin.OUT)
09    led1.off()
10
11    while True:
12        cds_value = cds_sensor.read()
13        print(cds_value)
14
15        if cds_value <2000:
16            led1.on()
17        else:
18            led1.off()
19
20        time.sleep(0.5)
```

05 'cds_sensor' 변수를 만듭니다. 이 변수는 아날로그 디지털 컨버터(ADC)를 나타내며, 'Pin(35)'를 사용하여 핀 35를 설정합니다.

06 'cds_sensor'의 감도(atten)를 설정합니다. 이 코드에서는 11dB 감도로 설정합니다. 이 설정은 아날로그 입력 신호의 감도를 나타내며, 입력 범위를 조절합니다.

08 'led1' 변수를 만듭니다. 이 변수는 핀 15를 제어하는 LED를 나타냅니다.

09 LED를 끕니다.

11 무한 루프를 시작합니다. 이 루프는 계속해서 실행됩니다.

12 'cds_sensor'에서 값을 읽어와 'cds_value' 변수에 저장합니다.

13 'cds_value' 값을 출력합니다.

15 'cds_value'가 2000보다 작으면 LED를 켭니다.

16 그렇지 않으면 LED를 끕니다.

20 0.5초 동안 프로그램을 일시 중지합니다. 이것은 'time.sleep(0.5)'를 통해 구현되며, CDS 센서로부터 주어진 간격으로 데이터를 읽고 출력하며, 주변 밝기에 따라 LED를 제어하는 데 사용됩니다.

[▶ 현재 스크립트 실행] 아이콘을 클릭하여 코드를 실행합니다. 조도센서의 값이 쉘영역에 출력되고 조도센서의 값이 2000이하면 LED가 켜집니다. 2000보다 크면 LED가 꺼집니다.

```
쉘 ×
 3399
 2096
 1820
 1826
 1799
 1743
 1776
 1778
```

03 _ 2 가스감지센서

MQ-2 가스감지센서는 가스 누출 감지에 사용되며 주로 메탄, 프로판 등을 감지합니다. 센서는 화학적 반응을 이용해 가스를 감지하며, 가스 농도가 높아질수록 전기 저항이 감소합니다.

다음의 회로를 구성합니다.

회로

부품핀	ESP32핀
가스감지센서	36
LED1	15

브레드보드를 이용한 회로연결

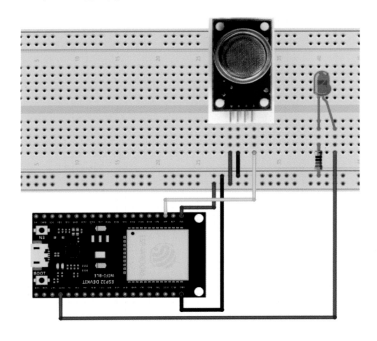

가스센서모듈의 A0핀은 ESP32의 36번핀에 연결합니다.

LED의 긴다리는 15번핀에 연결합니다. LED는 220옴의 보호 저항을 통해 GND와 연결합니다.

ESP32 사물인터넷 보드를 이용한 회로연결

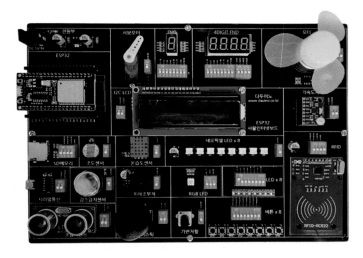

[가스감지센서],[LED x 8] 의 선택 스위치를 위쪽방향(ON)으로 선택합니다. 나머지 선택스위치는
아랫방향(OFF)로 선택합니다.

가스감지센서 값 전압으로 읽기

가스감지센서의 값을 읽어 출력하는 코드를 작성합니다.
아래의 코드를 작성합니다.

main3-2-1.py

```python
01    from machine import Pin
02    from machine import ADC
03    import time
04
05    gas_sensor=ADC(Pin(36))
06    gas_sensor.atten(ADC.ATTN_11DB)
07
08    while True:
09        gas_value = gas_sensor.read_uv() /1000000.0
10        print(gas_value)
11        time.sleep(0.5)
```

05 'gas_sensor' 변수를 만듭니다. 이 변수는 아날로그 디지털 컨버터(ADC)를 나타내며, 'Pin(36)'를 사용하여 핀 36를 설
　　 정합니다.
06 'gas_sensor'의 감도(atten)를 설정합니다. 이 코드에서는 11dB 감도로 설정합니다. 이 설정은 아날로그 입력 신호의 감
　　 도를 나타내며, 입력 범위를 조절합니다.
09 'gas_sensor'에서 값을 읽어와 'gas_value' 변수에 저장합니다. 'read_uv()' 함수는 마이크로볼트(uV)로 값을 반환하므
　　 로, 이를 1000000으로 나눠서 일반적인 볼트(V)로 변환합니다.
10 'gas_value' 값을 출력합니다.

[◉ 현재 스크립트 실행] 아이콘을 클릭하여 코드를 실행합니다.

가스감지센서의 값이 출력되었습니다.

```
셸 ×
 2.212
 2.203
 2.212
 2.22
 2.288
 2.282
 2.254
 2.244
```

❝ 주의사항

부품을 이용한 회로의 경우 가스를 감지하면 값이 커지고, ESP32 사물인터넷 보드를 이용한 회로의 경우 가스를 감지하면 값이 작아집니다.

가스감지되면 LED켜기

가스를 감지하면 LED를 켜서 위험을 알리는 코드를 작성합니다.

아래의 코드를 작성합니다.

main3-2-2.py

```python
01    from machine import Pin
02    from machine import ADC
03    import time
04
05    gas_sensor=ADC(Pin(36))
06    gas_sensor.atten(ADC.ATTN_11DB)
07
08    led1=Pin(15,Pin.OUT)
09    led1.off()
10
11    while True:
12        gas_value = gas_sensor.read_uv() /1000000.0
13        print(gas_value)
14
15        if gas_value >2.5:
16            led1.on()
17        else:
18            led1.off()
19
20        time.sleep(0.5)
```

15 'gas_value'가 2.5보다 크면 LED를 켭니다.
16 그렇지 않으면 LED를 끕니다.

[◉ 현재 스크립트 실행] 아이콘을 클릭하여 코드를 실행합니다.

가스센서에서 가스를 감지하면 LED가 켜집니다.

❝ 주의사항

부품을 이용한 회로의 경우 가스를 감지하면 값이 커지고, ESP32 사물인터넷 보드를 이용한 회로의 경우 가스를 감지하면 값이 작아집니다.

03 _ 3 조이스틱

조이스틱은 두 개의 가변 저항(가로 및 세로 방향)을 사용하여 동작합니다. 이러한 가변 저항은 사용자의 조작에 따라 값이 변화하며, 이 값은 컨트롤러나 컴퓨터에 입력되어 다양한 작업을 수행합니다. 가로 가변 저항은 좌우 움직임을 감지하고, 세로 가변 저항은 상하 움직임을 감지하여 조이스틱의 위치와 방향을 결정합니다. 이를 통해 커서의 이동, 게임 캐릭터의 움직임 또는 로봇의 제어 등을 가능하게 합니다.

다음의 회로를 구성합니다.

회로

부품핀	ESP32핀
조이스틱 X	34
조이스틱 Y	35

브레드보드를 이용한 회로연결

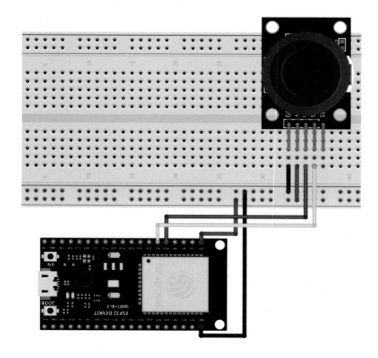

조이스틱의 X축은 34번핀에 Y축은 35번핀에 연결합니다. 조이스틱의 VCC는 3.3V, GND는 GND에 연결합니다.

ESP32 사물인터넷 보드를 이용한 회로연결

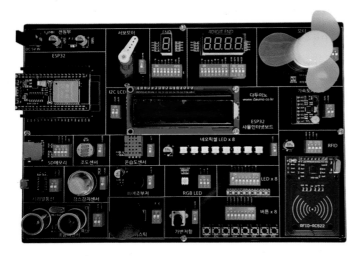

[조이스틱] 의 선택 스위치를 위쪽방향(ON)으로 선택합니다. 나머지 선택스위치는 아랫방향(OFF)
로 선택합니다.

조이스틱 값 입력받기

조이스틱의 x,y축의 값을 읽어 출력하는 코드를 작성합니다.

main3-3-1.py

```
01    from machine import Pin
02    from machine import ADC
03    import time
04
05    joystick_x = ADC(Pin(34))
06    joystick_x.atten(ADC.ATTN_11DB)
07
08    joystick_y = ADC(Pin(35))
09    joystick_y.atten(ADC.ATTN_11DB)
10
11
12    while True:
13        joystick_x_value = joystick_x.read()
14        joystick_y_value = joystick_y.read()
15        print("x:",joystick_x_value,"y:",joystick_y_value)
16
17        time.sleep(0.5)
```

13 'joystick_x'에서 값을 읽어와 'joystick_x_value' 변수에 저장합니다.
14 'joystick_y'에서 값을 읽어와 'joystick_y_value' 변수에 저장합니다.
15 화면에 "x:"와 'joystick_x_value', "y:"와 'joystick_y_value'를 출력합니다.

[◉ 현재 스크립트 실행] 아이콘을 클릭하여 코드를 실행합니다.

x값은 오른쪽으로 움직이면 커지고 왼쪽으로 움직이면 작아집니다.

y값은 아래로 움직이면 커지고 위로 움직이면 작아집니다.

```
셸 ×
 x: 1893 y: 1975
 x: 1895 y: 1980
 x: 3505 y: 1984
 x: 4095 y: 1979
 x: 4095 y: 1982
 x: 1893 y: 1986
 x: 1902 y: 1979
 x: 1898 y: 1980
```

x값은 맞으나 y값이 반대로 동작하여 y값을 뒤집어 정상적으로 값이 출력되도록 코드를 수정합니다.

조이스틱 y축 값 뒤집기

y축의 값이 반대로 동작하여 y축의 값을 뒤집는 코드를 작성합니다.

main3-3-2.py

```python
01    from machine import Pin
02    from machine import ADC
03    import time
04
05    joystick_x = ADC(Pin(34))
06    joystick_x.atten(ADC.ATTN_11DB)
07
08    joystick_y = ADC(Pin(35))
09    joystick_y.atten(ADC.ATTN_11DB)
10
11
12    while True:
13        joystick_x_value = joystick_x.read()
14        joystick_y_value =4095 - joystick_y.read()
15        print("x:",joystick_x_value,"y:",joystick_y_value)
16
17        time.sleep(0.5)
```

14 'joystick_y'에서 값을 읽어와 'joystick_y_value' 변수에 저장합니다. 여기서 4095에서 읽은 값을 빼는데, 이것은 아날로그 입력이 반대 방향으로 작동할 때 조이스틱 값을 보정하기 위한 것입니다.

[◉ 현재 스크립트 실행] 아이콘을 클릭하여 코드를 실행합니다.

x값은 오른쪽으로 움직이면 커지고 왼쪽으로 움직이면 작아집니다.

y값은 위로 움직이면 커지고 아래로 움직이면 작아집니다.

```
셸 ×
 x: 1893 y: 1981
 x: 1889 y: 1979
 x: 1891 y: 1979
 x: 1891 y: 1984
 x: 1894 y: 1982
 x: 1895 y: 1983
 x: 1894 y: 1983
 x: 1893 y: 1981
```

03 _ 4 초음파센서

초음파센서(Ultrasonic Sensor)는 소리의 고주파음파를 사용하여 물체와의 거리를 측정하는 센서입니다. 다음은 초음파센서의 간략한 설명입니다.

❶ 작동 원리: 초음파센서는 짧은 소리 파동(초음파)를 생성하고 이를 대상 물체로 발사합니다. 그런 다음, 초음파가 대상 물체에 반사되어 센서로 다시 돌아오는 데 걸리는 시간을 측정합니다. 이 시간을 이용하여 대상 물체와 센서 사이의 거리를 계산합니다.

❷ 응용 분야: 초음파센서는 주로 거리 측정 및 물체 감지에 사용됩니다. 자동차 주차 보조 시스템, 로봇의 장애물 회피, 자동문 개폐, 측정 및 감지 응용에서 활용됩니다.

❸ 특징: 초음파센서는 비교적 정확하고 빠른 거리 측정이 가능하며, 다양한 환경에서 사용될 수 있습니다. 그러나 음파의 속도는 온도와 습도에 영향을 받을 수 있으므로 이러한 환경 요소를 보정해야 할 수도 있습니다.

❹ 동작 방식: 초음파센서는 주로 발사와 수신 두 부분으로 구성됩니다. 발사부는 초음파를 생성하고, 수신부는 반사된 초음파를 감지합니다. 시간을 측정하여 거리를 계산합니다.

초음파센서는 비교적 저렴하고 신속한 거리 측정이 가능하여 다양한 자동화 및 감지 응용 분야에서 널리 사용되고 있습니다. 다음의 회로를 구성합니다.

회로

부품핀	ESP32핀	부품핀	ESP32핀
초음파센서 Trig	16	초음파센서 Echo	17

브레드보드를 이용한 회로연결

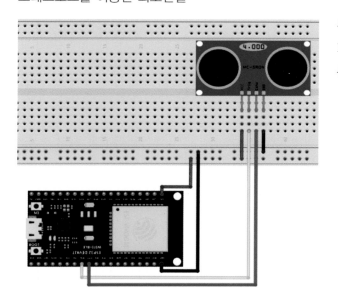

초음파센서의 Trig는 16번핀에 Echo에 17번핀에 연결합니다. VCC는 3.3V GND는 GND에 연결합니다.

ESP32 사물인터넷 보드를 이용한 회로연결

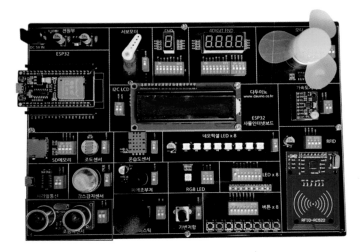

[초음파센서] 의 선택 스위치를 위쪽방향(ON)으로 선택합니다. 나머지 선택스위치는 아랫방향 (OFF)로 선택합니다.

초음파센서로 거리값 측정하기

초음파센서를 이용하여 거리값을 측정하여 cm단위로 출력하는 코드를 작성합니다.

main3-4-1.py

```
01    from machine import Pin
02    import time
03    from hcsr04 import HCSR04
04
05    hcsr04 = HCSR04(trigger_pin=16, echo_pin=17)
06
07    while True:
08        distance = hcsr04.distance_cm()
09        print(f"distance={distance:.1f}CM")
```

03 'hcsr04' 라이브러리에서 'HCSR04' 클래스를 가져옵니다. 이 클래스는 초음파 거리 센서인 HCSR04를 사용하기 위해 필요한 기능을 제공합니다.

05 'HCSR04' 클래스의 인스턴스를 생성하고, 'trigger_pin'을 16번 핀, 'echo_pin'을 17번 핀으로 설정하여 초음파 거리 센서를 초기화합니다. 이렇게 설정하면 초음파 신호를 보내고 그 신호를 받아 거리를 측정할 수 있습니다.

07 무한 루프를 시작합니다. 이 루프는 계속해서 실행됩니다.

08 'hcsr04' 객체의 'distance_cm()' 메서드를 사용하여 초음파 거리 센서로부터 거리를 센티미터 (cm) 단위로 읽어옵니다.

09 화면에 'distance' 변수의 값을 출력합니다. 출력 문자열에는 거리 값이 실수(float)로 포맷되어 있으며, 소수점 한 자리까지 출력됩니다. 결과적으로 거리 값을 실수로 표시합니다.

[▶ 현재 스크립트 실행] 아이콘을 클릭하여 코드를 실행합니다.

초음파센서에서 거리를 측정하여 cm 단위로 출력하였습니다.

```
distance=118.4CM
distance=94.8CM
distance=117.6CM
distance=95.1CM
distance=118.4CM
distance=93.6CM
distance=117.4CM
distance=176.3CM
```

초음파센서로 timeout으로 응답성 높이기

우리가 사용하는 HC-SR04 초음파센서의 경우 최대 400cm 의 측정거리로 대상거리까지는 200cm 까지 사용이 가능합니다. 최대 거리를 넘어서는 시간에 대해서는 timeout을 넣어 센서의 응답성을 높이는 코드를 만들어봅니다.

main3-4-2.py

```
01    from machine import Pin
02    import time
03    from hcsr04 import HCSR04
04
05    max_cm =200
06    cm_timeout =int(29.1 * max_cm *2)
07
08    hcsr04 = HCSR04(trigger_pin=16, echo_pin=17,echo_timeout_us=cm_timeout)
09
10    while True:
11        distance = hcsr04.distance_cm()
12        print(f"distance={distance:.1f}CM")
```

05 'max_cm' 변수를 만듭니다. 이 변수는 거리 측정의 최대 범위를 설정하는데 사용됩니다. 여기서는 200cm로 설정합니다.

06 'cm_timeout' 변수를 만듭니다. 이 변수는 초음파 신호를 대기할 최대 시간을 마이크로초(µs) 단위로 설정합니다. 이 시간은 'max_cm'을 기반으로 계산되며, 초음파가 최대 거리에 도달하는 데 필요한 시간을 고려합니다. 계산 결과는 정수로 변환됩니다.

[▶ 현재 스크립트 실행] 아이콘을 클릭하여 코드를 실행합니다.

센서의 측정범위인 200cm를 넘어서면 timeout으로 센서의 응답성이 좋아졌습니다. 응답성이 좋아져서 더욱 빠르게 동작합니다.

```
distance=16.6CM
distance=16.6CM
distance=17.0CM
distance=17.0CM
distance=16.6CM
distance=16.6CM
distance=16.6CM
distance=16.6CM
```

03 _ 5 DHT11 온습도센서

DHT11 온습도센서는 주로 환경 모니터링 및 제어 시스템에서 사용되는 디지털 온도와 습도 센서입니다. 이 센서는 주위 환경의 온도와 습도를 측정하여 디지털 신호로 출력하는 역할을 합니다. 다음은 DHT11 온습도센서의 간략한 설명입니다:

❶ **작동 원리**: DHT11 센서는 온습도를 측정하기 위해 센서의 내부에 있는 습도 감지 요소와 온도 감지 요소를 사용합니다. 이 요소들은 주위 환경과 상호 작용하며 전기적인 신호를 생성합니다. 이러한 신호는 디지털로 변환되어 온도와 습도 값을 계산하고 제공합니다.

❷ **응용 분야**: DHT11 센서는 주로 난방 및 냉방 제어, 습도 모니터링, 날씨 스테이션, 실내 환경 모니터링 및 자동화 시스템에서 사용됩니다.

❸ **특징**: DHT11 센서는 저렴하고 비교적 정확한 온도 및 습도 측정이 가능한 센서입니다. 그러나 정확도는 높은 레벨의 응용 분야에는 부적합할 수 있습니다.

❹ **프로토콜**: DHT11 센서는 단순한 통신 프로토콜을 사용하여 마이크로컨트롤러 또는 개발 보드와 데이터를 교환합니다. 주로 한 개의 디지털 핀을 통해 데이터를 송수신합니다.

DHT11 온습도센서는 비용 효율적이며 사용하기 쉬우며 다양한 프로젝트와 응용 분야에서 활용되며, 주변 환경의 온도와 습도를 모니터링하고 제어하는 데 유용합니다.

다음의 회로를 구성합니다.

회로

부품핀	ESP32핀
DHT11 SIG or OUT	27

브레드보드를 이용한 회로연결

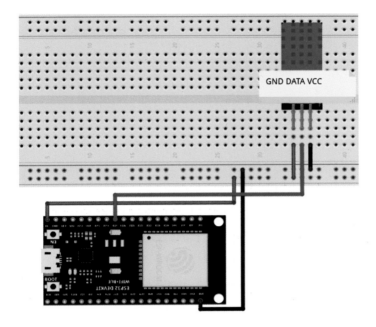

DHT11의 DATA또는 SIG핀은 ESP32의 27번핀에 연결합니다. VCC는 5V에 GND는 GND에 연결합니다.

ESP32 사물인터넷 보드를 이용한 회로연결

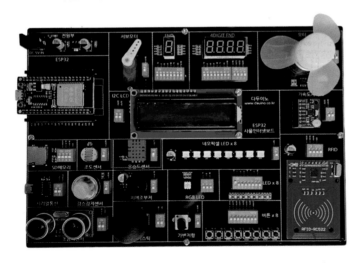

[온습도센서] 의 선택 스위치를 위쪽방향(ON)으로 선택합니다. 나머지 선택스위치는 아랫방향(OFF)로 선택합니다.

라이브러리 설치

라이브러리를 설치한다음 진행합니다.

DHT11온습도센서 값 읽어 출력하기

DHT11온습도 센서값을 읽어 출력하는 코드를 작성합니다.

main3-5-1.py

```
01    from machine import Pin
02    import time
03    import dht
04
05    dht11=dht.DHT11(Pin(27))
06
07    while True:
08        dht11.measure()
09        temp = dht11.temperature()
10        humi = dht11.humidity()
11        print(f"온도:{temp}°C 습도:{humi}RH")
12        time.sleep(1.0)
```

03 'dht' 라이브러리에서 'dht' 모듈을 가져옵니다. 이 모듈은 DHT11, DHT22와 같은 온습도 센서를 제어하기 위한 함수를 제공합니다.

05 'DHT11' 클래스의 인스턴스인 'dht11'을 생성합니다. 이 객체는 핀 27을 사용하여 DHT11 온습도 센서를 초기화합니다.

08 'dht11' 객체의 'measure()' 메서드를 호출하여 DHT11 센서로부터 측정 값을 가져옵니다. 이 메서드를 호출해야만 센서에서 온도와 습도 값을 읽을 수 있습니다.

09 'dht11' 객체의 'temperature()' 메서드를 사용하여 온도 값을 읽어와 'temp' 변수에 저장합니다.

10 'dht11' 객체의 'humidity()' 메서드를 사용하여 습도 값을 읽어와 'humi' 변수에 저장합니다.

11 화면에 온도와 습도 값을 출력합니다. 출력 문자열에는 온도와 습도 값이 실수(float)로 포맷되어 있으며, 온도는 섭씨(°C) 단위, 습도는 상대 습도(RH)로 출력됩니다.

[⊙ 현재 스크립트 실행] 아이콘을 클릭하여 코드를 실행합니다.

온도와 습도값을 읽어 출력하였습니다.

```
쉘 ×

MPY: soft reboot
온도:26°C  습도:53RH
온도:26°C  습도:53RH
온도:26°C  습도:52RH
온도:26°C  습도:50RH
온도:27°C  습도:48RH
```

예외처리하기

DHT11센서의 경우 값을 읽을 때 에러가 발생하는 경우가 빈번하여 값을 읽어올 때 에러가 발생하면 예외처리를 하는 코드를 추가합니다.

```
main3-5-1.py
01    from machine import Pin
02    import time
03    import dht
04
05    dht11=dht.DHT11(Pin(27))
06
07    while True:
08        dht11.measure()
09        temp = dht11.temperature()
10        humi = dht11.humidity()
11        if (temp ==None) or (humi ==None):
12            print("센서 에러")
13        else:
14            print(f"온도:{temp}°C 습도:{humi}RH")
15        time.sleep(1.0)
```

11 만약 'temp'나 'humi' 값이 'None'이라면, 측정 오류가 발생한 것으로 간주하고 "센서 에러" 메시지를 출력합니다.

13 그렇지 않으면, 올바르게 측정된 온도와 습도 값을 출력합니다. 출력 문자열에는 온도와 습도 값이 실수(float)로 포맷 되어 있으며, 온도는 섭씨(℃) 단위, 습도는 상대 습도(RH)로 출력됩니다.

[⦿ 현재 스크립트 실행] 아이콘을 클릭하여 코드를 실행합니다.

DHT11에서 읽은 온습도 값이 정상적일때만 출력합니다.

```
쉘 ×
>>> %Run -c $EDITOR_CONTENT

MPY: soft reboot
온도:26°C  습도:44RH
온도:26°C  습도:44RH
온도:26°C  습도:45RH
온도:26°C  습도:46RH
```

03 _ 6 가속도자이로센서

MPU6050는 가속도와 자이로 스코프 센서를 통합한 하나의 장치로, 자세한 정보를 얻기 위해 사용됩니다.

❶ **가속도계 (Accelerometer):** 가속도계는 물체의 가속도를 측정하는데 사용됩니다. MPU6050의 가속도계는 여러 방향으로의 가속도를 측정할 수 있으며, 중력을 포함한 가속도를 감지합니다. 이 정보를 기반으로 물체의 기울기나 이동을 추적할 수 있습니다.

❷ **자이로스코프 (Gyroscope):** 자이로스코프는 물체의 회전 속도를 측정합니다. MPU6050의 자이로스코프는 여러 축 주변의 회전 속도를 측정할 수 있으며, 물체의 회전 상태와 각도를 추적하는 데 사용됩니다.

❸ **응용 분야:** MPU6050 센서는 자세 제어, 자동차 안전 시스템, 드론 비행 제어, 게임 컨트롤러, 로봇 자세 제어, 화성 탐사 로봇, 가상 현실 (VR) 기기 등 다양한 응용 분야에서 사용됩니다.

❹ **특징:** MPU6050는 각도, 각속도 및 가속도 정보를 제공하므로 자세한 모션 추적에 유용합니다. I2C 또는 SPI 통신 프로토콜을 통해 마이크로컨트롤러 또는 개발 보드와 통신하며, 데이터를 디지털로 출력합니다.

MPU6050 센서는 모션 추적 및 자세 제어에 사용되는 신뢰성 있는 센서로, 다양한 프로젝트와 응용 분야에서 활용됩니다.

다음의 회로를 구성합니다.

회로

부품핀	ESP32핀
가속도센서 SCL	25
가속도센서 SDA	26

브레드보드를 이용한 회로연결

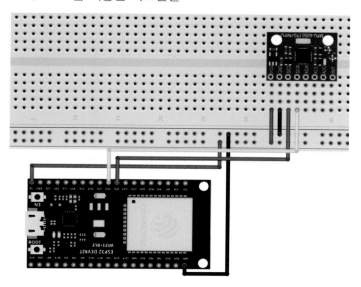

가속도자이로센서의 SCL 은 25번핀에 SDA는 26번핀에 연결합니다 VCC는 5V, GND는 GND에 연결합니다.

ESP32 사물인터넷 보드를 이용한 회로연결

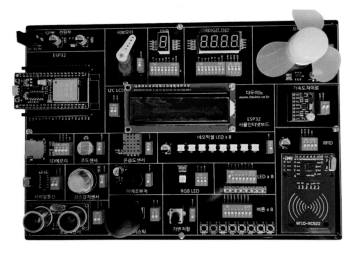

[가속도자이로] 의 선택 스위치를 위쪽방향(ON)으로 선택합니다. 나머지 선택스위치는 아랫방향(OFF)로 선택합니다.

가속도자이로센서 값 읽기

가속도자이로센서의 x,y,z 값을 측정하여 그 값을 출력하는 코드를 작성합니다.

main3-6-1.py

```
01    from machine import Pin
02    import math
03    import mpu6050
04
05    mpu = mpu6050.MPU6050()
06    mpu.setSampleRate(200)
07    mpu.setGResolution(2)
08
09    while True:
10        g = mpu.readData()
11        print("x:",g.Gx,",y:",g.Gy,",z:",g.Gz)
```

03 'mpu6050' 라이브러리에서 'mpu6050' 모듈을 가져옵니다. 이 모듈은 MPU6050 가속도계 및 자이로스코프 센서를 제어하기 위한 함수를 제공합니다.

05 'MPU6050' 클래스의 인스턴스인 'mpu'를 생성합니다. 이 객체는 MPU6050 센서를 초기화합니다.

06 'mpu' 객체의 'setSampleRate(200)' 메서드를 호출하여 샘플 속도를 200Hz로 설정합니다. 이는 센서에서 데이터를 읽는 속도를 나타냅니다.

07 'mpu' 객체의 'setGResolution(2)' 메서드를 호출하여 가속도계의 분해능을 2g로 설정합니다. 이 설정은 가속도계의 측정 범위를 나타냅니다.

09 무한 루프를 시작합니다. 이 루프는 계속해서 실행됩니다.

10 'mpu' 객체의 'readData()' 메서드를 호출하여 가속도 및 자이로스코프 데이터를 읽어옵니다.

11 화면에 가속도 데이터인 "x:", "y:", "z:"와 해당 값을 출력합니다. 'g.Gx', 'g.Gy', 'g.Gz'는 각각 x, y, z 축의 가속도 값을 나타냅니다.

[⊙ 현재 스크립트 실행] 아이콘을 클릭하여 코드를 실행합니다.

x,y,z 값이 출력되었습니다. 센서를 움직이면 값이 크게 변하는 것을 확인 할 수 있습니다.

```
셸
  x: -0.7487793 ,y: -0.5644531 ,z: 0.1320801
  x: -0.7509766 ,y: -0.5637207 ,z: 0.1352539
  x: -0.7451172 ,y: -0.564209  ,z: 0.1337891
  x: -0.7399902 ,y: -0.5595703 ,z: 0.1254883
  x: -0.7468262 ,y: -0.5678711 ,z: 0.1311035
  x: -0.755127  ,y: -0.5649414 ,z: 0.1308594
  x: -0.75 ,y: -0.5703125 ,z: 0.1311035
  x: -0.7543945 ,y: -0.5700684 ,z: 0.1308594
  x: -0.7583008 ,y: -0.5666504 ,z: 0.1420898
```

센서의 임계점 이상일 때 값 출력하기

센서의 값이 일정값 이상 커지는 임계점을 넘어서면 충격감지 라는 문구가 출력되도록 코드를 작성합니다.

```python
main3-6-2.py
01    from machine import Pin
02    import math
03    import mpu6050
04
05    mpu = mpu6050.MPU6050()
06    mpu.setSampleRate(200)
07    mpu.setGResolution(2)
08
09    g = mpu.readData()
10    gxoffset = g.Gx
11    gyoffset = g.Gy
12
13    while True:
14        g = mpu.readData()
15        gx_diff = g.Gx - gxoffset
16        gy_diff = g.Gy - gyoffset
17
18        if abs(gx_diff) >0.2 or abs(gy_diff) >0.2:
19            print("x:", gx_diff, ", y:", gy_diff)
20            print("충격감지!!")
```

14 'mpu' 객체의 'readData()' 메서드를 호출하여 가속도 및 자이로스코프 데이터를 다시 읽어옵니다.
15 'gx_diff' 변수에 현재 x 축 가속도 값과 초기 x 축 가속도 값인 'gxoffset'의 차이를 저장합니다.
16 'gy_diff' 변수에 현재 y 축 가속도 값과 초기 y 축 가속도 값인 'gyoffset'의 차이를 저장합니다.
17 x와 y 축 가속도 값의 차이를 계산합니다.
18 만약 x 축 가속도 값의 변화가 0.2g 이상이거나, y 축 가속도 값의 변화가 0.2g 이상이면, 충격이 감지되었다고 판단하고 해당 값을 출력합니다.
19 "x:"와 'gx_diff', ", y:"와 'gy_diff'를 출력합니다.
20 "충격감지!!" 메시지를 출력합니다.

[◉ 현재 스크립트 실행] 아이콘을 클릭하여 코드를 실행합니다.

센서에 충격을 가해 임계점이상 값이 커지면 충격감지!! 라는 문구가 출력됩니다.

```
셸 ×
충격감지!!
x: -0.4443359 , y: -0.5661621
충격감지!!
x: -0.09667969 , y: -0.3464355
충격감지!!
x: 0.3432617 , y: 0.1381836
충격감지!!
x: -0.4372559 , y: -0.1320801
충격감지!!
```

기울기 각도 구하기

가속도센서와 자이로센서를 이용하여 기울기를 구하는 코드를 작성합니다.

main3-6-3.py

```python
01    from machine import Pin
02    import utime
03    import math
04    import mpu6050
05
06    gxoffset =0
07    gyoffset =0
08
09    def averageMPU(count):
10        global gxoffset, gyoffset
11        gx = gy = gz =0
12        for i in range(count):
13            g=mpu.readData()
14            gx = gx + g.Gx - gxoffset
15            gy = gy + g.Gy - gyoffset
16            gz = gz + g.Gz
17            utime.sleep_ms(5)
18        return gx/count, gy/count, gz/count
19
20    mpu = mpu6050.MPU6050()
21    mpu.setSampleRate(200)
22    mpu.setGResolution(2)
23
24    def calibration():
25        global gxoffset, gyoffset
26        gx = gy =0
27        for _ in range(8):
28            g=mpu.readData()
29            gx += g.Gx
30            gy += g.Gy
31            utime.sleep_ms(5)
32        gxoffset = gx /8
33        gyoffset = gy /8
34
35    calibration()
36
37    while True:
38        gx, gy, gz = averageMPU(20)
39        vdim = math.sqrt( gx*gx + gy*gy + gz*gz)
40
41        rad2degree=180 / math.pi
42        angleX = rad2degree * math.asin(gx / vdim)
43        angleY = rad2degree * math.asin(gy / vdim)
44
45        print(f"angleX = {angleX:0.2f} ° , angleY = {angleY:0.2f} ° ")
```

06 초기값으로 'gxoffset' 변수를 0으로 설정합니다.

07 초기값으로 'gyoffset' 변수를 0으로 설정합니다.

09 'averageMPU' 함수를 정의합니다. 이 함수는 주어진 횟수(count)만큼 MPU6050 센서에서 가속도 데이터를 읽어와 평균을 계산합니다.

10 'gxoffset'와 'gyoffset' 변수를 전역 변수(global)로 사용하기 위해 'global' 키워드를 사용합니다.

11 'gx', 'gy', 'gz' 변수를 초기화합니다.

12 'count' 횟수만큼 가속도 데이터를 읽어옵니다.

13 'mpu' 객체의 'readData()' 메서드를 호출하여 가속도 및 자이로스코프 데이터를 읽어옵니다.

14 'gx', 'gy' 변수에 각각 x축과 y축의 가속도 값을 누적하고, 'gxoffset'를 뺍니다.

15 'gy', 'gz' 변수에 각각 y축과 z축의 가속도 값을 누적합니다.

16 작은 딜레이('utime.sleep_ms(5)') 후에 다음 측정을 수행합니다.

17 평균값을 계산하여 'gx', 'gy', 'gz' 값을 반환합니다.

20 'MPU6050' 클래스의 인스턴스인 'mpu'를 생성합니다. 이 객체는 MPU6050 센서를 초기화합니다.

21 'mpu' 객체의 'setSampleRate(200)' 메서드를 호출하여 샘플 속도를 200Hz로 설정합니다. 이는 센서에서 데이터를 읽는 속도를 나타냅니다.

22 'mpu' 객체의 'setGResolution(2)' 메서드를 호출하여 가속도계의 분해능을 2g로 설정합니다. 이 설정은 가속도계의 측정 범위를 나타냅니다.

24 'calibration' 함수를 정의합니다. 이 함수는 가속도계의 초기 보정을 수행합니다.

25 'gxoffset'와 'gyoffset' 변수를 전역 변수(global)로 사용하기 위해 'global' 키워드를 사용합니다.

26 'gx', 'gy' 변수를 초기화합니다.

27 8번 반복하면서 초기 보정을 위해 가속도 데이터를 읽어옵니다.

28 'mpu' 객체의 'readData()' 메서드를 호출하여 가속도 및 자이로스코프 데이터를 읽어옵니다.

29 'gx' 변수에 x축의 가속도 값을 누적합니다.

30 'gy' 변수에 y축의 가속도 값을 누적합니다.

31 작은 딜레이('utime.sleep_ms(5)') 후에 다음 측정을 수행합니다.

32 평균값을 계산하여 'gxoffset'와 'gyoffset' 값을 설정합니다.

35 'calibration' 함수를 호출하여 가속도계 초기 보정을 수행합니다.

37 무한 루프를 시작합니다. 이 루프는 계속해서 실행됩니다.

38 'averageMPU(20)' 함수를 호출하여 20번의 측정을 평균하여 'gx', 'gy', 'gz' 값을 가져옵니다.

39 벡터 크기('vdim')를 계산합니다. 이 값은 가속도 센서의 x, y, z 성분의 크기를 나타냅니다.

40 라디안에서 도(degree)로 변환하는 상수('rad2degree')를 정의합니다.

41 x 축의 각도('angleX')를 계산합니다. 이는 'gx' 값을 벡터 크기('vdim')로 나눈 뒤 'asin' 함수를 사용하여 계산됩니다.

42 y 축의 각도('angleY')를 계산합니다. 이는 'gy' 값을 벡터 크기('vdim')로 나눈 뒤 'asin' 함수를 사용하여 계산됩니다.

43 계산된 각도 값을 화면에 출력합니다. 출력 문자열에는 소수점 아래 2자리까지 표시됩니다.

[● 현재 스크립트 실행] 아이콘을 클릭하여 코드를 실행합니다.

가속도계 및 자이로스코프 센서로부터 가속도 데이터를 읽어와, x와 y 축의 각도를 계산하고 출력합니다. 초기 보정을 통해 센서의 오차를 보정하고, 측정된 가속도 데이터를 이용하여 각도를 계산합니다.

```
셸 ×
 angleX = 14.93 °, angleY = 16.61 °
 angleX = 15.46 °, angleY = 15.55 °
 angleX = 15.53 °, angleY = 16.24 °
 angleX = 15.33 °, angleY = 16.66 °
 angleX = 15.29 °, angleY = 16.85 °
 angleX = 15.43 °, angleY = 16.68 °
 angleX = 14.97 °, angleY = 17.12 °
 angleX = 15.14 °, angleY = 16.79 °
 angleX = 16.90 °, angleY = 17.32 °
```

03 _ 7 RFID

RFID(라디오 주파수 식별)는 무선 통신 기술을 사용하여 개체를 식별하고 정보를 읽고 쓰는 데 사용되는 기술입니다. RFID 부품에 대한 간단한 설명은 다음과 같습니다.

❶ **작동 원리**: RFID 시스템은 RFID 태그(또는 RFID 카드)와 RFID 리더(또는 RFID 판독기)로 구성됩니다. RFID 태그에는 무선 통신을 통해 데이터를 저장하는 작은 칩이 포함되어 있으며, RFID 리더는 이 태그와 무선 통신하여 데이터를 읽거나 쓸 수 있습니다.

❷ **응용 분야**: RFID 기술은 주로 물류 및 재고 관리, 출입 제어 시스템, 도로 통행료 수집, 동물 추적, 도서 및 물건 대출 관리, 스마트 카드 시스템, 제조 업무 자동화 등 다양한 분야에서 사용됩니다.

❸ **특징**: RFID 시스템은 무선으로 작동하며, 고주파수(HF), 초고주파수(UHF), 낮은 주파수(LF) 및 초고주파수(UHF)와 같은 다양한 주파수 대역에서 작동할 수 있습니다. 이 기술은 무선 통신을 통해 빠르고 효율적으로 정보를 읽고 쓸 수 있으며, RFID 태그는 비접촉식으로 작동하여 물리적 접촉 없이도 정보를 송수신할 수 있습니다.

❹ **보안 및 개인 정보 보호**: RFID 기술은 정보의 무선 전송으로 인해 보안 및 개인 정보 보호에 주의를 기울여야 합니다. 적절한 보안 조치를 취하지 않으면 정보가 무단으로 읽힐 수 있으므로 주의가 필요합니다.

RFID 기술은 무선 식별 및 데이터 관리를 위한 강력한 도구로 널리 사용되며, 각종 산업 분야와 생활에서 편리함을 제공합니다.

다음의 회로를 구성합니다.

회로

부품핀	ESP32핀
RFID SDA	4
RFID SCK	18
RFID MOSI	23
RFID MISO	19

브레드보드를 이용한 회로연결

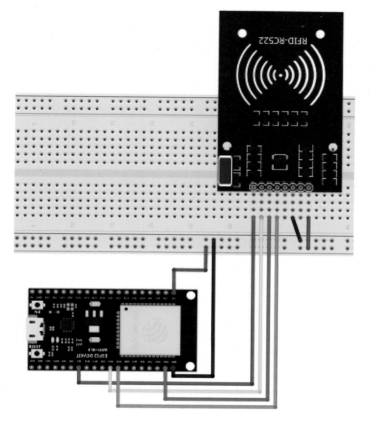

RFID모듈의 SDA는 4번, SCK는
18번, MISO는 23번, MISO는 19번
핀에 연결합니다 3.3V핀은 3.3V에
GND는 GND에 연결합니다.

ESP32 사물인터넷 보드를 이용한 회로연결

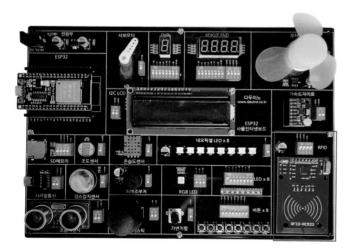

[RFID] 의 선택 스위치를 위쪽방향(ON)으로 선택합니다. 나머지 선택스위치는 아랫방향(OFF)로 선
택합니다.

RFID 값 읽기

RFID를 이용하여 태그 값을 읽어 출력하는 코드를 작성합니다.

main3-7-1.py

```
01    from time import sleep_ms
02    from machine import Pin, SoftSPI
03    from mfrc522 import MFRC522
04
05    sck = Pin(18, Pin.OUT)
06    mosi = Pin(23, Pin.OUT)
07    miso = Pin(19, Pin.OUT)
08    spi = SoftSPI(baudrate=100000, polarity=0, phase=0, sck=sck, mosi=mosi, miso=miso)
09
10    sda = Pin(4, Pin.OUT)
11
12    while True:
13        rdr = MFRC522(spi, sda)
14        uid =""
15        (stat, tag_type) = rdr.request(rdr.REQIDL)
16        if stat == rdr.OK:
17            (stat, raw_uid) = rdr.anticoll()
18            if stat == rdr.OK:
19                print("="*20)
20                print("New card detected")
21                print("tag type: 0x%02x" % tag_type)
22                uid ="%02x%02x%02x%02x" % (raw_uid[0], raw_uid[1], raw_uid[2], raw_uid[3])
23                print("uid:",uid)
24                print("="*20)
25
26                sleep_ms(100)
```

03 'mfrc522' 라이브러리에서 'MFRC522' 클래스를 가져옵니다. 이 클래스는 MFRC522 RFID 리더 모듈을 제어하기 위한 함수를 제공합니다.

05 'sck' 핀을 18번 핀으로 설정하고 출력 모드로 초기화합니다.

06 'mosi' 핀을 23번 핀으로 설정하고 출력 모드로 초기화합니다.

07 'miso' 핀을 19번 핀으로 설정하고 출력 모드로 초기화합니다.

08 'SoftSPI' 객체를 생성하여 소프트웨어 SPI 통신을 설정합니다. 'baudrate'는 통신 속도, 'polarity'와 'phase'는 SPI 신호 규칙을 설정하며, 'sck', 'mosi', 'miso'는 핀 설정입니다.

10 'sda' 핀을 4번 핀으로 설정하고 출력 모드로 초기화합니다.

12 무한 루프를 시작합니다. 이 루프는 계속해서 실행됩니다.

13 'MFRC522' 클래스의 인스턴스인 'rdr'을 생성합니다. 이 객체는 MFRC522 RFID 리더 모듈을 초기화합니다.

14 'uid' 변수를 초기화합니다.

15 'rdr' 객체의 'request(rdr.REQIDL)' 메서드를 호출하여 RFID 카드를 인식하도록 요청합니다. 'REQIDL'은 카드 인식 요청을 나타냅니다.

16 'stat' 변수와 'tag_type' 변수에 각각 요청의 상태와 카드 타입을 저장합니다.

17 만약 'stat'가 'rdr.OK'인 경우 (카드가 감지된 경우).

```
16              uid =""
17              (stat, tag_type) = rdr.request(rdr.REQIDL)
18              if stat == rdr.OK:
19                  (stat, raw_uid) = rdr.anticoll()
20                  if stat == rdr.OK:
21                      uid ="%02x%02x%02x%02x" % (raw_uid[0], raw_uid[1], raw_uid[2], raw_uid[3])
22                      return uid
23
24      while True:
25          current_time = utime.ticks_ms()
26          if current_time - last_read_time >=100:
27              last_read_time = current_time
28              uid = get_rfid()
29              if uid:
30                  print("UID:", uid)
31                  if uid =="13bae5fa":
32                      print("일치합니다.")
33                  else:
34                      print("일치하지 않습니다.")
```

29 만약 UID가 존재한다면, 화면에 UID를 출력합니다.
30 UID가 "13bae5fa"와 일치하는지 확인하고, 일치하면 "일치합니다."를 출력하고, 그렇지 않으면 "일치하지 않습니다."
를 출력합니다.

[◐ 현재 스크립트 실행] 아이콘을 클릭하여 코드를 실행합니다.

조건문에 등록해놓은 ID와 일치하면 "일치합니다."를 출력합니다. 일치하지 않는다면 "일치하지 않
습니다."를 출력합니다.

```
셸 ×
 UID: 131442dd
 일치하지 않습니다.
 UID: 131442dd
 일치하지 않습니다.
 UID: 13bae5fa
 일치합니다.
 UID: 13bae5fa
 일치합니다.
 UID: 13bae5fa
 일치합니다.
 UID: 13bae5fa
 일치합니다.
```

출력장치 및 모터

ESP32로 제어하는 출력장치 및 모터를 간단하게 설명해 드리겠습니다.

❶ 부저 (Buzzer)

부저는 짧은 소리나 멜로디를 생성하는 출력 장치입니다. ESP32의 GPIO 핀을 사용하여 연결하고, 마이크로파이썬 코드를 사용하여 부저의 주파수와 지속 시간을 조절하여 소리를 생성할 수 있습니다. 주로 경고음, 알림음 등을 만드는 데 사용됩니다.

❷ FND (7-Segment Display)

7-Segment Display는 숫자와 일부 문자를 7개의 세그먼트로 표시하는 출력 장치입니다. ESP32의 GPIO 핀을 사용하여 각 세그먼트를 연결하고, 마이크로파이썬 코드를 사용하여 숫자를 표시할 수 있습니다. 주로 시계, 계산기 등에 사용됩니다.

❸ 4-Digit FND (4-Digit 7-Segment Display)

4-Digit FND는 네 자리의 숫자를 나타내는데 사용됩니다. ESP32의 GPIO 핀을 사용하여 연결하고, 마이크로파이썬 코드를 사용하여 각 자릿수를 업데이트하여 숫자나 문자열을 표시할 수 있습니다. 주로 시간, 온도, 날짜 등의 정보를 표시하는 데 활용됩니다.

❹ DC모터 (DC Motor)

DC모터는 회전 운동을 생성하는 출력 장치로, 속도와 회전 방향을 제어할 수 있습니다. ESP32와 DC모터를 연결하고, 마이크로파이썬 코드를 사용하여 모터의 회전 방향과 속도를 조절할 수 있습니다. 주로 로봇, 자동차, 팬 등에 사용됩니다.

❺ 서보 모터 (Servo Motor)

서보 모터는 정확한 각도 위치 제어에 사용됩니다. ESP32의 PWM 출력을 사용하여 연결하고, 마이크로파이썬 코드를 사용하여 원하는 각도로 모터를 회전시킬 수 있습니다. 주로 로봇 팔, 카메라 방향 조절 등에 사용됩니다.

ESP32와 마이크로파이썬을 사용하면 이러한 출력장치와 모터를 손쉽게 제어할 수 있으며, 다양한 프로젝트에서 활용할 수 있습니다.

04 _ 1 부저

피에조 부저(Piezo Buzzer)는 짧은 음향 신호나 소리를 생성하는 부품으로, 전기적 신호를 소리로 변환하는 역할을 합니다. 아래는 피에조 부저에 대한 간단한 설명입니다.

❶ **작동 원리**: 피에조 부저는 피에조 전지소와 같은 세라믹 물질로 만들어진 진동판이 내장되어 있습니다. 전기 신호가 가해지면 이 진동판이 진동하면서 주파수와 진폭이 일정한 소리를 생성합니다.

❷ **용도**: 피에조 부저는 주로 경고, 알림 또는 신호음을 생성하는 데 사용됩니다. 예를 들어, 스마트폰의 알림음, 경보 시스템의 경보음, 전자 게임의 효과음, 자동차 후진 경고음 등에 사용됩니다.

❸ **특징**: 피에조 부저는 작고 경량하며 저렴한 가격으로 구할 수 있습니다. 다양한 주파수와 음량으로 소리를 생성할 수 있으며, 간단한 전기 신호로 쉽게 제어할 수 있습니다.

❹ **동작 전압**: 대부분의 피에조 부저는 낮은 전압에서 동작하며, 일반적으로 3V에서 12V 사이의 전원 공급을 요구합니다.

피에조 부저는 다양한 응용 분야에서 사용되며, 신호음이나 경고음을 필요로 하는 장치와 시스템에서 중요한 부품 중 하나입니다.

다음의 회로를 구성합니다.

회로

부품핀	ESP32핀
ESP32핀	19

브레드보드를 이용한 회로연결

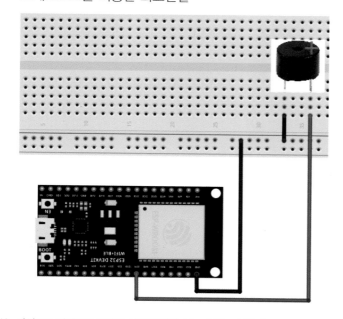

부저의 +핀은 19번핀에 연결합니다 나머지 핀은 GND와 연결합니다.

ESP32 사물인터넷 보드를 이용한 회로연결

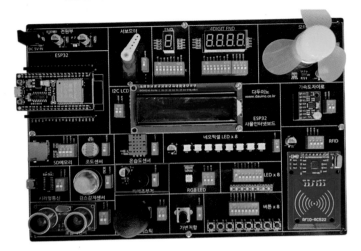

[피에조부저] 의 선택 스위치를 위쪽방향(ON)으로 선택합니다. 나머지 선택스위치는 아랫방향 (OFF)로 선택합니다.

도레미파솔라시도 출력하기

피에조부저를 이용하여 도레미파솔라스도 소리를 만들어내어 멜로디를 재생하는 방법을 알아봅니다.

---

main4-1-1.py

```python
01    from machine import Pin, PWM
02    import utime
03
04    melody_buzzer = PWM(Pin(19, Pin.OUT), freq=1, duty=512)
05    melody_buzzer.duty(0)
06
07    frequency_list = [261,293,329,349,392,440,493,523]
08
09    while True:
10        for frequency in frequency_list:
11            melody_buzzer.duty(512)
12            melody_buzzer.freq(int(frequency))
13            utime.sleep_ms(500)
14            melody_buzzer.duty(0)
15            utime.sleep_ms(100)
```

04 'melody_buzzer' 변수를 생성하고, 핀 19와 연결된 PWM 객체를 만들어 주파수를 1Hz로, 듀티 사이클을 512로 설정합니다.

05 'melody_buzzer'의 듀티 사이클을 0으로 설정합니다.

07 'frequency_list'라는 리스트를 생성합니다. 이 리스트는 음계의 주파수를 담고 있습니다.

10 'frequency_list'에 있는 각 주파수를 순회하면서 다음 작업을 수행합니다.

11 'melody_buzzer'의 듀티 사이클을 512로 설정하여 소리를 발생시킵니다.

12 'melody_buzzer'의 주파수를 현재 순회 중인 주파수로 설정합니다.
13 0.5초 동안 대기합니다.
14 'melody_buzzer'의 듀티 사이클을 0으로 설정하여 소리를 중지합니다.
15 0.1초 동안 대기합니다.

[● 현재 스크립트 실행] 아이콘을 클릭하여 코드를 실행합니다.

도레미파솔라시도의 음계가 피에조 부저를 통해 출력됩니다. 피에조 부저는 단순한 음계를 출력하는 소자로서 스피커보다는 음질이 부족합니다.

학교종 출력하기

학교종의 음계를 리스트에 담아 출력하는 코드를 작성합니다.

main4-1-2.py

```
01    from machine import Pin, PWM
02    import utime
03
04    melody_buzzer = PWM(Pin(19, Pin.OUT), freq=1, duty=512)
05    melody_buzzer.duty(0)
06
07    MELODY = [392, 392, 440, 440, 392, 392, 330, 392, 392,
08                330, 330, 293, 0, 392, 392, 440, 440, 392,
09                392, 329, 392, 329, 293, 329, 261, 0]
10
11    while True:
12        for note_freq in MELODY:
13            if note_freq ==0:
14                melody_buzzer.duty(0)
15                utime.sleep_ms(250)
16            else:
17                melody_buzzer.freq(int(note_freq))
18                melody_buzzer.duty(512)
19                utime.sleep_ms(250)
20                melody_buzzer.duty(0)
21                utime.sleep_ms(100)
```

07 'MELODY'라는 리스트를 생성합니다. 이 리스트는 학교종의 음계를 담고있습니다.
12 'MELODY' 리스트에 있는 각 음계 주파수를 순회하면서 다음 작업을 수행합니다.
13 만약 'note_freq'가 0이면, 소리를 끄고 0.25초 동안 대기합니다.
14 그렇지 않으면, 'melody_buzzer'의 주파수를 현재 순회 중인 'note_freq'로 설정합니다.

[● 현재 스크립트 실행] 아이콘을 클릭하여 코드를 실행합니다.

학교종이 피에조 부저로 출력되었습니다.

04 _ 2 FND

FND(Seven Segment Display)는 일반적으로 숫자와 일부 알파벳 문자를 디지털로 표시하는 데 사용되는 디스플레이 장치입니다. 주로 7개의 세그먼트로 구성되며, 각 세그먼트는 LED(발광 다이오드)로 되어 있습니다. 아래는 FND에 대한 간단한 설명입니다.

❶ **작동 원리**: FND는 일반적으로 7개의 세그먼트(또는 더 많은 경우도 있음)로 구성되어 있으며 각 세그먼트는 7개의 LED로 구성됩니다. 이 LED는 켜거나 꺼서 숫자나 문자를 나타냅니다. 특정 세그먼트를 활성화하고 LED를 점등하면 원하는 문자나 숫자가 표시됩니다.

❷ **응용 분야**: FND는 주로 디지털 시계, 계산기, 온도계, 전자 저울, 측정기 및 숫자 표시가 필요한 다양한 전자 장치에서 사용됩니다.

❸ **특징**: FND는 숫자와 알파벳 문자의 표시에 적합하며, 간단하고 직관적으로 읽을 수 있습니다. 다양한 크기와 색상의 FND가 있으며, 일부 모델은 점등 및 소멸 효과를 제공하여 시각적 효과를 증가시킬 수 있습니다.

❹ **동작 전압**: FND는 일반적으로 낮은 전압에서 동작하며, 5V 또는 3.3V와 같은 저전압에서도 작동할 수 있습니다.

FND는 디지털 디스플레이로 사용되며, 숫자나 문자의 표시에 유용합니다. 주로 표준 7세그먼트 디스플레이와 BCD(이진 부호화 10진수) 디코더를 함께 사용하여 숫자를 표시합니다.
다음의 회로를 구성합니다.

회로

부품핀	ESP32핀
FND A	15
FND B	2
FND C	0
FND D	4
FND E	16
FND F	17
FND G	5
FND DP	18

브레드보드를 이용한 회로연결

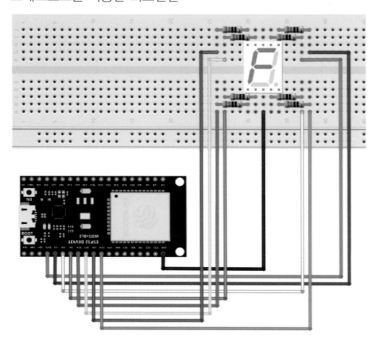

220옴 저항을 통해 FND의 제어핀에 연결합니다.

ESP32 사물인터넷 보드를 이용한 회로연결

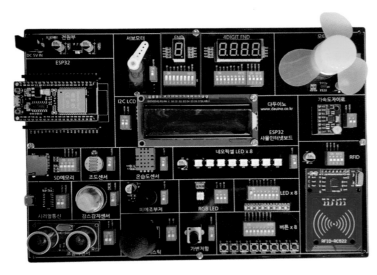

[FND] 의 선택 스위치를 위쪽방향(ON)으로 선택합니다. 나머지 선택스위치는 아랫방향(OFF)로 선택합니다.

FND A~DP까지 하나씩 출력하기

FND에 A에서부터 DP(점)까지 하나씩 값을 출력하는 코드를 작성합니다.

```
main4-2-1.py

01      from machine import Pin
02      import time
03
04      fnd_pins = [15, 2, 0, 4, 16, 17, 5, 18]
05      fnds = []
06      for pin in fnd_pins:
07          fnds.append(Pin(pin, Pin.OUT))
08
09
10      try:
11          while True:
12              for fnd in fnds:
13                  fnd.value(1)
14                  time.sleep(0.3)
15
16              for fnd in fnds:
17                  fnd.value(0)
18
19              time.sleep(1.0)
20
21      except KeyboardInterrupt:
22          for fnd in fnds:
23              fnd.value(0)
24      print("코드를 종료합니다")
```

04 'fnd_pins'라는 리스트를 생성하고, 이 리스트에 LED의 핀 번호를 포함합니다.
05 'fnds'라는 빈 리스트를 생성합니다.
06 'fnd_pins' 리스트에 있는 각 핀 번호를 사용하여 'Pin' 객체를 생성하고, 'fnds' 리스트에 추가합니다.
10 예외 처리를 시작합니다. 프로그램이 실행 중에 Ctrl + C 를 사용하여 강제 종료될 경우를 대비합니다.
12 'fnds' 리스트에 있는 각 LED에 대해 다음 작업을 수행합니다.
13 LED를 켜기 위해 'fnd.value(1)'을 호출합니다.
14 0.3초 동안 대기합니다.
16 모든 LED를 다시 끄기 위해 'fnd.value(0)'을 호출합니다.
19 모든 LED가 꺼진 상태에서 1초 동안 대기합니다.
21 Ctrl + C 를 눌러 예외를 발생시키면 예외 처리 블록으로 이동합니다.

[◉ 현재 스크립트 실행] 아이콘을 클릭하여 코드를 실행합니다.

FND에 A에서부터 DP까지 하나씩 LED가 켜집니다.

FND 숫자 0~9까지 출력하기

FND에 숫자 0부터 9까지 하나씩 출력하는 코드를 작성합니다.

main4-2-2.py

```python
01    from machine import Pin
02    import time
03
04    fnd_pins = [15, 2, 0, 4, 16, 17, 5, 18]
05
06    fnd_patterns = [
07        [1, 1, 1, 1, 1, 1, 0, 0], # 숫자 0
08        [0, 1, 1, 0, 0, 0, 0, 0], # 숫자 1
09        [1, 1, 0, 1, 1, 0, 1, 0], # 숫자 2
10        [1, 1, 1, 1, 0, 0, 1, 0], # 숫자 3
11        [0, 1, 1, 0, 0, 1, 1, 0], # 숫자 4
12        [1, 0, 1, 1, 0, 1, 1, 0], # 숫자 5
13        [1, 0, 1, 1, 1, 1, 1, 0], # 숫자 6
14        [1, 1, 1, 0, 0, 0, 0, 0], # 숫자 7
15        [1, 1, 1, 1, 1, 1, 1, 0], # 숫자 8
16        [1, 1, 1, 1, 0, 1, 1, 0] # 숫자 9
17    ]
18
19    fnds = [Pin(pin, Pin.OUT) for pin in fnd_pins]
20
21
22    try:
23        while True:
24            for pattern in fnd_patterns:
25                for i, value in enumerate(pattern):
26                    fnds[i].value(value)
27                time.sleep(1.0)
28
29    except KeyboardInterrupt:
30        for fnd in fnds:
31            fnd.value(0)
32
33    print("코드를 종료합니다")
```

06 'fnd_patterns'라는 2차원 리스트를 생성합니다. 각 리스트는 8개의 요소(0 또는 1)로 이루어진 패턴으로, 0부터 9까지의 숫자에 해당하는 7세그먼트 디스플레이 표시를 나타냅니다.

19 리스트 컴프리헨션을 사용하여 'fnds' 리스트를 생성하고, 'fnd_pins'에 지정된 핀 번호에 대한 'Pin' 객체를 포함시킵니다.

[▶ 현재 스크립트 실행] 아이콘을 클릭하여 코드를 실행합니다.

이 코드는 'fnd_patterns' 리스트에 정의된 7세그먼트 디스플레이 패턴을 이용하여 숫자 0부터 9까지를 순서대로 표시하는 코드입니다. 숫자를 표시한 후 1초 동안 대기하고, 무한 루프를 통해 패턴을 계속 반복합니다. `Ctrl` + `C` 를 사용하여 프로그램을 중지할 때까지 작동합니다.

함수로 코드 간략화하기

숫자를 출력하는 부분을 함수와하여 코드를 단순화합니다.

main4-2-3.py

```
01    from machine import Pin
02    import time
03
04    fnd_pins = [15, 2, 0, 4, 16, 17, 5, 18]
05
06    fnd_patterns = [
07        [1, 1, 1, 1, 1, 1, 0, 0], # 숫자 0
08        [0, 1, 1, 0, 0, 0, 0, 0], # 숫자 1
09        [1, 1, 0, 1, 1, 0, 1, 0], # 숫자 2
10        [1, 1, 1, 1, 0, 0, 1, 0], # 숫자 3
11        [0, 1, 1, 0, 0, 1, 1, 0], # 숫자 4
12        [1, 0, 1, 1, 0, 1, 1, 0], # 숫자 5
13        [1, 0, 1, 1, 1, 1, 1, 0], # 숫자 6
14        [1, 1, 1, 0, 0, 0, 0, 0], # 숫자 7
15        [1, 1, 1, 1, 1, 1, 1, 0], # 숫자 8
16        [1, 1, 1, 1, 0, 1, 1, 0] # 숫자 9
17    ]
18
19    fnds = [Pin(pin, Pin.OUT) for pin in fnd_pins]
20
21    def set_fnd_number(number):
22        if 0 <= number <=9:
23            pattern = fnd_patterns[number]
24            for i, value in enumerate(pattern):
25                fnds[i].value(value)
26        else:
27            print("숫자 범위는 0에서 9까지입니다.")
28
29    try:
30        while True:
31            for number in range(10):
32                set_fnd_number(number)
33                time.sleep(1.0)
34
35    except KeyboardInterrupt:
36        for fnd in fnds:
37            fnd.value(0)
38    print("코드를 종료합니다")
```

21 'set_fnd_number'라는 함수를 정의합니다. 이 함수는 숫자를 받아서 해당하는 7세그먼트 디스플레이 패턴을 설정합니다.

22-28 입력된 숫자에 따라 'fnd_patterns'에서 해당하는 패턴을 가져와서 7세그먼트 디스플레이에 설정합니다.

[◉ 현재 스크립트 실행] 아이콘을 클릭하여 코드를 실행합니다.

함수를 이용하여 FND에 숫자 0부터 9까지 출력하였습니다.

04 _ 3 4digit FND

4자리 FND(4-Digit Seven Segment Display)는 네 개의 7세그먼트 디스플레이로 구성된 디지털 디스플레이 장치입니다. 이 디스플레이는 숫자와 일부 알파벳 문자를 나타낼 수 있는 4개의 독립적인 디스플레이 블록을 제공하며, 각 블록은 7개의 세그먼트로 구성됩니다. 각 세그먼트는 LED(발광다이오드)로 이루어져 있으며, 특정 세그먼트를 활성화하여 숫자나 문자를 표시합니다.

다음의 회로를 구성합니다.

회로

부품핀	ESP32핀
FND A	15
FND B	2
FND C	0
FND D	4
FND E	16
FND F	17
FND G	5
FND DP	18
FND D1	19
FND D2	21
FND D3	22
FND D4	23

브레드보드를 이용한 회로연결

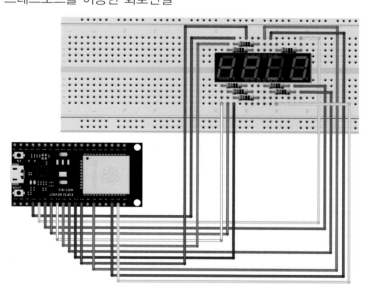

FND의 LED를 제어하는 A~DP 핀은 220옴 저항을 통해 연결하고 D1,D2,D3,D4핀은 저항을 통하지 않고 ESP32에 바로 연결합니다.

ESP32 사물인터넷 보드를 이용한 회로연결

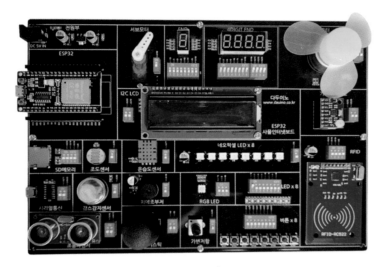

[4DIGIT FND] 의 선택 스위치를 위쪽방향(ON)으로 선택합니다. 나머지 선택스위치는 아랫방향
(OFF)로 선택합니다.

4자리에 값 표시하기

4digit FND의 4자리에 숫자값을 표시하는 코드를 작성합니다.

```
main4-3-1.py
01    from machine import Pin
02    import time
03
04    fnd_pins = [15, 2, 0, 4, 16, 17, 5, 18]
05    d_pins = [19,21,22,23]
06
07    fnd_patterns = [
08        [1, 1, 1, 1, 1, 1, 0, 0], # 숫자 0
09        [0, 1, 1, 0, 0, 0, 0, 0], # 숫자 1
10        [1, 1, 0, 1, 1, 0, 1, 0], # 숫자 2
11        [1, 1, 1, 1, 0, 0, 1, 0], # 숫자 3
12        [0, 1, 1, 0, 0, 1, 1, 0], # 숫자 4
13        [1, 0, 1, 1, 0, 1, 1, 0], # 숫자 5
14        [1, 0, 1, 1, 1, 1, 1, 0], # 숫자 6
15        [1, 1, 1, 0, 0, 0, 0, 0], # 숫자 7
16        [1, 1, 1, 1, 1, 1, 1, 0], # 숫자 8
17        [1, 1, 1, 1, 0, 1, 1, 0] # 숫자 9
18    ]
19
20    fnds = [Pin(pin, Pin.OUT) for pin in fnd_pins]
21    ds = [Pin(pin, Pin.OUT) for pin in d_pins]
22    ds[0].value(0) #첫번째 자리
```

```
23      ds[1].value(0) #두번째 자리
24      ds[2].value(0) #세번째 자리
25      ds[3].value(0) #네번째 자리
26
27      def set_fnd_number(number):
28          if 0 <= number <=9:
29              pattern = fnd_patterns[number]
30              for i, value in enumerate(pattern):
31                  fnds[i].value(value)
32          else:
33              print("숫자 범위는 0에서 9까지입니다.")
34
35      try:
36          while True:
37              for number in range(10):
38                  set_fnd_number(number)
39                  time.sleep(1.0)
40
41      except KeyboardInterrupt:
42          for fnd in fnds:
43              fnd.value(0)
44      print("코드를 종료합니다")
```

05   'd_pins'라는 리스트를 생성하고, 이 리스트에 4개의 자리 선택 핀 번호를 포함합니다.
21   리스트 컴프리헨션을 사용하여 'ds' 리스트를 생성하고, 'd_pins'에 지정된 핀 번호에 대한 'Pin' 객체를 포함시킵니다.
22~25 각 자리 선택 핀('ds')을 초기화하고 모두 0으로 설정합니다.
37~39 0부터 9까지의 숫자를 순회하면서 'set_fnd_number' 함수를 호출하여 해당 숫자를 7세그먼

[● 현재 스크립트 실행] 아이콘을 클릭하여 코드를 실행합니다.

이 코드는 7세그먼트 디스플레이를 사용하여 0부터 9까지의 숫자를 표시하고, 각 숫자를 1초 동안
보여주는 작업을 반복합니다. Ctrl + C 를 사용하여 프로그램을 중지할 때까지 작동합니다.

1234 표시하기

4digit FND에 1234를 표시하는 코드를 작성합니다. 4개의 FND를 순회하면서 자리수마다 글자를
출력합니다.

main4-3-2.py

```
01      from machine import Pin
02      import time
03
04      fnd_pins = [15, 2, 0, 4, 16, 17, 5, 18]
05      d_pins = [19,21,22,23]
06      delay_time =0.005
07
```

```
08      fnd_patterns = [
09          [1, 1, 1, 1, 1, 1, 0, 0], # 숫자 0
10          [0, 1, 1, 0, 0, 0, 0, 0], # 숫자 1
11          [1, 1, 0, 1, 1, 0, 1, 0], # 숫자 2
12          [1, 1, 1, 1, 0, 0, 1, 0], # 숫자 3
13          [0, 1, 1, 0, 0, 1, 1, 0], # 숫자 4
14          [1, 0, 1, 1, 0, 1, 1, 0], # 숫자 5
15          [1, 0, 1, 1, 1, 1, 1, 0], # 숫자 6
16          [1, 1, 1, 0, 0, 0, 0, 0], # 숫자 7
17          [1, 1, 1, 1, 1, 1, 1, 0], # 숫자 8
18          [1, 1, 1, 1, 0, 1, 1, 0] # 숫자 9
19      ]
20
21      fnds = [Pin(pin, Pin.OUT) for pin in fnd_pins]
22      ds = [Pin(pin, Pin.OUT) for pin in d_pins]
23      ds[0].value(0) #첫번째 자리
24      ds[1].value(0) #두번째 자리
25      ds[2].value(0) #세번째 자리
26      ds[3].value(0) #네번째 자리
27
28      def set_fnd_number(number):
29          if 0 <= number <=9:
30              pattern = fnd_patterns[number]
31              for i, value in enumerate(pattern):
32                  fnds[i].value(value)
33          else:
34              print("숫자 범위는 0에서 9까지입니다.")
35
36      try:
37          while True:
38              set_fnd_number(1)
39              ds[0].value(0) #첫번째 자리
40              ds[1].value(1) #두번째 자리
41              ds[2].value(1) #세번째 자리
42              ds[3].value(1) #네번째 자리
43              time.sleep(delay_time)
44
45              set_fnd_number(2)
46              ds[0].value(1) #첫번째 자리
47              ds[1].value(0) #두번째 자리
48              ds[2].value(1) #세번째 자리
49              ds[3].value(1) #네번째 자리
50              time.sleep(delay_time)
51
52              set_fnd_number(3)
53              ds[0].value(1) #첫번째 자리
54              ds[1].value(1) #두번째 자리
55              ds[2].value(0) #세번째 자리
56              ds[3].value(1) #네번째 자리
57              time.sleep(delay_time)
58
```

```
59              set_fnd_number(4)
60              ds[0].value(1) #첫번째 자리
61              ds[1].value(1) #두번째 자리
62              ds[2].value(1) #세번째 자리
63              ds[3].value(0) #네번째 자리
64              time.sleep(delay_time)
65
66
67      except KeyboardInterrupt:
68          for fnd in fnds:
69              fnd.value(0)
70      print("코드를 종료합니다")
```

38~64 1부터 4까지의 숫자를 순회하면서 다음 작업을 수행합니다.
- ‘set_fnd_number’ 함수를 호출하여 해당 숫자를 7세그먼트 디스플레이에 표시합니다.
- 자리 선택 핀(‘ds’)을 설정하여 해당 자리를 선택합니다.
- ‘delay_time’ 만큼 대기합니다.

[● 현재 스크립트 실행] 아이콘을 클릭하여 코드를 실행합니다.

세그먼트 디스플레이에 숫자를 표시하면서 4개의 자리를 순차적으로 선택하여 숫자를 표시합니다.

선택된 자리마다 딜레이가 발생하여 숫자가 교체되는 효과를 만듭니다.

함수 만들어 4자리 표시하기

함수를 만들어 코드를 사용하기 쉽도록 수정합니다.

main4-3-3.py

```
01      from machine import Pin
02      import time
03
04      fnd_pins = [15, 2, 0, 4, 16, 17, 5, 18]
05      d_pins = [19, 21, 22, 23]
06      delay_time =0.005
07
08      fnd_patterns = [
09          [1, 1, 1, 1, 1, 1, 0, 0], # 숫자 0
10          [0, 1, 1, 0, 0, 0, 0, 0], # 숫자 1
11          [1, 1, 0, 1, 1, 0, 1, 0], # 숫자 2
12          [1, 1, 1, 1, 0, 0, 1, 0], # 숫자 3
13          [0, 1, 1, 0, 0, 1, 1, 0], # 숫자 4
14          [1, 0, 1, 1, 0, 1, 1, 0], # 숫자 5
15          [1, 0, 1, 1, 1, 1, 1, 0], # 숫자 6
16          [1, 1, 1, 0, 0, 0, 0, 0], # 숫자 7
17          [1, 1, 1, 1, 1, 1, 1, 0], # 숫자 8
18          [1, 1, 1, 1, 0, 1, 1, 0] # 숫자 9
```

```
19        ]
20
21        fnds = [Pin(pin, Pin.OUT) for pin in fnd_pins]
22        ds = [Pin(pin, Pin.OUT) for pin in d_pins]
23
24        def set_fnd_number(number):
25            if 0 <= number <=9999:
26                number_str =str(number)
27                number_str ="0"* (4 -len(number_str)) + number_str # 4자리 문자열로 만듦
28                for i in range(4):
29                    digit =int(number_str[i])
30                    pattern = fnd_patterns[digit]
31                    for j, value in enumerate(pattern):
32                        fnds[j].value(value)
33                    # 해당 자리를 활성화하기 위해 d_pins를 조절
34                    for k in range(4):
35                        ds[k].value(0 if k == i else 1)
36                    time.sleep(delay_time)
37            else:
38                print("숫자 범위는 0에서 9999까지입니다.")
39
40        try:
41            while True:
42                for number in range(10000):
43                    set_fnd_number(number)
44        except KeyboardInterrupt:
45            for fnd in fnds:
46                fnd.value(0)
47            for d_pin in ds:
48                d_pin.value(1)
49        print("코드를 종료합니다")
```

42~43 0부터 9999까지의 숫자를 순회하면서 'set_fnd_number' 함수를 호출하여 해당 숫자를 7세그먼트 디스플레이에 표시하고 4자리 디스플레이에서 자리를 선택하면서 표시합니다.

[● 현재 스크립트 실행] 아이콘을 클릭하여 코드를 실행합니다.

0부터 9999까지의 숫자를 표시하면서 4자리 디스플레이에서 자리를 선택하는 작업을 반복합니다.

Ctrl + C 를 사용하여 프로그램을 중지할 때까지 작동합니다.

04 _ 4 DC모터

DC모터(Direct Current Motor)는 직류 전원을 이용하여 회전 운동을 생성하는 전기 모터입니다. DC모터는 간단한 구조로 다양한 응용 분야에서 사용되며, 다양한 크기와 성능의 모델이 있습니다. 간단하게 설명하면,

❶. **작동 원리**: DC모터는 전류가 전달되면 모터 내부에 있는 자석과 규칙적으로 배치된 전선 감김(또는 원형) 사이의 상호작용에 의해 회전 운동을 생성합니다. 전류 방향을 바꾸거나 전류의 세기를 조절함으로써 모터의 속도와 회전 방향을 제어할 수 있습니다.

❷ **응용 분야**: DC모터는 자동차의 윈도우 리프트, 팬, 토스트 메이커, 드론, 컨베이어 벨트, 인쇄기, 산업 로봇, 3D 프린터 및 로봇 자동화 시스템 등 다양한 응용 분야에서 사용됩니다.

❸ **특징**: DC모터는 저렴하고 간단한 제어가 가능하며, 속도 및 회전 방향 제어가 용이합니다. 높은 효율성과 내구성을 가지고 있어 오랜 시간 동안 사용할 수 있습니다.

❹ **동작 전압**: DC모터는 다양한 전압 범위에서 동작할 수 있으며, 일반적으로 3V, 6V, 12V, 24V 등 다양한 전압 모델이 있습니다.

DC모터는 많은 전기 및 기계적 응용 분야에서 사용되며, 다양한 제어 방법과 함께 다양한 용도에 맞게 적용됩니다.

다음의 회로를 구성합니다.

회로

부품핀	ESP32핀
MOTOR IA	32
MOTOR IB	33

브레드보드를 이용한 회로연결

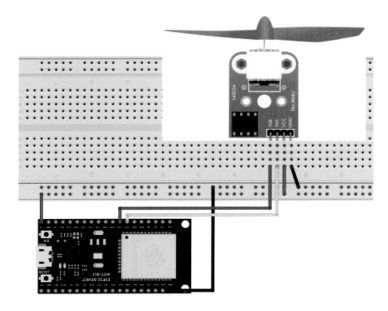

선풍기 모듈의 INA는 32번핀, INB는 33번핀에 연결합니다. VCC는 5V, GND는 GND에 연결합니다.

ESP32 사물인터넷 보드를 이용한 회로연결

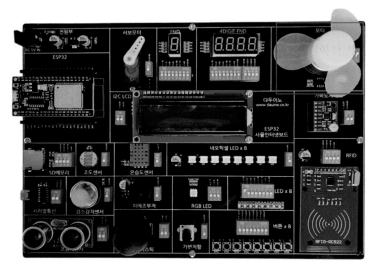

[모터] 의 선택 스위치를 위쪽방향(ON)으로 선택합니다. 나머지 선택스위치는 아랫방향(OFF)로 선택합니다.

DC모터 속도 조절하기

마이크로파이썬의 PWM을 이용하여 DC모터의 속도를 조절하는 코드를 작성합니다.

main4-4-1.py

```
01    from machine import Pin
02    from machine import PWM
03    import time
04
05    MOTOR_IA = PWM(Pin(32),freq=1000,duty=0)
06    MOTOR_IB = PWM(Pin(33),freq=1000,duty=0)
07
08
09    while True:
10        MOTOR_IA.duty(0)
11        MOTOR_IB.duty(0)
12        time.sleep(1.0)
13
14        MOTOR_IA.duty(400)
15        MOTOR_IB.duty(0)
16        time.sleep(1.0)
17
18        MOTOR_IA.duty(800)
19        MOTOR_IB.duty(0)
20        time.sleep(1.0)
21
22        MOTOR_IA.duty(1023)
23        MOTOR_IB.duty(0)
24        time.sleep(1.0)
```

05 'MOTOR_IA'라는 PWM 객체를 생성합니다. 이 객체는 모터 드라이버의 하나의 모터 입력을 제어합니다. 핀 32에 연결되고 PWM 주파수는 1000Hz로 설정되며, 초기 듀티 사이클은 0으로 설정됩니다.

06 'MOTOR_IB'라는 PWM 객체를 생성합니다. 이 객체는 또 다른 모터 입력을 제어합니다. 핀 33에 연결되고 PWM 주파수는 1000Hz로 설정되며, 초기 듀티 사이클은 0으로 설정됩니다.

14 'MOTOR_IA'의 듀티 사이클을 400으로 설정하여 모터를 약간의 속도로 회전시킵니다.

18 'MOTOR_IA'의 듀티 사이클을 800으로 설정하여 모터를 빠르게 회전시킵니다.

22 'MOTOR_IA'의 듀티 사이클을 최대값인 1023으로 설정하여 모터를 최대 속도로 회전시킵니다.

[● 현재 스크립트 실행] 아이콘을 클릭하여 코드를 실행합니다.

PWM의 듀티 사이클을 조절하여 모터의 속도를 조절하였습니다.

DC모터 방향 조절하기

DC모터의 방향을 변경하는 코드를 작성합니다.

```
main4-4-2.py
01    from machine import Pin
02    from machine import PWM
03    import time
04
05    MOTOR_IA = PWM(Pin(32),freq=1000,duty=0)
06    MOTOR_IB = PWM(Pin(33),freq=1000,duty=0)
07
08
09    while True:
10        MOTOR_IA.duty(0)
11        MOTOR_IB.duty(0)
12        time.sleep(1.0)
13
14        MOTOR_IA.duty(500)
15        MOTOR_IB.duty(0)
16        time.sleep(1.0)
17
18        MOTOR_IA.duty(0)
19        MOTOR_IB.duty(0)
20        time.sleep(1.0)
21
22        MOTOR_IA.duty(0)
23        MOTOR_IB.duty(500)
24        time.sleep(1.0)
25
26
27        MOTOR_IA.duty(0)
28        MOTOR_IB.duty(0)
29        time.sleep(1.0)
```

14~15 모터를 정방향으로 회전합니다.
22~24 모터를 역방향으로 회전합니다.

[◉ 현재 스크립트 실행] 아이콘을 클릭하여 코드를 실행합니다.

2개의 핀을 이용하여 DC모터의 방향을 제어하였습니다.

04 _ 5 서보모터

서보모터(Servo Motor)는 정확한 위치 제어와 회전 각도를 유지하는 데 사용되는 회전식 전기 모터입니다. 서보모터는 피드백 시스템과 함께 작동하여 원하는 위치나 각도로 정밀하게 회전하도록 설계되었습니다. 간단하게 설명하면,

❶ **작동 원리**: 서보모터는 특수한 내부 제어 회로와 피드백 장치(예: 포텐셔미터 또는 엔코더)를 사용하여 정확한 위치 제어를 가능하게 합니다. 제어 신호가 입력되면 서보모터는 피드백 정보를 사용하여 축 위치를 조정하고 원하는 위치를 유지합니다.

❷ **응용 분야**: 서보모터는 CNC 기계, 로봇 팔, 카메라 스위블 메커니즘, 무인 항공기 (드론), 자동 조절 장비, RC 모델 및 로봇 등 정밀한 위치 및 각도 제어가 필요한 다양한 응용 분야에서 사용됩니다.

❸ **특징**: 서보모터는 고정밀 위치 제어, 빠른 응답 시간, 높은 회전 토크, 안정된 회전 및 내구성을 가지고 있습니다. 또한 피드백 시스템을 통해 실제 위치를 모니터링하고 조절하므로 높은 정밀도를 제공합니다.

❹ **동작 전압**: 서보모터는 다양한 전압 범위에서 동작할 수 있으며, 일반적으로 4.8V에서 7.4V 사이의 전압 모델이 일반적으로 사용됩니다.

서보모터는 정밀한 위치 및 각도 제어가 필요한 응용 분야에서 주로 사용되며, 고정밀한 움직임과 안정성을 제공하여 다양한 자동화 및 로봇 응용 분야에서 중요한 역할을 합니다.
다음의 회로를 구성합니다.

회로

부품핀	ESP32핀
SERVO SIG	18

브레드보드를 이용한 회로연결

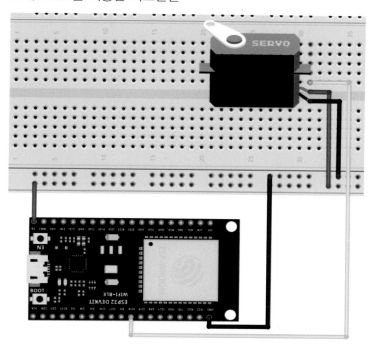

파란색 SG90 서보모터의 노란색선은 18번핀에 연결합니다. 빨간색선은 5V, 검정색선은 GND에 연결합니다.

ESP32 사물인터넷 보드를 이용한 회로연결

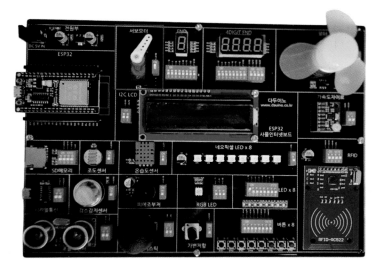

[서보모터] 의 선택 스위치를 위쪽방향(ON)으로 선택합니다. 나머지 선택스위치는 아랫방향(OFF)로 선택합니다.

서보모터 각도 제어하기

서보모터의 각도를 제어하는 방법에 대해서 알아봅니다.

```
main4-5-1.py
01    from machine import Pin
02    import time
03    from servo import Servo
04
05    my_servo = Servo(Pin(18))
06
07    while True:
08        my_servo.write_angle(0)
09        time.sleep(0.5)
10        my_servo.write_angle(45)
11        time.sleep(0.5)
12        my_servo.write_angle(90)
13        time.sleep(0.5)
14        my_servo.write_angle(135)
15        time.sleep(0.5)
16        my_servo.write_angle(180)
17        time.sleep(0.5)
```

03 'servo' 모듈에서 'Servo' 클래스를 가져옵니다. 이 클래스는 서보 모터를 제어하기 위해 사용됩니다.

05 'my_servo'라는 Servo 객체를 생성합니다. 이 객체는 핀 18에 연결된 서보 모터를 제어합니다.

08~16 서보 모터의 각도를 0부터 180도까지 45도 간격으로 변경하면서 제어합니다.

　　– 'my_servo.write_angle(0)': 서보 모터를 0도 각도로 회전시킵니다.

　　– 'my_servo.write_angle(45)': 서보 모터를 45도 각도로 회전시킵니다.

　　– 'my_servo.write_angle(90)': 서보 모터를 90도 각도로 회전시킵니다.

　　– 'my_servo.write_angle(135)': 서보 모터를 135도 각도로 회전시킵니다.

　　– 'my_servo.write_angle(180)': 서보 모터를 180도 각도로 회전시킵니다.

[▶ 현재 스크립트 실행] 아이콘을 클릭하여 코드를 실행합니다.

서보모터의 각도가 0, 45, 90, 135, 180 도로 1초마다 서보모터의 각도가 변합니다.

서보모터 각도 for문 사용해서 제어

파이썬의 for문을 사용하여 서보모터의 각도를 제어하는 방법에 대해서 알아봅니다.

```
main4-5-2.py

01    from machine import Pin
02    import time
03    from servo import Servo
04
05    my_servo = Servo(Pin(18))
06
07    while True:
08        # 0에서 180도로 이동
09        for angle in range(0, 181, 10): # 10도씩 이동
10            my_servo.write_angle(angle)
11            time.sleep(0.1)
12
13        # 180에서 0도로 이동
14        for angle in range(180, -1, -10): # 10도씩 이동
15            my_servo.write_angle(angle)
16            time.sleep(0.1)
```

09~12 서보 모터를 0도에서 180도까지 10도씩 이동시킵니다. 'range(0, 181, 10)'를 사용하여 0부터 180까지의 각도를 10도씩 증가시키면서 서보 모터를 해당 각도로 회전시킵니다. 'my_servo.write_angle(angle)'을 사용하여 각도를 설정하고, 'time.sleep(0.1)'을 사용하여 0.1초 동안 대기합니다. 이렇게 하면 서보 모터가 0도에서 180도까지 천천히 이동합니다.

13~16 서보 모터를 180도에서 0도로 10도씩 역방향으로 이동시킵니다. 'range(180, -1, -10)'를 사용하여 180부터 0까지의 각도를 10도씩 감소시키면서 서보 모터를 해당 각도로 회전시킵니다. 다시 'time.sleep(0.1)'을 사용하여 0.1초 동안 대기합니다. 이렇게 하면 서보 모터가 180도에서 0도로 역방향으로 이동합니다.

[◉ 현재 스크립트 실행] 아이콘을 클릭하여 코드를 실행합니다.

서보 모터가 0도에서 180도까지 순방향으로 이동하고, 다시 180도에서 0도로 역방향으로 이동하는 동작을 반복합니다.

04 _ 6 LCD

1602 I2C LCD 모듈은 16x2 문자 LCD (Liquid Crystal Display) 디스플레이와 I2C (Inter-Integrated Circuit) 통신 인터페이스를 결합한 디스플레이 모듈입니다. 이 모듈은 문자 및 숫자를 표시하는 데 사용되며, I2C 통신을 통해 마이크로컨트롤러 또는 다른 장치와 데이터를 주고받을 수 있습니다.
간단하게 설명하면,

❶ 작동 원리: 1602 I2C LCD 모듈은 일반적인 16x2 문자 LCD와 유사한 작동 원리를 가지고 있습니다. 그러나 I2C 통신을 통해 데이터를 송수신하며, 디스플레이에 텍스트나 숫자를 표시하거나 지우는 데 사용됩니다.

❷ 응용 분야: 1602 I2C LCD 모듈은 주로 임베디드 시스템, 마이크로컨트롤러 프로젝트, 아두이노 및 라즈베리 파이와 같은 개발 보드에서 사용됩니다. 프로토타이핑, 디버깅, 시스템 모니터링, 정보 디스플레이 및 사용자 인터페이스 구현에 적합합니다.

❸ 특징: 1602 I2C LCD 모듈은 I2C 통신을 사용하여 데이터를 전송하므로 많은 핀이 필요하지 않습니다. 뒷면에 I2C 어댑터 칩이 내장되어 있으며, 백라이트 LED가 내장되어 가시성을 향상시킵니다.

❹ 동작 전압: 대부분의 1602 I2C LCD 모듈은 5V 또는 3.3V와 같은 전압 범위에서 동작할 수 있으며, 전원 공급과 데이터 통신을 위해 단순한 4핀 또는 5핀 연결이 필요합니다.

1602 I2C LCD 모듈은 텍스트 및 숫자 디스플레이를 위한 편리하고 경제적인 솔루션으로 사용되며, 다양한 프로젝트 및 응용 분야에서 정보를 표시하고 사용자 인터페이스를 개발하는 데 유용합니다.
다음의 회로를 구성합니다.

회로

부품핀	ESP32핀
LCD SDA	26
LCD SCL	25

브레드보드를 이용한 회로연결

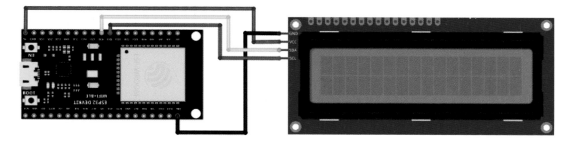

I2C LCD의 SDA는 26번핀, SCL은 25번핀에 연결합니다. VCC는 5V, GND는 GND에 연결합니다.

ESP32 사물인터넷 보드를 이용한 회로연결

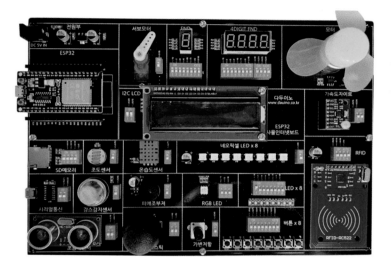

[I2C LCD] 의 선택 스위치를 위쪽방향(ON)으로 선택합니다. 나머지 선택스위치는 아랫방향(OFF)로 선택합니다.

LCD에 글자 출력하기

1602 I2C LCD에 간단한 글자를 출력하는 방법에 대해서 알아봅니다.

main4-6-1.py

```
01    from machine import Pin,I2C
02    from i2c_lcd import I2cLcd
03    import time
04
05    DEFAULT_I2C_ADDR =0x27
06
07    i2c = I2C(1,sda=Pin(26),scl=Pin(25),freq=400000)
08    lcd = I2cLcd(i2c, DEFAULT_I2C_ADDR, 2, 16)
09    lcd.putstr(" Hello \n MicroPython")
```

01 'machine' 라이브러리에서 'Pin' 및 'I2C' 클래스를 가져옵니다.

02 'i2c_lcd' 모듈에서 'I2cLcd' 클래스를 가져옵니다. 이 클래스를 사용하여 I2C LCD를 제어합니다.

05 'DEFAULT_I2C_ADDR' 변수에 I2C 주소를 설정합니다. 일반적으로 I2C LCD 모듈의 주소는 0x27이지만 사용하는 모듈에 따라 다를 수 있습니다.

07 'I2C' 객체를 생성합니다. 핀 26을 SDA (데이터)로, 핀 25를 SCL (클럭)로 사용하여 I2C 통신을 설정합니다. 주파수는 400kHz로 설정합니다.

08 'I2cLcd' 객체를 생성합니다. 이 객체를 사용하여 I2C LCD를 제어합니다. 'i2c'는 I2C 통신 객체, 'DEFAULT_I2C_ADDR' 는 LCD의 I2C 주소, '2'는 LCD의 행 수 (2행), '16'은 LCD의 열 수 (16열)를 나타냅니다.

09 LCD에 "Hello"와 "MicroPython"이라는 두 줄의 문자열을 출력합니다. 'lcd.putstr()' 메서드를 사용하여 LCD에 문자열을 표시합니다. '\n'은 줄 바꿈 문자로, 문자열을 다음 줄로 이동시킵니다.

[⊙ 현재 스크립트 실행] 아이콘을 클릭하여 코드를 실행합니다.

LCD에 "Hello"가 첫 번째 줄에, "MicroPython"이 두 번째 줄에 표시됩니다.

※ LCD에 뒷면에는 가변저항이 있습니다. 글자가 보이지 않는다면 가변저항을 좌우로 돌려 글자가 잘보이도록 설정합니다.

LCD에 위치 지정하여 글자 출력하기

LCD에 특정 위치를 지정하여 글자를 출력하는 방법에 대해서 알아봅니다.

```
main4-6-2.py

01    from machine import Pin,I2C
02    from i2c_lcd import I2cLcd
03    import time
04
05    DEFAULT_I2C_ADDR =0x27
06
07    i2c = I2C(1,sda=Pin(26),scl=Pin(25),freq=400000)
08    lcd = I2cLcd(i2c, DEFAULT_I2C_ADDR, 2, 16)
09
10    lcd.move_to(2,0)
11    lcd.putstr("Hello")
12
13    lcd.move_to(3,1)
14    lcd.putstr("MicroPython")
```

10 LCD의 특정 위치로 이동하기 위해 'move_to()' 메서드를 사용합니다. '2, 0'은 2행 0열로 커서를 이동합니다.
11 'putstr()' 메서드를 사용하여 "Hello" 문자열을 해당 위치에 출력합니다.
13 'move_to()' 메서드를 사용하여 커서를 3행 1열로 이동합니다.
14 'putstr()' 메서드를 사용하여 "MicroPython" 문자열을 해당 위치에 출력합니다.

[◉ 현재 스크립트 실행] 아이콘을 클릭하여 코드를 실행합니다.

LCD의 원하는 위치에 "Hello"와 "MicroPython" 문자열이 표시됩니다.

LCD에 글자 연속으로 출력

LCD에 글자를 반복적으로 출력하는 방법에 대해서 알아봅니다.

```
main4-6-3.py
01      from machine import Pin,I2C
02      from i2c_lcd import I2cLcd
03      import time
04
05      DEFAULT_I2C_ADDR =0x27
06
07      i2c = I2C(1,sda=Pin(26),scl=Pin(25),freq=400000)
08      lcd = I2cLcd(i2c, DEFAULT_I2C_ADDR, 2, 16)
09
10      lcd.move_to(4,0)
11      lcd.putstr("Count")
12
13      count =0
14      while True:
15          lcd.move_to(5,1)
16          lcd.putstr(" ")
17          lcd.move_to(5,1)
18          lcd.putstr(str(count))
19          count = count +1
20          time.sleep(0.1)
```

10 LCD의 특정 위치로 이동하여 "Count" 문자열을 출력합니다.
13 'count' 변수를 초기화합니다.
14 무한 루프를 시작합니다.
15 LCD의 특정 위치로 이동하여 이전에 출력된 숫자를 지우기 위해 공백 문자열을 출력합니다.
16 LCD의 특정 위치로 이동하여 'count' 변수의 값을 문자열로 변환하여 출력합니다.
17 이전에 출력된 숫자를 지우기 위해 다시 해당 위치로 이동합니다.
18 'count' 변수를 1씩 증가시킵니다.
19 0.1초 동안 대기합니다.

[⊙ 현재 스크립트 실행] 아이콘을 클릭하여 코드를 실행합니다.

LCD에 "Count"와 숫자가 표시되며, 숫자가 0부터 1씩 증가하면서 실시간으로 업데이트됩니다.

04 _ 7 네오픽셀 LED

네오픽셀 LED(WS2812)는 주로 조명 및 효과적인 LED 디스플레이를 구축하는 데 사용되는 스마트 LED 모듈입니다. 이 LED 모듈은 RGB (빨강, 녹색, 파랑) 컬러 LED와 제어 전자 장치가 통합되어 있으며, 각 LED는 개별적으로 제어할 수 있습니다. 간단하게 설명하면,

❶ **작동 원리**: 네오픽셀 LED는 통합 제어 칩과 RGB LED가 하나의 패키지로 구성되어 있습니다. 이 칩은 데이터 신호를 통해 LED의 컬러 및 밝기를 제어합니다. 각 LED는 연결된 이전 LED에서 데이터를 받아 컬러와 밝기를 설정하며, 이렇게 연결된 LED는 체인 형태로 연결하여 전체 디스플레이를 만듭니다.

❷ **응용 분야**: 네오픽셀 LED는 주로 LED 스트립, LED 매트릭스, 조명 효과, 스마트 홈 조명, 음악과 함께 반응하는 조명, 휴일 장식 등 다양한 조명 및 효과 디스플레이에 사용됩니다.

❸ **특징**: 네오픽셀 LED는 개별적으로 주소 지정되어 있어 각 LED를 독립적으로 제어할 수 있습니다. 높은 밝기와 다양한 컬러 옵션을 제공하며, 다양한 크기와 형태로 제공되어 다양한 프로젝트에 적용할 수 있습니다.

❹ **동작 전압**: 대부분의 네오픽셀 LED는 5V 전원에서 동작합니다.

네오픽셀 LED는 개별적인 LED의 컬러와 밝기를 동적으로 제어할 수 있어 다양한 조명 효과를 구현하는 데 매우 유용합니다. 컬러풀하고 동적인 LED 조명 프로젝트에 널리 사용되며, 소형 및 대형 디스플레이에도 적용할 수 있습니다.

다음의 회로를 구성합니다.

회로

부품핀	ESP32핀
네오픽셀 IN	5

브레드보드를 이용한 회로연결

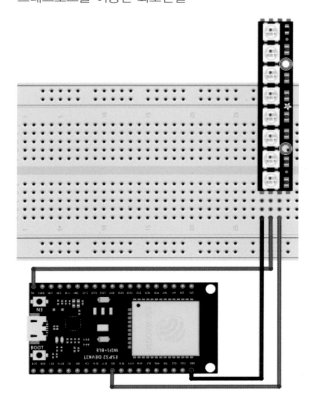

네오픽셀의 IN핀은 5번에 연결합니다. VCC는 5V, GND는 GND에 연결합니다.

ESP32 사물인터넷 보드를 이용한 회로연결

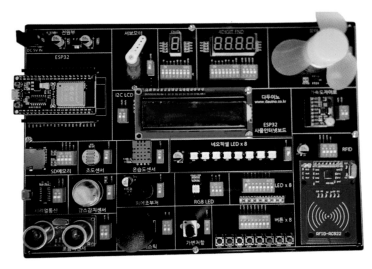

[네오픽셀 LED x 8] 의 선택 스위치를 위쪽방향(ON)으로 선택합니다. 나머지 선택스위치는 아랫방
향(OFF)로 선택합니다.

네오픽셀 LED R,G,B 켜기

네오픽셀 LED를 이용하여 8개의 LED에 빨강, 녹색, 파랑 색으로 LED를 켜봅니다.

main4-7-1.py

```
01    from machine import Pin
02    from neopixel import NeoPixel
03    import time
04
05    neopixel_pin=5
06    rgb_num=8
07    rgb_led=NeoPixel(Pin(neopixel_pin,Pin.OUT),rgb_num)
08
09    while True:
10        for i in range(rgb_num):
11            rgb_led[i]=(255, 0, 0)
12            rgb_led.write()
13        time.sleep_ms(1000)
14
15        for i in range(rgb_num):
16            rgb_led[i]=(0, 255, 0)
17            rgb_led.write()
18        time.sleep_ms(1000)
19
20        for i in range(rgb_num):
21            rgb_led[i]=(0, 0, 255)
22            rgb_led.write()
23        time.sleep_ms(1000)
```

02 'neopixel' 모듈에서 'NeoPixel' 클래스를 가져옵니다.

05 Neopixel LED 스트립이 연결된 핀 번호를 'neopixel_pin' 변수에 설정합니다. 이 예제에서는 핀 5에 연결되었다고 가정합니다.

06 Neopixel 스트립에 있는 RGB LED의 개수를 'rgb_num' 변수에 설정합니다. 이 예제에서는 8개의 RGB LED가 있는 것으로 가정합니다.

07 'NeoPixel' 객체 'rgb_led'를 생성합니다. 이 객체를 사용하여 Neopixel 스트립의 RGB LED를 제어합니다. 'neopixel_pin' 핀을 출력 모드로 설정하여 연결하고, RGB LED의 개수를 지정합니다.

09 무한 루프를 시작합니다.

10 0부터 'rgb_num − 1'까지 반복하면서 각 RGB LED를 빨간색으로 설정합니다. ('(255, 0, 0)'은 빨간색을 나타냅니다.)

11 'rgb_led.write()'를 호출하여 설정한 LED 색상을 적용합니다.

12 1초 동안 대기합니다.

15 이전 단계와 마찬가지로 각 RGB LED를 초록색으로 설정합니다.

16 'rgb_led.write()'를 호출하여 설정한 LED 색상을 적용합니다.

17 1초 동안 대기합니다.

20 이전 단계와 마찬가지로 각 RGB LED를 파란색으로 설정합니다.

21 'rgb_led.write()'를 호출하여 설정한 LED 색상을 적용합니다.

22 1초 동안 대기합니다.

[◐ 현재 스크립트 실행] 아이콘을 클릭하여 코드를 실행합니다.

네오픽셀 LED 스트립의 RGB LED가 빨간색, 초록색, 파란색으로 번갈아가며 반짝이게 됩니다.

다양한 색상 하나씩 켜기

더욱더 다양한 색상을 네오픽셀 LED를 이용하여 켜보는 방법을 알아봅니다.

```
main4-7-2.py
01    from machine import Pin
02    from neopixel import NeoPixel
03    import time
04
05    neopixel_pin=5
06    rgb_num=8
07    rgb_led=NeoPixel(Pin(neopixel_pin,Pin.OUT),rgb_num)
08
09
10    RED = (255, 0, 0)
11    ORANGE = (255, 165, 0)
12    YELLOW = (255, 150, 0)
13    GREEN = (0, 255, 0)
14    BLUE = (0, 0, 255)
15    INDIGO = (75, 0, 130)
16    VIOLET = (138, 43, 226)
17    WHITE = (255,255,255)
18    COLORS = (RED, ORANGE, YELLOW, GREEN, BLUE, INDIGO, VIOLET, WHITE)
19
20
21    while True:
22        for color in COLORS:
23            for i in range(rgb_num):
24                rgb_led[i]=(color[0], color[1], color[2])
25                rgb_led.write()
26                time.sleep_ms(100)
```

22 'COLORS' 리스트에 정의된 색상들을 반복합니다.
23 각 색상을 현재 LED에 적용합니다.
24 'rgb_led.write()'를 호출하여 설정한 LED 색상을 적용합니다.
25 0.1초 동안 대기합니다.

[● 현재 스크립트 실행] 아이콘을 클릭하여 코드를 실행합니다.

네오픽셀 LED 스트립의 RGB LED가 빨간색, 주황색, 노란색, 초록색, 파란색, 남색, 보라색, 흰색
으로 번갈아가며 반짝이게 됩니다.

04 _ 8 SD 카드

SD 카드 (Secure Digital Card)는 데이터 저장 및 전송을 위한 휴대용 메모리 카드 형식입니다. 주로 디지털 카메라, 스마트폰, 태블릿, 음악 플레이어, 게임 콘솔, 컴퓨터 및 다양한 전자 기기에서 사용됩니다. 간단하게 설명하면,

❶ 저장 매체: SD 카드는 다양한 저장 용량과 형태로 제공됩니다. 일반적인 SD 카드 형식에는 표준 SD, mini SD, micro SD 등이 있으며, 각각 다른 크기와 형태를 가지고 있습니다. 저장 용량은 몇 메가바이트에서 몇 테라바이트까지 다양하게 제공됩니다.

❷ 작동 원리: SD 카드는 플래시 메모리를 기반으로 하며, 데이터를 디지털 형태로 저장합니다. 디지털 장치에서 SD 카드를 사용할 때, 데이터를 읽고 쓰는 데 사용됩니다. SD 카드 슬롯에 삽입하면 데이터를 저장하거나 검색할 수 있습니다.

❸ 응용 분야: SD 카드는 주로 사진 및 비디오 카메라에서 사진과 동영상을 저장하는 데 사용됩니다. 또한 음악 파일, 문서, 앱 및 게임 데이터를 저장하고 이동할 수 있는 휴대용 저장 매체로도 널리 사용됩니다.

❹ 특징: SD 카드는 소형이며 경량으로 휴대하기 쉽습니다. 높은 저장 용량을 가진 모델은 대용량 데이터를 저장하거나 전송하는 데 유용합니다. 또한 SD 카드는 데이터를 안전하게 보호하기 위한 보안 기능도 제공합니다.

SD 카드는 데이터 저장 및 전송을 위한 편리하고 이식성이 높은 솔루션으로 다양한 디지털 기기에서 사용됩니다. 다음의 회로를 구성합니다.

회로

부품핀	ESP32핀	부품핀	ESP32핀
SD MOSI	23	SD SCLK	18
SD MISO	19	SD CS	4

브레드보드를 이용한 회로연결

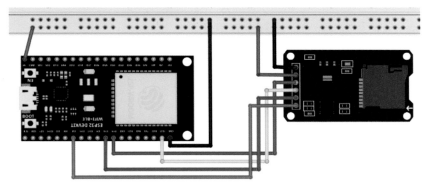

SD카드모듈의 MOSI는 23번, MISO는 19번, SCLK는 18번, CS는 4번핀에 연결합니다. VCC는 5V, GND는 GND에 연결합니다.

ESP32 사물인터넷 보드를 이용한 회로연결

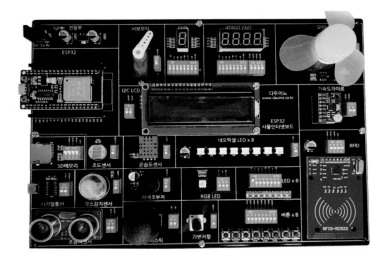

[SD 메모리] 의 선택 스위치를 위쪽방향(ON)으로 선택합니다. 나머지 선택스위치는 아랫방향 (OFF)로 선택합니다.

SD 카드에 파일생성 후 쓰기

SD 카드에 파일을 생성후 데이터를 쓰는 방법에 대해서 알아봅니다.

```
main4-8-1.py
01    import machine, sdcard, os
02    from machine import SPI, Pin
03
04    spi = SPI(2, sck=Pin(18), mosi=Pin(23), miso=Pin(19))
05    sd = sdcard.SDCard(spi, Pin(4))
06
07    os.mount(sd, "/sd")
08
09    file_name="/sd/text.txt"
10
11    f=open(file_name,"w")
12    write_txt="hello micropython"
13    print(f.write(write_txt))
14    f.close()
15
16    os.umount("/sd")
```

01 'machine', 'sdcard', 'os' 라이브러리를 가져옵니다.
02 'machine' 모듈에서 'SPI'와 'Pin' 클래스를 가져옵니다.
04 SPI를 설정합니다. SPI(2)를 사용하고, SCK 핀을 핀 18로, MOSI 핀을 핀 23로, MISO 핀을 핀 19로 설정합니다.
05 SD 카드를 SPI 인터페이스를 사용하여 초기화합니다.
06 SD 카드를 '/sd' 경로에 마운트합니다.
07 SD 카드를 '/sd' 경로에 마운트했으므로 '/sd' 경로를 기준으로 파일 경로를 지정할 수 있습니다.
09 파일의 경로와 이름을 'file_name' 변수에 저장합니다. 이 예제에서는 '/sd' 경로에 'text.txt' 파일을 생성합니다.
11 지정된 경로에 파일을 쓰기 모드("w")로 엽니다.
12 파일에 쓸 텍스트 데이터를 'write_txt' 변수에 저장합니다.

13 'f.write(write_txt)'를 호출하여 파일에 텍스트 데이터를 씁니다. 'write()' 함수는 쓴 바이트 수를 반환합니다.

14 파일을 닫습니다.

15 SD 카드를 언마운트합니다.

[● 현재 스크립트 실행] 아이콘을 클릭하여 코드를 실행합니다.

SD 카드에 'text.txt' 파일이 생성되고 "hello micropython" 텍스트가 파일에 쓰여집니다. 파일이 생성 및 쓰기 작업이 완료되면 SD 카드를 언마운트합니다.

써진 글자의 수를 출력하였습니다.

```
쉘 ×
>>> %Run -c $EDITOR_CONTENT

  MPY: soft reboot
  17

>>>
```

SD카드 파일에서 읽기

SD카드의 데이터를 읽는 방법을 알아봅니다.

main4-8-2.py

```
01     import machine, sdcard, os
02     from machine import SPI, Pin
03
04     spi = SPI(2, sck=Pin(18), mosi=Pin(23), miso=Pin(19))
05     sd = sdcard.SDCard(spi, Pin(4))
06
07     os.mount(sd, "/sd")
08
09     file_name="/sd/text.txt"
10
11     f=open(file_name)
12     read_txt=f.read()
13     print(read_txt)
14     f.close()
15
16     os.umount("/sd")
```

09 읽을 파일의 경로와 이름을 'file_name' 변수에 저장합니다. 이 예제에서는 '/sd' 경로에 있는 'text.txt' 파일을 읽습니다.

11 지정된 파일을 읽기 모드로 엽니다.

12 'f.read()'를 호출하여 파일의 내용을 읽어와 'read_txt' 변수에 저장합니다.

13 읽은 텍스트를 출력합니다.

14 파일을 닫습니다.

15 SD 카드를 언마운트합니다.

[● 현재 스크립트 실행] 아이콘을 클릭하여 코드를 실행합니다.

SD 카드에 저장된 'text.txt' 파일의 내용이 읽혀져서 출력됩니다. 파일 읽기 작업이 완료되면 SD 카드를 언마운트합니다. 읽어온 내용을 출력하였습니다.

```
쉘 ×
>>> %Run -c $EDITOR_CONTENT

  MPY: soft reboot
  hello micropython
>>>
```

SD카드 파일에 연속으로 쓰기

SD카드의 파일에 값을 연속으로 쓰는 방법에 대해서 알아봅니다.

main4-8-3.py

```python
01    import machine, sdcard, os
02    from machine import SPI, Pin
03    import random
04    import time
05
06    spi = SPI(2, sck=Pin(18), mosi=Pin(23), miso=Pin(19))
07    sd = sdcard.SDCard(spi, Pin(4))
08
09    os.mount(sd, "/sd")
10
11    file_name ="/sd/random_numbers.txt"
12
13    try:
14        while True:
15            random_number = random.randint(1, 100)
16            print(random_number)
17
18            with open(file_name, 'a') as f:
19                f.write(str(random_number) +"\n")
20
21            time.sleep(0.5)
22
23    except KeyboardInterrupt:
24        pass
25
26    os.umount("/sd")
```

15   1부터 100 사이의 무작위 숫자를 생성하고 'random_number' 변수에 저장합니다.

16   생성된 무작위 숫자를 출력합니다.

18~19 파일을 열고 무작위 숫자를 텍스트로 변환한 뒤 파일에 기록합니다. 숫자와 숫자 사이에 줄바꿈 문자 '₩n'을 추가하여 각 숫자가 새로운 줄에 기록되도록 합니다.

[● 현재 스크립트 실행] 아이콘을 클릭하여 코드를 실행합니다.

SD 카드에 'random_numbers.txt' 파일이 생성되고, 무작위 숫자가 계속해서 파일에 추가됩니다. `Ctrl` + `C` 를 누를 때까지 숫자가 계속 생성되고 기록됩니다. 무작위의 값이 SD카드의 파일에 쓰여졌습니다.

```
>>> %Run -c $EDITOR_CONTENT

 MPY: soft reboot
 91
 17
 8
 29
 42
 100
 56
```

SD카드 파일 목록 확인하기

SD카드의 파일 및 폴더목록을 확인하는 방법에 대해서 알아봅니다.

main4-8-4.py

```
01    import machine, sdcard, os
02    from machine import SPI, Pin
03
04    spi = SPI(2, sck=Pin(18), mosi=Pin(23), miso=Pin(19))
05    sd = sdcard.SDCard(spi, Pin(4))
06
07    os.mount(sd, "/sd")
08
09    file_list = os.listdir("/sd")
10    print("SD 카드 파일 목록:")
11    for file in file_list:
12        print(file)
13
14    os.umount("/sd")
```

10 'os.listdir("/sd")'를 사용하여 '/sd' 경로에 있는 파일 및 디렉터리의 목록을 가져옵니다.
11 파일 목록을 출력하기 위해 반복문을 시작합니다.

[● 현재 스크립트 실행] 아이콘을 클릭하여 코드를 실행합니다.

SD 카드의 루트 디렉터리에서 파일과 디렉터리의 목록이 출력됩니다. SD 카드에 어떤 파일들이 저장되어 있는지 확인할 수 있습니다.

```
>>> %Run -c $EDITOR_CONTENT

 MPY: soft reboot
 SD 카드 파일 목록:
 System Volume Information
 text.txt
 random_numbers.txt

>>>
```

SD카드 파일 삭제하기

SD카드에서 파일을 삭제하는 방법에 대해서 알아봅니다.

main4-8-5.py

```python
01    import machine, sdcard, os
02    from machine import SPI, Pin
03
04    spi = SPI(2, sck=Pin(18), mosi=Pin(23), miso=Pin(19))
05    sd = sdcard.SDCard(spi, Pin(4))
06
07    os.mount(sd, "/sd")
08
09    file_name ="/sd/random_numbers.txt"
10
11    try:
12        os.remove(file_name)
13        print(f"{file_name} 파일이 삭제되었습니다.")
14    except OSError as e:
15        print(f"파일 삭제 중 오류 발생: {e}")
16
17    os.umount("/sd")
```

09   삭제할 파일의 경로를 'file_name' 변수에 지정합니다.

11~15 'os.remove(file_name)'을 사용하여 지정된 파일을 삭제합니다. 파일이 성공적으로 삭제되면 삭제 메시지가 출력됩니다. 파일이 존재하지 않거나 삭제 중 오류가 발생하면 오류 메시지가 출력됩니다.

[⦿ 현재 스크립트 실행] 아이콘을 클릭하여 코드를 실행합니다.

드를 실행하면 '/sd' 경로에 있는 'random_numbers.txt' 파일을 삭제할 수 있습니다. 파일이 성공적으로 삭제되었는지 확인하기 위해 출력 메시지를 표시합니다.

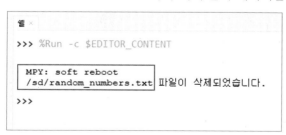

사물인터넷

사물인터넷(Internet of Things, IoT)은 현대 기술의 중요한 발전 중 하나로, 우리의 생활을 혁신하고 편리하게 만드는 기술입니다. 이번 챕터에서는 ESP32를 활용하여 사물인터넷의 다양한 측면을 탐구하고 활용하는 방법에 대해 알아보겠습니다. 아래는 이 챕터에서 다룰 내용들입니다.

❶ **블루투스 통신**: ESP32를 사용하여 다른 블루투스 기기와의 통신을 설정하고, 데이터를 주고받는 방법을 배우겠습니다. 이를 통해 스마트홈 기기와의 연동 등 다양한 응용이 가능합니다.

❷ **Wi-Fi 통신**: ESP32는 Wi-Fi 연결을 지원하며, 이를 통해 인터넷에 연결하여 원격으로 데이터를 보내고 받을 수 있습니다. 스마트 홈 장치를 제어하거나 데이터를 수집하는 기능을 구현할 수 있습니다.

❸ **인터넷 시간 표시**: ESP32를 사용하여 현재 시간을 인터넷을 통해 동기화하고 디스플레이에 표시하는 방법을 배웁니다. 시간을 활용한 다양한 애플리케이션을 개발할 수 있습니다.

❹ **날씨 표시**: 온도, 습도, 기압 등의 날씨 정보를 인터넷에서 가져와서 ESP32의 디스플레이에 표시하는 방법을 다룰 것입니다. 아침에 나갈 때 날씨 정보를 한 눈에 확인할 수 있습니다.

❺ **공공 데이터 미세먼지**: 공공 데이터를 활용하여 미세먼지 정보를 가져와서 ESP32를 통해 실시간으로 모니터링하는 방법을 다룰 것입니다. 대기 질을 확인하고 안전한 환경을 유지할 수 있습니다.

❻ **이메일 보내기**: ESP32를 사용하여 이메일을 보내는 방법을 배우겠습니다. 이를 활용하여 간단한 알림 서비스를 개발하거나, 원격에서 제어할 수 있는 기능을 구현할 수 있습니다.

❼ **주식 시세 표시**: 인터넷에서 주식 시세 정보를 가져와서 ESP32의 디스플레이에 실시간으로 표시하는 방법을 다룰 것입니다. 주식 투자에 관심이 있는 분들에게 유용한 정보를 제공할 수 있습니다.

❾ **비트코인 시세 표시**: 비트코인 시세를 실시간으로 모니터링하고 ESP32를 통해 시세 정보를 표시하는 방법을 다룰 것입니다. 가상화폐 시장을 관찰하고 투자 결정을 돕는 데 사용할 수 있습니다.

이 챕터를 통해 여러분은 ESP32를 활용하여 다양한 사물인터넷 응용 프로그램을 개발할 수 있는 역량을 키우게 될 것입니다. 이러한 기술은 미래의 스마트한 환경과 연결되어 더 편리하고 지능적인 삶을 만드는 데 중요한 역할을 할 것입니다.

05 _ 1 블루투스 통신

블루투스(Bluetooth)는 무선 통신 기술의 표준 중 하나로, 짧은 거리에서 데이터를 무선으로 전송하고 연결하는 기술입니다. 간단하게 설명하면,

❶ **작동 원리**: 블루투스 기술은 무선 통신을 통해 다양한 디지털 기기 간에 데이터를 주고받을 수 있게 합니다. 블루투스 장치는 특정 무선 주파수 대역에서 통신하며, 주로 2.4GHz 주파수 대역에서 작동합니다.

❷ **응용 분야**: 블루투스는 스마트폰, 헤드셋, 무선 스피커, 키보드, 마우스, 스마트워치, 자동차 핸즈프리 시스템, 음악 스트리밍 장치, 의료 기기, 스마트 홈 장치 및 다양한 전자 기기에서 사용됩니다.

❸ **특징**: 블루투스는 짧은 거리에서 무선 통신을 제공하며, 저전력 모드와 고속 데이터 전송 모드를 지원하여 다양한 응용 분야에 적합합니다. 또한 블루투스 장치는 간편한 페어링(process of making a connection between two Bluetooth devices) 과정을 통해 서로 연결할 수 있습니다.

❹ **버전**: 블루투스 기술은 여러 버전이 존재하며, 각 버전마다 더 높은 전송 속도, 더 낮은 에너지 소비, 더 긴 범위 등의 개선 사항이 있습니다. 현재는 Bluetooth 5가 가장 널리 사용되고 있습니다.

블루투스 기술은 무선 연결을 통해 디지털 기기 간에 편리한 데이터 공유와 제어를 제공하므로 현대적인 디지털 생활에서 빠질 수 없는 중요한 기술 중 하나입니다.

다음의 회로를 구성합니다.

회로

부품핀	ESP32핀
LED1	15
LED2	2

브레드보드를 이용한 회로연결

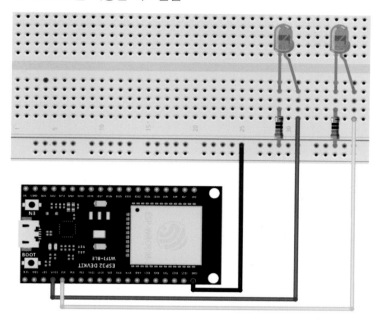

LED1번은 15번핀, LED2번은 2번핀에 연결합니다. 저항은 220옴을 사용합니다.

ESP32 사물인터넷 보드를 이용한 회로연결

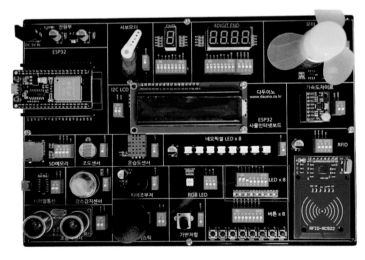

[LED x 8] 의 선택 스위치를 위쪽방향(ON)으로 선택합니다. 나머지 선택스위치는 아랫방향(OFF)
로 선택합니다.

블루투스 통신으로 데이터 주고받기

ESP32에는 내장기능으로 블루투스 통신을 지원합니다. 블루투스 통신으로 스마트폰과 데이터를 주고받는 방법에 대해서 알아봅니다.

main5-1-1.py

```python
01    from machine import Pin
02    from machine import Timer
03    import time
04    import bluetooth
05
06    BLE_MSG =""
07
08    class Esp32Ble():
09        def __init__(self, name):
10            self.timer1 = Timer(0)
11            self.name = name
12            self.ble = bluetooth.BLE()
13            self.ble.active(True)
14            self.ble.config(gap_name=name)
15            self.disconnected()
16            self.ble.irq(self.ble_irq)
17            self.register()
18            self.ble.gatts_write(self.rx, bytes(100))
19            self.advertiser()
20
21        def connected(self):
22            self.timer1.deinit()
23            print("connected")
24
25        def disconnected(self):
26            self.timer1.init(period=100, mode=Timer.PERIODIC, callback=lambda t:
print("disconnected"))
27
28        def ble_irq(self, event, data):
29            global BLE_MSG
30            if event ==1: #_IRQ_CENTRAL_CONNECT
31                self.connected()
32            elif event ==2: #_IRQ_CENTRAL_DISCONNECT
33                self.advertiser()
34                self.disconnected()
35            elif event ==3: #_IRQ_GATTS_WRITE
36                buffer =self.ble.gatts_read(self.rx)
37                BLE_MSG = buffer.decode('UTF-8').strip()
38
39        def register(self):
40            service_uuid = '6E400001-B5A3-F393-E0A9-E50E24DCCA9E'
41            reader_uuid = '6E400002-B5A3-F393-E0A9-E50E24DCCA9E'
42            sender_uuid = '6E400003-B5A3-F393-E0A9-E50E24DCCA9E'
43
```

```
44                 services = (
45                     (
46                             bluetooth.UUID(service_uuid),
47                             (
48                                     (bluetooth.UUID(sender_uuid), bluetooth.FLAG_NOTIFY),
49                                     (bluetooth.UUID(reader_uuid), bluetooth.FLAG_WRITE),
50                             )
51                     ),
52                 )
53
54                 ((self.tx, self.rx,), ) =self.ble.gatts_register_services(services)
55
56         def send(self, data):
57                 self.ble.gatts_notify(0, self.tx, data +'\n')
58
59         def advertiser(self):
60                 adv_name = bytes(self.name, 'UTF-8')
61                 adv_data = bytearray(b'\x02\x01\x02') + bytearray((len(adv_name) +1, 0x09)) + adv_name
62                 self.ble.gap_advertise(100, adv_data)
63                 print(adv_data)
64                 print("\r\n")
65
66
67     ble = Esp32Ble("ESP32BLE")
68
69     while True:
70         if BLE_MSG == 'hello':
71             print(BLE_MSG)
72             BLE_MSG =""
73             ble.send('hi')
```

04   'bluetooth' 모듈을 가져옵니다.

05   'BLE_MSG' 라는 빈 문자열을 생성합니다.

08~19 'Esp32Ble' 클래스를 정의합니다. 이 클래스는 ESP32 기반 블루투스 BLE 통신을 처리합니다. 초기화 메서드('__init__')에서 블루투스 BLE를 설정하고 초기화합니다.

21~24 'connected' 메서드는 연결이 성립될 때 호출되며 "connected"를 출력합니다.

25~26 'disconnected' 메서드는 연결이 끊길 때 호출되며 "disconnected"를 주기적으로 출력하는 타이머를 설정합니다.

28~38 'ble_irq' 메서드는 BLE 이벤트를 처리하는 콜백입니다. 중요한 이벤트에 따라 연결 및 끊김 상태를 처리하고 BLE 메시지를 수신합니다.

39~54 'register' 메서드에서는 BLE 서비스 및 특성을 등록합니다. 서비스 UUID와 특성(UUID 및 플래그)을 설정하고 서비스를 등록합니다.

56~58 'send' 메서드는 데이터를 BLE 특성을 통해 보냅니다. 데이터를 인코딩하고 특성을 통해 알림을 보냅니다.

59~65 'advertiser' 메서드에서는 BLE 장치를 광고합니다. 장치 이름을 포함한 광고 데이터를 설정하고 광고를 시작합니다.

67   'Esp32Ble' 클래스의 인스턴스 'ble'를 생성합니다.

69~73 무한 루프에서 'BLE_MSG'가 "hello"인 경우 "hello"를 출력하고 'ble.send('hi')'를 호출하여 "hi" 메시지를 보냅니다. 이 루프는 BLE 메시지를 주시하고 특정 메시지를 수신하면 응답하는 역할을 합니다.

[◐ 현재 스크립트 실행] 아이콘을 클릭하여 코드를 실행합니다.

ESP32를 사용하여 블루투스 BLE 통신을 설정하고 메시지를 주고받는 데 사용됩니다. ESP32는 "hello" 메시지를 수신하면 "hi" 메시지를 보내는 역할을 합니다.

블루투스 통신으로 데이터를 수신받기 위해서는 안드로이드 스마트폰의 플레이스토어에서 "시리얼 통신"을 검색 후 Serial Blutooth Terminal 앱을 설치합니다.

스마트폰의 블루투스를 켠다음 진행합니다. [… 설정]을 클릭한 다음 [Devices]부분을 클릭합니다.

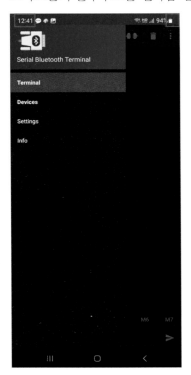

Blutooth LE 탭에서 [SCAN]을 클릭하여 주변 블루투스를 스캔한 다음 [BT05] 또는 [BLE1] 등의
이름을 찾아 클릭하여 접속합니다.

블루투스 통신을 이용하여 아두이노가 전송한 데이터를 스마트폰에서는 수신 받았습니다.

블루투스 통신으로 LED 제어하기

블루투스 통신으로 LED를 제어하는 방법에 대해서 알아봅니다.

---

main5-1-2.py

```
01    from machine import Pin
02    from machine import Timer
03    import time
04    import bluetooth
05
06    BLE_MSG =""
07
08    class Esp32Ble():
09        def __init__(self, name):
10            self.timer1 = Timer(0)
11            self.name = name
12            self.ble = bluetooth.BLE()
13            self.ble.active(True)
14            self.ble.config(gap_name=name)
15            self.disconnected()
16            self.ble.irq(self.ble_irq)
17            self.register()
18            self.ble.gatts_write(self.rx, bytes(100))
19            self.advertiser()
20
21        def connected(self):
22            self.timer1.deinit()
23            print("connected")
24
25        def disconnected(self):
26            self.timer1.init(period=100, mode=Timer.PERIODIC, callback=lambda t:
      print("disconnected"))
27
28        def ble_irq(self, event, data):
29            global BLE_MSG
30            if event ==1: #_IRQ_CENTRAL_CONNECT
31                self.connected()
32            elif event ==2: #_IRQ_CENTRAL_DISCONNECT
33                self.advertiser()
34                self.disconnected()
35            elif event ==3: #_IRQ_GATTS_WRITE
36                buffer =self.ble.gatts_read(self.rx)
37                BLE_MSG = buffer.decode('UTF-8 ').strip()
38
39        def register(self):
40            service_uuid = ' 6E400001-B5A3-F393-E0A9-E50E24DCCA9E '
41            reader_uuid = ' 6E400002-B5A3-F393-E0A9-E50E24DCCA9E '
42            sender_uuid = ' 6E400003-B5A3-F393-E0A9-E50E24DCCA9E '
43
44            services = (
45                (
47                    (
48                        (bluetooth.UUID(sender_uuid), bluetooth.FLAG_NOTIFY),
```

```
49                                    (bluetooth.UUID(reader_uuid), bluetooth.FLAG_WRITE),
50                          )
51                      ),
52                  )

54              ((self.tx, self.rx,), ) =self.ble.gatts_register_services(services)

56        def send(self, data):
57              self.ble.gatts_notify(0, self.tx, data +'\n')

59        def advertiser(self):
60              adv_name = bytes(self.name, 'UTF-8')
61              adv_data = bytearray(b ' \x02\x01\x02') + bytearray((len(adv_name) +1, 0x09)) + adv_name
62              self.ble.gap_advertise(100, adv_data)
63              print(adv_data)
64              print("\r\n")


67    led1=Pin(15,Pin.OUT)
68    led2=Pin(2,Pin.OUT)

70    ble = Esp32Ble("ESP32BLE")

72    while True:
73        if BLE_MSG:
74              read_msg = BLE_MSG
75              print(BLE_MSG)
76              BLE_MSG =""

78              if "led1=on"in read_msg:
79                    ble.send('led1 on')
80                    led1.on()
81              elif "led1=off"in read_msg:
82                    ble.send('led1 off')
83                    led1.off()
84              elif "led2=on"in read_msg:
85                    ble.send('led2 on')
86                    led2.on()
87              elif "led2=off"in read_msg:
88                    ble.send('led2 off')
89                    led2.off()
```

73 만약 'BLE_MSG'에 메시지가 있는 경우 다음 동작을 수행합니다.

74 'read_msg'에 'BLE_MSG'의 내용을 복사합니다.

75 받은 메시지를 출력합니다.

76 'BLE_MSG'를 초기화하여 이전 메시지를 지웁니다.

78-89 'read_msg'를 기반으로 LED를 제어합니다.

78-79 만약 "led1=on"이라는 메시지를 받으면 "led1 on" 메시지를 보내고 'led1'을 켭니다.

81-82 만약 "led1=off"이라는 메시지를 받으면 "led1 off" 메시지를 보내고 'led1'을 끕니다.

84-85 만약 "led2=on"이라는 메시지를 받으면 "led2 on" 메시지를 보내고 'led2'를 켭니다.

87-88 만약 "led2=off"이라는 메시지를 받으면 "led2 off" 메시지를 보내고 'led2'를 끕니다.

[▶ 현재 스크립트 실행] 아이콘을 클릭하여 코드를 실행합니다.

블루투스 BLE 통신을 통해 메시지를 주고받아 LED를 제어하는 예제입니다.

05 _ 2 WIFI 통신

Wi-Fi(무선 로컬 영역 네트워크) 통신은 무선 레이디오 파장을 사용하여 디지털 기기 간에 데이터를 무선으로 전송하는 기술입니다. Wi-Fi는 일반적으로 인터넷에 연결하거나 로컬 네트워크에서 데이터를 공유하는 데 사용됩니다.

❶ 작동 원리: Wi-Fi는 라우터 또는 액세스 포인트를 통해 무선 신호를 발생시키고, 이 신호를 Wi-Fi 지원 장치 (예: 스마트폰, 노트북, 태블릿, 스마트 홈 기기)가 수신하여 데이터를 주고받습니다. Wi-Fi 신호는 2.4GHz 또는 5GHz 주파수 대역에서 작동하며, 고속 데이터 전송을 지원합니다.

❷ 응용 분야: Wi-Fi는 주로 인터넷에 연결하거나 로컬 네트워크에서 데이터를 공유하는 데 사용됩니다. 집, 회사, 학교, 카페, 공공 장소 등 다양한 장소에서 무선 인터넷 접속을 제공하고, 스마트폰, 노트북, 스마트 TV, 스마트 홈 기기 등 다양한 디바이스를 연결하는 데 사용됩니다.

❸ 특징: Wi-Fi는 무선 통신을 통해 빠르고 편리한 인터넷 접속을 제공합니다. 또한 다수의 장치를 동시에 연결하고, 무선으로 데이터를 전송하고 받을 수 있습니다. Wi-Fi의 성능은 라우터의 종류, 거리 및 장애물의 유무에 따라 다를 수 있습니다.

❹ 보안: Wi-Fi 네트워크는 보안을 위해 암호화 및 액세스 제어를 사용할 수 있습니다. WPA2 또는 WPA3와 같은 보안 프로토콜을 사용하여 네트워크를 보호할 수 있습니다.

Wi-Fi는 현대적인 컴퓨팅과 무선 통신의 핵심 기술 중 하나이며, 무선 인터넷 접속을 가능하게 하여 다양한 디지털 기기 간에 데이터를 손쉽게 공유하고 웹 브라우징, 스트리밍, 온라인 게임 및 다른 온라인 활동을 지원합니다.

WIFI 스캔을 통해 주변 WIFI 찾기

ESP32에는 2.4GHz의 WIFI 기능이 내장되어 있습니다. wifi를 스캔하여 주변 wifi를 찾는 방법을 알아봅니다.

main5-2-1.py

```
01    print("Scanning for WiFi networks, please wait...")
02    print("")
03
04    import network
05    sta_if = network.WLAN(network.STA_IF)
06    sta_if.active(True)
07
08    authmodes = ['Open', 'WEP', 'WPA-PSK''WPA2-PSK4', 'WPA/WPA2-PSK']
09    for (ssid, bssid, channel, RSSI, authmode, hidden) in sta_if.scan():
10     print("* {:s}".format(ssid))
11     print(" - Auth: {} {}".format(authmodes[authmode], '(hidden)'if hidden else ''))
12     print(" - Channel: {}".format(channel))
13     print(" - RSSI: {}".format(RSSI))
14     print(" - BSSID: {:02x}:{:02x}:{:02x}:{:02x}:{:02x}:{:02x}".format(*bssid))
15     print()
```

04 'network' 모듈을 가져옵니다.

05 'sta_if' 변수에 'network.WLAN(network.STA_IF)'을 할당하여 Station 모드(클라이언트 모드)의 Wi-Fi 인터페이스를 만듭니다.

06 'sta_if' 인터페이스를 활성화합니다.

08 'authmodes' 변수에 다양한 인증 모드(authentication mode)를 문자열 리스트로 정의합니다.

09: 'sta_if.scan()' 메서드를 사용하여 주변 Wi-Fi 네트워크를 스캔하고 스캔 결과를 순회합니다.

10~15 각 Wi-Fi 네트워크에 대한 정보를 출력합니다.

10 SSID (네트워크 이름)를 출력합니다.

11 인증 모드를 출력하며, 'authmodes' 리스트에서 해당 모드를 가져오고, 네트워크가 숨겨진(hidden) 경우 "(hidden)"을 표시합니다.

12 채널 번호를 출력합니다.

13 RSSI (신호 강도)를 출력합니다.

14 BSSID (기본 서비스 식별자)를 출력하며, BSSID는 MAC 주소 형태로 표시됩니다.

15 각 네트워크 정보 사이에 빈 줄을 출력하여 구분합니다.

[◉ 현재 스크립트 실행] 아이콘을 클릭하여 코드를 실행합니다. 주변 Wi-Fi 네트워크를 스캔하여 정보를 확인하는 데 사용됩니다. 검색된 주변의 WIFI의 정보가 출력됩니다.

WIFI 연결하기

ESP32를 이용하여 wifi에 연결하는 방법을 알아봅니다.

ssid와 password는 자신의 wifi 환경의 값을 입력합니다. 2.4GHz 대역의 wifi만 연결이 가능합니다.

main5-2-2.py

```
01    import network
02    import time
03
04    ssid ="daduino"
05    password ="12345678"
06
07    def wifi_connect():
08        wlan = network.WLAN(network.STA_IF)
09        wlan.active(True)
10
11        if not wlan.isconnected():
12            print("Connecting to network...")
13            wlan.connect(ssid, password)
14
15            while not wlan.isconnected():
16                time.sleep_ms(300)
17
18            print("Connected to network:", wlan.ifconfig())
19            return True
20        else:
21            print("Already connected to network:", wlan.ifconfig())
22            return True
23
24    if wifi_connect():
25        pass
```

01 'network' 모듈을 가져옵니다.

02 'time' 모듈을 가져옵니다.

04~05 연결하려는 Wi-Fi 네트워크의 SSID와 비밀번호를 정의합니다. 여기서는 예제로 "daduino" SSID와 "12345678" 비밀번호를 사용합니다. 실제로 연결하려는 네트워크의 정보로 바꿔야 합니다.

07-23 'wifi_connect' 함수를 정의합니다. 이 함수는 Wi-Fi 네트워크에 연결하고 연결 상태를 확인합니다.

08 'network.WLAN(network.STA_IF)'을 사용하여 Station 모드(클라이언트 모드)의 Wi-Fi 인터페이스를 생성합니다.

09 Wi-Fi 인터페이스를 활성화합니다.

11 만약 이미 Wi-Fi에 연결되어 있다면, 연결된 상태를 출력하고 함수를 종료합니다.

13 만약 Wi-Fi에 연결되어 있지 않다면, 지정한 SSID와 비밀번호로 연결을 시도합니다.

15~16 연결이 완료될 때까지 대기하고 0.3초씩 쉽니다.

18 연결이 성공하면 연결된 네트워크의 구성 정보를 출력하고 'True'를 반환합니다.

20~21 이미 연결된 상태이면 연결된 네트워크의 구성 정보를 출력하고 'True'를 반환합니다.

24 'wifi_connect' 함수를 호출하여 Wi-Fi에 연결을 시도합니다.

[◉ 현재 스크립트 실행] 아이콘을 클릭하여 코드를 실행합니다.

SSID와 비밀번호로 Wi-Fi 네트워크에 연결하였습니다. 연결 완료 후 연결된 정보가 출력됩니다.

WIFI 고정 IP 설정하기

wifi를 연결시에 고정 IP를 설정하는 방법에 대해서 알아봅니다.

main5-2-3.py

```
01    import network
02    import time
03
04    ssid ="daduino"
05    password ="123456789"
06    static_ip ="192.168.137.150" # 원하는 고정 IP 주소 설정
07    subnet_mask ="255.255.255.0" # 서브넷 마스크 설정
08    gateway ="192.168.137.1" # 게이트웨이 설정
09    dns_server ="8.8.8.8" # DNS 서버 설정
10
11    def wifi_connect():
12        wlan = network.WLAN(network.STA_IF) # STA 모드 설정
13        wlan.active(True) # WiFi 활성화
14
15        if not wlan.isconnected():
16            print("Connecting to network...")
17            wlan.active(True) # WiFi 활성화
18            wlan.config(dhcp_hostname="my-esp32") # DHCP 호스트 이름 설정
19            wlan.ifconfig((static_ip, subnet_mask, gateway, dns_server)) # IP 주소 설정
20            wlan.connect(ssid, password) # WiFi에 연결
21
22            while not wlan.isconnected():
23                time.sleep_ms(300)
24
25            print("Connected to network:", wlan.ifconfig())
26            return True
27        else:
```

```
28              print("Already connected to network:", wlan.ifconfig())
29              return True
30
31    if wifi_connect():
32          pass
```

11~29 'wifi_connect' 함수를 정의합니다. 이 함수는 Wi-Fi 네트워크에 연결하고 연결 상태를 확인하며 고정 IP 주소를 할
        당합니다.

[◉ 현재 스크립트 실행] 아이콘을 클릭하여 코드를 실행합니다.

주어진 SSID와 비밀번호로 Wi-Fi 네트워크에 연결하고 고정 IP 주소를 할당하는 함수를 제공합니다.

이렇게 하면 MicroPython 기반 장치에서 특정 IP 주소를 사용하여 네트워크에 연결할 수 있습니다.

WIFI AP 모드로 변경하기

wifi를 AP 모드로 사용하는 방법에 대해서 알아봅니다.

main5-2-4.py

```
01    import network
02    import time
03
04    ap_ssid ="MyESP32AP"
05    ap_password ="123456789"
06
07    def wifi_ap_mode():
08          ap = network.WLAN(network.AP_IF)
09          ap.active(True)
10          ap.config(essid=ap_ssid, password=ap_password)
11
12    wifi_ap_mode()
```

04~05 생성할 액세스 포인트(AP)의 SSID와 비밀번호를 정의합니다. 이 예제에서는 "MyESP32AP" SSID와 "123456789"
        비밀번호를 사용합니다.
07~12 'wifi_ap_mode' 함수를 정의합니다. 이 함수는 ESP32를 AP 모드로 설정하고 지정된 SSID와 비밀번호를 사용하여
        AP를 시작합니다.
08   'network.WLAN(network.AP_IF)'을 사용하여 AP 모드의 Wi-Fi 인터페이스를 생성합니다.
09   AP 인터페이스를 활성화합니다.
10   'ap.config()'를 사용하여 AP의 기본 설정을 구성합니다. 여기서는 SSID와 비밀번호를 설정합니다.
12   'wifi_ap_mode' 함수를 호출하여 ESP32를 AP 모드로 설정하고 AP를 시작합니다.

[◉ 현재 스크립트 실행] 아이콘을 클릭하여 코드를 실행합니다.

ESP32를 액세스 포인트(AP)로 설정하여 외부 장치가 해당 네트워크에 연결할 수 있게 합니다. 설
정한 SSID와 비밀번호를 사용하여 액세스 포인트에 연결할 수 있습니다.

ESP32장치가 공유기에 연결하는 형태가 아닌 ESP32가 AP가 되어 다른 장치에서 ESP32로 접속이
가능합니다.

05 _ 3 인터넷 시간 표시

NTP(Network Time Protocol)는 컴퓨터 네트워크에서 정확한 시간을 동기화하기 위한 표준 프로토콜입니다. NTP를 사용하여 인터넷 시간을 동기화할 때, 컴퓨터나 네트워크 디바이스는 인터넷을 통해 시간 서버로부터 정확한 시간 정보를 받아와 자체 시계를 조절합니다. 간단하게 설명하면,

❶ 작동 원리: NTP는 전 세계의 다양한 시간 서버와 통신하여 정확한 시간 정보를 받아옵니다. 이 정보를 사용하여 컴퓨터나 네트워크 디바이스의 시계를 조정하고 정확한 시간을 유지합니다.

❷ 응용 분야: NTP는 네트워크에서 정확한 시간을 필요로 하는 다양한 분야에서 사용됩니다. 예를 들어, 웹 서버, 데이터베이스 서버, 보안 시스템, 로그 기록 및 타임 스탬프 등에서 정확한 시간 동기화가 중요합니다.

❸ 특징: NTP는 정밀한 시간 동기화를 지원하며, 미세한 시간 오차를 최소화합니다. 이를 통해 네트워크에서 정확한 시간을 유지하고 다양한 디바이스 간의 시간 동기화를 가능하게 합니다.

❹ 시간 서버: NTP 시간 서버는 정확한 시간 정보를 제공하는 역할을 합니다. 전 세계에는 공개적으로 사용 가능한 NTP 서버와 기업 및 정부 기관 등이 운영하는 NTP 서버가 있습니다.

NTP를 사용하여 인터넷 시간을 동기화하면 네트워크에서 일관된 시간을 유지할 수 있으며, 데이터 분석, 보안, 트랜잭션 기록 및 다른 시간에 민감한 작업에 유용합니다.

NTP 서버에 접속하여 시간받기

ESP32에서 인터넷에 접속하여 NTP 서버에서 시간을 받아 출력하는 방법에 대해서 알아봅니다.

main5-3-1.py

```
01    import network
02    import time
03    import ntptime # ntptime 모듈을 추가합니다.
04
05    ssid ="daduino"
06    password ="123456789"
07
08    def wifi_connect():
09        wlan = network.WLAN(network.STA_IF)
10        wlan.active(True)
11
12        if not wlan.isconnected():
13            print("Connecting to network...")
14            wlan.connect(ssid, password)
15
16            while not wlan.isconnected():
```

```
17                      time.sleep_ms(300)
18
19              print("Connected to network:", wlan.ifconfig())
20              return True
21        else:
22              print("Already connected to network:", wlan.ifconfig())
23              return True
24
25    def set_time_from_ntp():
26        try:
27              ntptime.settime() # NTP 서버에서 시간을 가져옵니다.
28              print("Time synchronized with NTP")
29        except Exception as e:
30              print("Failed to synchronize time with NTP:", str(e))
31
32    if wifi_connect():
33        set_time_from_ntp() # NTP 시간을 설정합니다.
34        print(time.localtime())
```

25~31 'set_time_from_ntp' 함수를 정의합니다. 이 함수는 NTP 서버에서 시간을 가져와 MicroPython의 내장 시간을 설정합니다.

27 'ntptime.settime()'을 호출하여 NTP 서버에서 시간을 가져와 시간을 설정합니다.

28 시간을 NTP와 동기화했음을 출력합니다.

29 예외가 발생하면 동기화 실패 메시지를 출력합니다.

32 'wifi_connect' 함수를 호출하여 Wi-Fi에 연결을 시도합니다.

33 Wi-Fi에 연결된 경우, 'set_time_from_ntp' 함수를 호출하여 NTP 시간을 설정합니다.

34 현재 로컬 시간을 출력합니다.

[◉ 현재 스크립트 실행] 아이콘을 클릭하여 코드를 실행합니다.

ESP32 장치를 사용하여 Wi-Fi 네트워크에 연결하고 NTP를 통해 시간을 동기화하는 예제입니다.

```
쉘 ×
>>> %Run -c $EDITOR_CONTENT

 MPY: soft reboot
 Already connected to network: ('192.168.137.
 Time synchronized with NTP
 (2023, 9, 18, 4, 41, 49, 0, 261)

>>>
```

시간을 표시하기

시간을 표시하는 방법에 대해서 알아봅니다.

---

main5-3-2.py

```
01      import network
02      import time
03      import ntptime
04
05      ssid ="daduino"
06      password ="123456789"
07
08      def wifi_connect():
09          wlan = network.WLAN(network.STA_IF)
10          wlan.active(True)
11
12          if not wlan.isconnected():
13              print("Connecting to network...")
14              wlan.connect(ssid, password)
15
16              while not wlan.isconnected():
17                  time.sleep_ms(300)
18
19              print("Connected to network:", wlan.ifconfig())
20              return True
21          else:
22              print("Already connected to network:", wlan.ifconfig())
23              return True
24
25      def set_time_from_ntp():
26          try:
27              ntptime.settime() # NTP 서버에서 시간을 가져옵니다.
28              print("Time synchronized with NTP")
29          except Exception as e:
30              print("Failed to synchronize time with NTP:", str(e))
31
32      if wifi_connect():
33          set_time_from_ntp() # NTP 시간을 설정합니다.
34
35      while True:
36          rtc_time = time.localtime()
37          formatted_time ="{}-{:02d}-{:02d} {:02d}:{:02d}:{:02d}".format(
38              rtc_time[0], rtc_time[1], rtc_time[2], rtc_time[3], rtc_time[4], rtc_time[5]
39          )
40          print("Current Time:", formatted_time)
41          time.sleep(1)
```

35~41 무한 루프에서 현재 시간을 주기적으로 출력합니다.

[▶ 현재 스크립트 실행] 아이콘을 클릭하여 코드를 실행합니다.

NTP를 통해 시간을 동기화한 다음 현재 시간을 주기적으로 출력합니다.

```
셸 ×
>>> %Run -c $EDITOR_CONTENT

 MPY: soft reboot
 Already connected to network: ('192.16
 Time synchronized with NTP
 Current Time: 2023-09-18 04:42:14
 Current Time: 2023-09-18 04:42:15
 Current Time: 2023-09-18 04:42:16
```

+9시간을 더해 한국시간으로 표시하기

시간이 9시간 작습니다. +9시간을 더해 한국시간으로 표시하는 방법에 대해서 알아봅니다.

main5-3-3.py

```python
01    import network
02    import utime
03    import ntptime
04
05    ssid ="daduino"
06    password ="123456789"
07
08    def wifi_connect():
09        wlan = network.WLAN(network.STA_IF)
10        wlan.active(True)
11
12        if not wlan.isconnected():
13            print("Connecting to network...")
14            wlan.connect(ssid, password)
15
16            while not wlan.isconnected():
17                utime.sleep_ms(300)
18
19            print("Connected to network:", wlan.ifconfig())
20            return True
21        else:
22            print("Already connected to network:", wlan.ifconfig())
23            return True
24
25    def set_time_from_ntp():
26        try:
27            ntptime.settime() # NTP 서버에서 시간을 가져옵니다.
28            print("Time synchronized with NTP")
29        except Exception as e:
30            print("Failed to synchronize time with NTP:", str(e))
```

```
31
32      if wifi_connect():
33          set_time_from_ntp() # NTP 시간을 설정합니다.
34
35      while True:
36          current_time_utc = utime.localtime() # UTC 현재 시간 가져오기
37          current_time_kst = (current_time_utc[0],
38                                              current_time_utc[1],
39                                              current_time_utc[2] + (current_time_utc[3] +9) //24,
40                                              (current_time_utc[3] +9) % 24,
41                                              current_time_utc[4],
42                                              current_time_utc[5]) # KST로 변환
43
44          formatted_time ="{}-{:02d}-{:02d} {:02d}:{:02d}:{:02d}".format(
45              current_time_kst[0], current_time_kst[1], current_time_kst[2],
46              current_time_kst[3], current_time_kst[4], current_time_kst[5]
47          )
48          print("Current Time (KST):", formatted_time)
49          utime.sleep(1) # 1초 대기 후 다음 시간을 출력합니다.
```

37~42 UTC 현재 시간을 기반으로 KST(한국 표준시)로 시간을 변환합니다. UTC 시간에 9시를 더하고 24로 나눈 나머지를 시간으로 설정하여 KST로 변환합니다.

44~47 현재 시간을 포맷팅하여 "년-월-일 시:분:초" 형식으로 출력합니다.

49 1초 동안 대기한 후 다음 시간을 출력합니다.

[● 현재 스크립트 실행] 아이콘을 클릭하여 코드를 실행합니다.

NTP를 통해 시간을 동기화한 다음 현재 시간에서 +9시간을 더해 한국시간으로 표시하고 있습니다.

```
셸 ×
>>> %Run -c $EDITOR_CONTENT

 MPY: soft reboot
 Already connected to network: ('192.168.137.
 Time synchronized with NTP
 Current Time (KST): 2023-09-18 13:42:36
 Current Time (KST): 2023-09-18 13:42:37
 Current Time (KST): 2023-09-18 13:42:38
```

05 _ 4 날씨 표시

기상청 RSS를 이용하여 날씨 정보를 읽어와 출력하는 방법에 대해서 알아봅니다.

기상청 RSS 접속

구글에서 "기강청 RSS"를 검색 후 아래 사이트에 접속합니다.

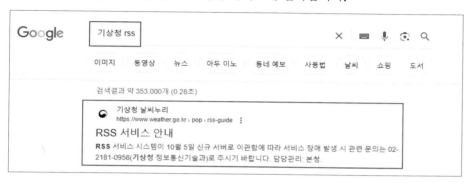

동네예보 〉 시간별 예보에서 원하는 지역을 선택한 다음 [3시간별 RSS]를 클릭합니다.

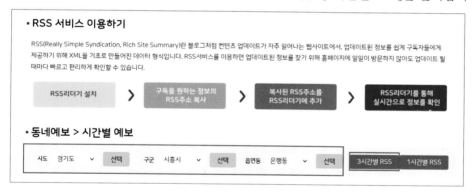

팝업으로 주소가 나옵니다. Ctrl + C 를 눌러 복사해둡니다.

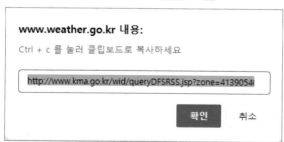

주소에 접속하면 예보를 확인 할 수 있습니다. XML 형태의 데이터입니다.

This XML file does not appear to have any style information associated with it. The document tree is shown b

```
▼<rss version="2.0">
  ▼<channel>
    <title>기상청 동네예보 웹서비스 - 경기도 시흥시 은행동 도표예보</title>
    <link>http://www.kma.go.kr/weather/main.jsp</link>
    <description>동네예보 웹서비스</description>
    <language>ko</language>
    <generator>동네예보</generator>
    <pubDate>2023년 09월 18일 (월)요일 14:00</pubDate>
  ▼<item>
    <author>기상청</author>
    <category>경기도 시흥시 은행동</category>
    <title>동네예보(도표) : 경기도 시흥시 은행동 [X=57,Y=124]</title>
    <link>http://www.kma.go.kr/weather/forecast/timeseries.jsp?searchType=INTEREST&dongCode=4139054000</link>
    <guid>http://www.kma.go.kr/weather/forecast/timeseries.jsp?searchType=INTEREST&dongCode=4139054000</guid>
  ▼<description>
    ▼<header>
      <tm>202309181400</tm>
      <ts>4</ts>
      <x>57</x>
      <y>124</y>
    </header>
    ▼<body>
      ▼<data seq="0">
        <hour>18</hour>
        <day>0</day>
        <temp>25.0</temp>
        <tmx>-999.0</tmx>
        <tmn>-999.0</tmn>
        <sky>1</sky>
        <pty>0</pty>
        <wfKor>맑음</wfKor>
        <wfEn>Clear</wfEn>
        <pop>10</pop>
        <r12>0.0</r12>
        <s12>0.0</s12>
        <ws>2.2</ws>
        <wd>5</wd>
        <wdKor>남서</wdKor>
        <wdEn>SW</wdEn>
        <reh>75</reh>
        <r06>0.0</r06>
        <s06>0.0</s06>
      </data>
      ▼<data seq="1">
        <hour>21</hour>
        <day>0</day>
        <temp>22.0</temp>
        <tmx>-999.0</tmx>
        <tmn>-999.0</tmn>
```

⟨temp⟩온도⟨/temp⟩ 로 온도를 확인 할 수 있고 ⟨reh⟩습도⟨/reh⟩로 습도를 확인 할 수 있습니다.

```
▼<data seq="0">
    <hour>18</hour>
    <day>0</day>
    <temp>25.0</temp>
    <tmx>-999.0</tmx>
    <tmn>-999.0</tmn>
    <sky>1</sky>
    <pty>0</pty>
    <wfKor>맑음</wfKor>
    <wfEn>Clear</wfEn>
    <pop>10</pop>
    <r12>0.0</r12>
    <s12>0.0</s12>
    <ws>2.2</ws>
    <wd>5</wd>
    <wdKor>남 서</wdKor>
    <wdEn>SW</wdEn>
    <reh>75</reh>
    <r06>0.0</r06>
    <s06>0.0</s06>
</data>
```

기상청 RSS 접속하여 RSS데이터 받기

복사해둔 주소로 접속하여 RSS데이터를 출력하는 방법에 대해서 알아봅니다.

main5-4-1.py

```python
01    import network
02    import time
03    import urequests
04
05    ssid ="daduino"
06    password ="123456789"
07    url ="http://www.kma.go.kr/wid/queryDFSRSS.jsp?zone=4139054000"
08
09    def wifi_connect():
10        wlan = network.WLAN(network.STA_IF)
11        wlan.active(True)
12
13        if not wlan.isconnected():
14            print("Connecting to network...")
15            wlan.connect(ssid, password)
16
17            while not wlan.isconnected():
18                time.sleep_ms(300)
19
20            print("Connected to network:", wlan.ifconfig())
21            return True
22        else:
23            print("Already connected to network:", wlan.ifconfig())
24            return True
25
26    def main():
27        if wifi_connect():
28            try:
29                response = urequests.get(url)
30                if response.status_code ==200:
31                    print("HTTP GET 요청 성공!")
32                    print("Response:")
33                    print(response.text)
34                else:
35                    print("HTTP GET 요청 실패. 상태 코드:", response.status_code)
36            except Exception as e:
37                print("HTTP GET 요청 중 오류 발생:", e)
38            finally:
39                response.close()
40
41    if __name__ =="__main__":
42        main()
```

07 요청할 URL을 정의합니다. 이 경우, 대한민국 기상청의 날씨 정보를 제공하는 URL을 사용합니다.

09~24 'wifi_connect' 함수를 정의합니다. 이 함수는 Wi-Fi 네트워크에 연결하고 연결 상태를 확인합니다. 이전 설명과 동일합니다.

26~41 'main' 함수를 정의합니다. 이 함수는 메인 로직을 수행합니다.

27 'wifi_connect' 함수를 호출하여 Wi-Fi에 연결을 시도합니다.

29~38 'urequests.get(url)'을 사용하여 지정된 URL로 HTTP GET 요청을 보냅니다.

30 만약 HTTP 응답의 상태 코드가 200인 경우, 요청이 성공했음을 출력합니다.

31~33 HTTP 응답 내용을 출력합니다.

34 HTTP 응답의 상태 코드가 200이 아닌 경우, 요청이 실패하고 상태 코드를 출력합니다.

36~37 HTTP GET 요청 중에 예외가 발생한 경우, 오류 메시지를 출력합니다.

39 'response.close()'를 사용하여 HTTP 응답을 닫습니다.

41 'main' 함수를 호출하여 메인 로직을 실행합니다.

[● 현재 스크립트 실행] 아이콘을 클릭하여 코드를 실행합니다.

기상청 RSS에 접속하여 데이터를 출력하였습니다.

```
쉘 ×
      <wd>1</wd>
      <wdKor>북동</wdKor>
      <wdEn>NE</wdEn>
      <reh>90</reh>
      <r06>0.0</r06>
      <s06>0.0</s06>
    </data>
   </body>
  </description>
  </item>
  </channel>
  </rss>
>>>
```

main()함수를 만들어 동작하는 코드

```python
01    def main():
02        print("메인함수실행")
03
04    if __name__ =="__main__":
05        main()
```

이 코드는 Python 스크립트에서 주로 사용되는 관용적인 코드 구조 중 하나입니다. 간단한 설명은 다음과 같습니다:

01 'main' 함수가 정의되었습니다. 이 함수는 "메인함수실행"이라는 메시지를 출력합니다.

02 코드의 맨 아래에 있는 'if __name__ == "__main__":' 구문은 스크립트를 직접 실행할 때만 'main' 함수를 호출하라는 지시입니다. 즉, 이 스크립트가 다른 스크립트에서 모듈로 임포트될 때는 'main' 함수가 실행되지 않습니다.

이 코드는 스크립트를 실행하면 'main' 함수가 호출되고 "메인함수실행" 메시지가 출력됩니다. 이것은 Python 스크립트를 구조화하고 모듈화하는 데 일반적으로 사용되는 방법 중 하나입니다. 'main' 함수에는 스크립트의 주요 로직을 배치할 수 있으며, 스크립트를 모듈로 사용할 때는 해당 로직이 실행되지 않습니다.

온도 습도 데이터만 출력하기

온도와 습도 데이터만을 분리하여 출력하는 방법을 알아봅니다.

```
main5-4-2.py
01    import network
02    import time
03    import urequests
04
05    ssid ="daduino"
06    password ="123456789"
07    url ="http://www.kma.go.kr/wid/queryDFSRSS.jsp?zone=4139054000"
08
09    def wifi_connect():
10        wlan = network.WLAN(network.STA_IF)
11        wlan.active(True)
12
13        if not wlan.isconnected():
14            print("Connecting to network...")
15            wlan.connect(ssid, password)
16
17            while not wlan.isconnected():
18                time.sleep_ms(300)
19
20            print("Connected to network:", wlan.ifconfig())
21            return True
22        else:
23            print("Already connected to network:", wlan.ifconfig())
24            return True
25
26    def extract_temp_and_reh(xml_text):
27        try:
28            temp_start = xml_text.find("<temp>") +len("<temp>")
29            temp_end = xml_text.find("</temp>", temp_start)
30            temp = xml_text[temp_start:temp_end]
31
32            reh_start = xml_text.find("<reh>") +len("<reh>")
33            reh_end = xml_text.find("</reh>", reh_start)
34            reh = xml_text[reh_start:reh_end]
35
36            return temp, reh
37        except Exception as e:
38            print("Error extracting data from XML:", e)
39            return None, None
40
41    def main():
42        if wifi_connect():
```

```
43              try:
44                      response = urequests.get(url)
45                      if response.status_code ==200:
46                          print("HTTP GET 요청 성공!")
47
48                          temp, reh = extract_temp_and_reh(response.text)
49                          if temp is not None and reh is not None:
50                              print("온도:", temp)
51                              print("습도:", reh)
52                      else:
53                          print("HTTP GET 요청 실패. 상태 코드:", response.status_code)
54              except Exception as e:
55                  print("HTTP GET 요청 중 오류 발생:", e)
56              finally:
57                  response.close()
58
59      if __name__ =="__main__":
60          main()
```

26~40 'extract_temp_and_reh' 함수를 정의합니다. 이 함수는 HTTP 응답의 XML 텍스트에서 온도와 습도 정보를 추출합니다.

48 'extract_temp_and_reh' 함수를 사용하여 온도와 습도 정보를 추출합니다.

49~51 추출된 온도와 습도 정보를 출력합니다.

[● 현재 스크립트 실행] 아이콘을 클릭하여 코드를 실행합니다.

기상청 RSS에 접속하여 온도, 습도 데이터만 분리하여 출력하였습니다.

```
쉘 ×

>>> %Run -c $EDITOR_CONTENT


 MPY: soft reboot
 Already connected to networl
 HTTP GET 요청 성공!
 온도: 25.0
 습도: 75

>>>
```

주기적으로 접속하여 온도 습도 데이터 출력하기

주기적으로 접속하여 온도와 습도 데이터를 출력하는 방법에 대해서 알아봅니다.

main5-4-3.py

```
01    import network
02    import time
03    import urequests
04
05    ssid ="daduino"
06    password ="123456789"
07    polling_interval =10 # 주기적으로 데이터를 가져올 시간(초)
08    url ="http://www.kma.go.kr/wid/queryDFSRSS.jsp?zone=4139054000"
09
10    def wifi_connect():
11        wlan = network.WLAN(network.STA_IF)
12        wlan.active(True)
13
14        if not wlan.isconnected():
15            print("Connecting to network...")
16            wlan.connect(ssid, password)
17
18            while not wlan.isconnected():
19                time.sleep_ms(300)
20
21            print("Connected to network:", wlan.ifconfig())
22            return True
23        else:
24            print("Already connected to network:", wlan.ifconfig())
25            return True
26
27    def extract_temp_and_reh(xml_text):
28        try:
29            temp_start = xml_text.find("<temp>") +len("<temp>")
30            temp_end = xml_text.find("</temp>", temp_start)
31            temp = xml_text[temp_start:temp_end]
32
33            reh_start = xml_text.find("<reh>") +len("<reh>")
34            reh_end = xml_text.find("</reh>", reh_start)
35            reh = xml_text[reh_start:reh_end]
36
37            return temp, reh
38        except Exception as e:
39            print("Error extracting data from XML:", e)
40            return None, None
41
42    def main():
```

```
43        while True: # 무한 루프로 주기적으로 작업을 수행
44            if wifi_connect():
45                try:
46                    response = urequests.get(url)
47                    if response.status_code ==200:
48                        print("HTTP GET 요청 성공!")
49
50                        temp, reh = extract_temp_and_reh(response.text)
51                        if temp is not None and reh is not None:
52                            print("온도:", temp)
53                            print("습도:", reh)
54                    else:
55                        print("HTTP GET 요청 실패. 상태 코드:", response.status_code)
56                except Exception as e:
57                    print("HTTP GET 요청 중 오류 발생:", e)
58                finally:
59                    response.close()
60
61            time.sleep(polling_interval) # 주기적으로 대기
62
63    if __name__ =="__main__":
64        main()
```

43 무한 루프를 시작하여 작업을 주기적으로 수행합니다.

[◉ 현재 스크립트 실행] 아이콘을 클릭하여 코드를 실행합니다.

주기적으로 Wi-Fi 네트워크에 연결하여 날씨 정보를 가져와 출력하는 예제로, 지정된 시간 간격으로 데이터를 업데이트할 수 있습니다.

10초마다 기상청 RSS에 접속하여 데이터를 출력합니다.

```
쉘
>>> %Run -c $EDITOR_CONTENT

 MPY: soft reboot
 Already connected to network
 HTTP GET 요청 성공!
 온도: 25.0
 습도: 75
 Already connected to network
 HTTP GET 요청 성공!
 온도: 25.0
 습도: 75
```

05 _ 5 공공데이터 미세먼지

공공데이터 포털의 정보를 이용하여 미세먼지값을 출력하는 방법에 대해서 알아봅니다.

공공데이터 포탈에서 활용신청 및 데이터 확인하기

공공데이터 포탈 가입 및 활용신청을 해봅니다.

[구글]에서 "공공데이터포털"을 검색하여 공공데이터 포털 사이트에 접속합니다.

또는 https://www.data.go.kr/ 사이트에 바로 접속합니다.

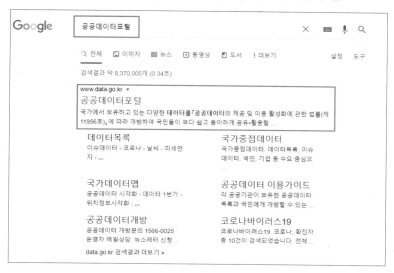

정부에서 운영하는 사이트로 여러 공공데이터를 제공합니다. 회원가입 후 진행합니다.

"대기오염정보"로 검색합니다.

스크롤을 아래로 내려 [한국환경공단_에어코리아_대기오염정보]에서 [활용신청]을 클릭합니다.

활용목적을 적어줍니다.

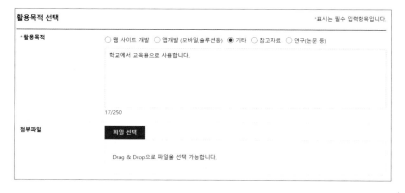

일일 트래픽의 제한이 있어 너무 자주 읽으면 접속이 되지 않습니다.

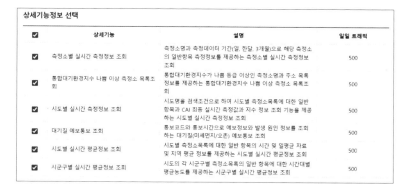

스크롤을 아래로 내려 동의에 체크한 후 [활용신청] 버튼을 클릭합니다.

신청이 완료되었다. 바로 호출되지 않고 1~2시간 후 호출이 가능하다고 출력됩니다. 1~2시간 기다
렸다가 아래를 진행하도록 합니다.

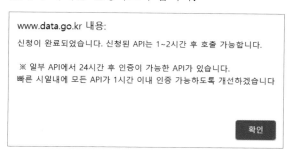

[마이페이지]에서 [활용]을 클릭합니다.

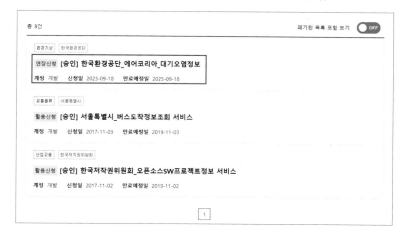

내가 활용한 목록을 확인 할 수 있습니다.

[한국환경공단_에어코리아_대기오염정보]를 클릭합니다.

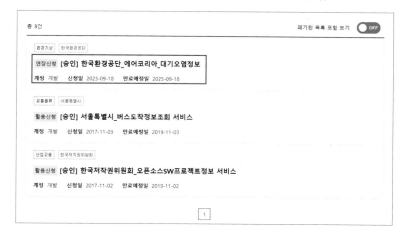

[5.시도별 실시간 측정정보 조회]에서 출력타입을 json으로 변경 후 [미리보기]를 눌러 데이터를 확
인합니다.

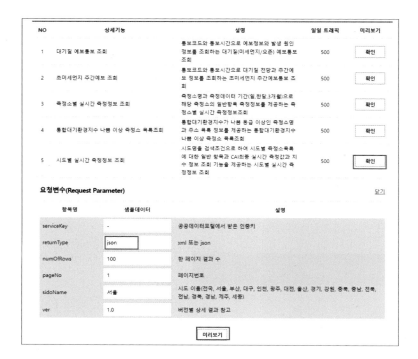

json형식으로 데이터를 확인하였습니다.

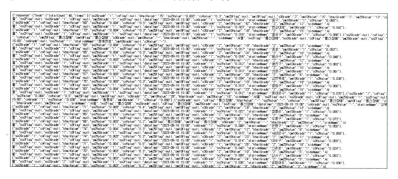

접속 주소를 복사합니다.

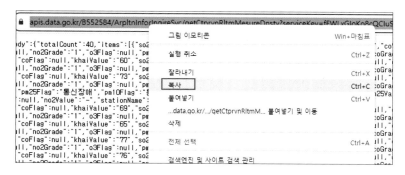

공공데이터 미세먼지 데이터 출력하기

공공데이터에 접속하여 미세먼지 데이터를 출력하는 방법을 알아봅니다.

main5-5-1.py

```
01    import network
02    import time
03    import urequests
04
05    ssid ="daduino"
06    password ="123456789"
07    url ="https://apis.data.go.kr/B552584/ArpltnInforInqireSvc/getCtprvnRltmMesureDnsty?serviceKey=f
FWLxGIoKo8cQCIuS5Is1fVoiKXkdls%2FU5DSGRwzmbiwIBI0nlz5V6jllexlrGLKR9y8wV3E3i0SMPTLtAhyvw%3D%3D&returnType
=json&numOfRows=100&pageNo=1&sidoName=%EC%84%9C%EC%9A%B8&ver=1.0"
08    if url.startswith("https"):
09        url = url.replace("https", "http", 1)
10
11
12    def wifi_connect():
13        wlan = network.WLAN(network.STA_IF)
14        wlan.active(True)
15
16        if not wlan.isconnected():
17            print("Connecting to network...")
18            wlan.connect(ssid, password)
19
20            while not wlan.isconnected():
21                time.sleep_ms(300)
22
23            print("Connected to network:", wlan.ifconfig())
24            return True
25        else:
26            print("Already connected to network:", wlan.ifconfig())
27            return True
28
29    def main():
30        if wifi_connect():
31            try:
32                response = urequests.get(url)
33                if response.status_code ==200:
34                    print("HTTP GET 요청 성공!")
35                    print("Response:")
36                    print(response.text)
37                else:
38                    print("HTTP GET 요청 실패. 상태 코드:", response.status_code)
39            except Exception as e:
40                print("HTTP GET 요청 중 오류 발생:", e)
41
42    if __name__ =="__main__":
43        main()
```

07 데이터를 가져올 웹 서비스의 URL을 설정합니다. 이 URL은 대기 오염 정보를 가져오는 공공 데이터 포털 API에 대한 요청을 나타냅니다.

08~09 URL이 "https"로 시작하면, 첫 번째 "https"를 "http"로 변경합니다. 이것은 보안 연결을 사용하지 않는 HTTP로 요청을 보내도록 하는 것입니다.

[◉ 현재 스크립트 실행] 아이콘을 클릭하여 코드를 실행합니다.

Wi-Fi 네트워크에 연결하고, 공공 데이터 포털 API를 통해 대기 오염 정보를 가져옵니다.

json형태의 미세먼지 데이터를 가져왔습니다.

rade":"1","coFlag":null,"khaiValue":"72","so2Value":"0.003","coValue":"0.3","pm25Flag":null,"pm10Flag":null,"o3Grade":"2","pm10Value":"18","khaiGrade":"2","pm25Value":"7","sidoName":"서울","no2Flag":null,"no2Grade":"1","o3Flag":null,"pm25Grade":"1","so2Flag":null,"dataTime":"2023-09-18 16:00","coGrade":"1","no2Value":"0.014","stationName":"마포구","pm10Grade":"1","o3Value":"0.057"},{"so2Grade":"1","coFlag":null,"khaiValue":"76","so2Value":"0.003","coValue":"0.5","pm25Flag":null,"pm10Flag":null,"o3Grade":"1","pm10Value":"19","khaiGrade":"2","pm25Value":"9","sidoName":"서울","no2Flag":null,"no2Grade":"2","o3Flag":null,"pm25Grade":"1","so2Flag":null,"dataTime":"2023-09-18 16:00","coGrade":"1","no2Value":"0.046","stationName":"신촌로","pm10Grade":"1","o3Value":"0.024"},{"so2Grade":"1","coFlag":null,"khaiValue":"69","so2Value":"0.003","coValue":"0.3","pm25Flag":null,"pm10Flag":null,"o3Grade":"2","pm10Value":"10","khaiGrade":"2","pm25Value":"4","sidoName":"서울","no2Flag":null,"no2Grade":"1","o3Flag":null,"pm25Grade":"1","so2Flag":null,"dataTime":"2023-09-18 16:00","coGrade":"1","no2Value":"0.010","stationName":"강서구","pm10Grade":"1","o3Value":"0.052"},{"so2Grade":"1","coFlag":null,"khaiValue":"55","so2Value":"0.003","coValue":"0.4","pm25Flag":null,"pm10Flag":null,"o3Grade":"2","pm10Value":"22","khaiGrade":"2","pm25Value":"7","sidoName":"서울","no2Flag":null,"no2Grade":"2","o3Flag":null,"pm25Grade":"1","so2Flag":null,"dataTime":"2023-09-18 16:00","coGrade":"1","no2Value":"0.033","stationName":"공항대로","pm10Grade":"1","o3Value":"0.036"},{"so2Grade":"1","coFlag":null,"khaiValue":"62","s

MicroPython (ESP32) · USB Serial @ COM14

json 데이터 분리하여 출력하기

json형식의 데이터에서 원하는 데이터만 분리하여 출력하는 방법을 알아봅니다. 미세먼지 부분을 분리합니다.

main5-5-2.py

```
01    import network
02    import time
03    import urequests
04    import json
05
06    ssid ="daduino"
07    password ="123456789"
08    url ="https://apis.data.go.kr/B552584/ArpltnInforInqireSvc/getCtprvnRltmMesureDnsty?serviceKey=f
FWLxGIoKo8cQCIuS5Is1fVoiKXkdls%2FU5DSGRwzmbiwIBI0nlz5V6jllexlrGLKR9y8wV3E3i0SMPTLtAhyvw%3D%3D&returnType
=json&numOfRows=100&pageNo=1&sidoName=%EC%84%9C%EC%9A%B8&ver=1.0"
09    if url.startswith("https"):
10        url = url.replace("https", "http", 1)
11
12
13    def wifi_connect():
14        wlan = network.WLAN(network.STA_IF)
15        wlan.active(True)
16
17        if not wlan.isconnected():
18            print("Connecting to network...")
19            wlan.connect(ssid, password)
```

```
20
21              while not wlan.isconnected():
22                  time.sleep_ms(300)
23
24              print("Connected to network:", wlan.ifconfig())
25              return True
26          else:
27              print("Already connected to network:", wlan.ifconfig())
28              return True
29
30  def main():
31      if wifi_connect():
32          try:
33              response = urequests.get(url)
34              if response.status_code ==200:
35                  print("HTTP GET 요청 성공!")
36                  data = json.loads(response.text)
37
38                  items = data["response"]["body"]["items"]
39
40                  # 각 항목을 출력
41                  for item in items:
42                      print("시도명:", item["sidoName"])
43                      print("측정소명:", item["stationName"])
44                      print("측정일시:", item["dataTime"])
45                      print("미세먼지(PM10) 농도:", item["pm10Value"])
46                      print("초미세먼지(PM2.5) 농도:", item["pm25Value"])
47                      print("이산화질소(NO2) 농도:", item["no2Value"])
48                      print("오존(O3) 농도:", item["o3Value"])
49                      print("일산화탄소(CO) 농도:", item["coValue"])
50                      print("아황산가스(SO2) 농도:", item["so2Value"])
51                      print("통합대기환경수치(Khai) 농도:", item["khaiValue"])
52                      print("미세먼지(PM10) 등급:", item["pm10Grade"])
53                      print("초미세먼지(PM2.5) 등급:", item["pm25Grade"])
54                      print("이산화질소(NO2) 등급:", item["no2Grade"])
55                      print("오존(O3) 등급:", item["o3Grade"])
56                      print("일산화탄소(CO) 등급:", item["coGrade"])
57                      print("아황산가스(SO2) 등급:", item["so2Grade"])
58                      print("통합대기환경수치(Khai) 등급:", item["khaiGrade"])
59                      print("\n")
60
61              else:
62                  print("HTTP GET 요청 실패. 상태 코드:", response.status_code)
63          except Exception as e:
64              print("HTTP GET 요청 중 오류 발생:", e)
65
66  if __name__ =="__main__":
67      main()
```

36~59 json에서 원하는 데이터를 분리하여 출력하였습니다.

[● 현재 스크립트 실행] 아이콘을 클릭하여 코드를 실행합니다.

json형식에서 아래와 같이 데이터를 분리하여 출력하였습니다.

```
셸 ×
 시도명: 서울
 측정소명: 화랑로
 측정일시: 2023-09-18 16:00
 미세먼지(PM10) 농도: 16
 초미세먼지(PM2.5) 농도: 12
 이산화질소(NO2) 농도: 0.030
 오존(O3) 농도: 0.044
 일산화탄소(CO) 농도: 0.3
 아황산가스(SO2) 농도: 0.003
 통합대기환경수치(Khai) 농도: 62
 미세먼지(PM10) 등급: 1
 초미세먼지(PM2.5) 등급: 1
 이산화질소(NO2) 등급: 1
 오존(O3) 등급: 2
 일산화탄소(CO) 등급: 1
 아황산가스(SO2) 등급: 1
 통합대기환경수치(Khai) 등급: 2
```

데이터를 읽어올 때 에러가 발생한다면 다시 코드를 실행합니다. 또는 ESP32를 리셋버튼을 눌러 리셋합니다.

강남대로의 미세먼지, 초미세먼지만 출력하기

json에서 원하는 값을 분리하여 강남대로의 미세먼지, 초미세먼지의 값만 출력하는 방법에 대해서 알아봅니다.

main5-5-3.py

```python
01    import network
02    import time
03    import urequests
04    import json
05
06    ssid ="daduino"
07    password ="123456789"
08    url ="https://apis.data.go.kr/B552584/ArpltnInforInqireSvc/getCtprvnRltmMesureDnsty?serviceKey=f
FWLxGIoKo8cQCIuS5Is1fVoiKXkdls%2FU5DSGRwzmbiwIBI0nlz5V6jllexlrGLKR9y8wV3E3i0SMPTLtAhyvw%3D%3D&returnType
=json&numOfRows=100&pageNo=1&sidoName=%EC%84%9C%EC%9A%B8&ver=1.0"
09    if url.startswith("https"):
10        url = url.replace("https", "http", 1)
11
12
13    def wifi_connect():
14        wlan = network.WLAN(network.STA_IF)
15        wlan.active(True)
16
17        if not wlan.isconnected():
18            print("Connecting to network...")
19            wlan.connect(ssid, password)
20
21            while not wlan.isconnected():
22                time.sleep_ms(300)
```

```
23
24                    print("Connected to network:", wlan.ifconfig())
25                    return True
26            else:
27                    print("Already connected to network:", wlan.ifconfig())
28                    return True
29
30      def main():
31          if wifi_connect():
32              try:
33                      response = urequests.get(url)
34                      if response.status_code ==200:
35                          print("HTTP GET 요청 성공!")
36                          data = json.loads(response.text)
37
38                          items = data["response"]["body"]["items"]
39
40                          # 각 항목을 출력
41                          for item in items:
42                              if item["stationName"] =="강남대로": # 측정소명이 "강남대로"인 경
우에만 출력
43                                  print("시도명:", item["sidoName"])
44                                  print("측정소명:", item["stationName"])
45                                  print("측정일시:", item["dataTime"])
46                                  print("미세먼지(PM10) 농도:", item["pm10Value"])
47                                  print("초미세먼지(PM2.5) 농도:", item["pm25Value"])
48                                  print("\n")
49
50                      else:
51                          print("HTTP GET 요청 실패. 상태 코드:", response.status_code)
52              except Exception as e:
53                  print("HTTP GET 요청 중 오류 발생:", e)
54
55      if __name__ =="__main__":
56          main()
```

30~56 'main' 함수를 정의합니다. 이 함수는 주요 로직을 수행합니다.
- HTTP GET 요청이 성공하면 응답 데이터를 JSON 형식으로 파싱하고, 측정소명이 "강남대로"인 경우에만 해당 정보를 출력합니다.

[⊙ 현재 스크립트 실행] 아이콘을 클릭하여 코드를 실행합니다.

측정소명이 "강남대로"인 경우에만 해당 정보를 출력하였습니다.

```
쉘
MPY: soft reboot
Already connected to network: ('192.168
HTTP GET 요청 성공!
시도명: 서울
측정소명: 강남대로
측정일시: 2023-09-18 16:00
미세먼지(PM10) 농도: 5
초미세먼지(PM2.5) 농도: 5
```

05 _ 6 이메일 보내기

이메일을 보내는 방법에 대해서 알아봅니다.

구글 이메일 설정하기

구글 설정을 통해 ESP32 장치에서 이메일을 보내도록 합니다. 구글에서 Gamil에 접속합니다.

[톱니바퀴] 아이콘을 클릭 후 [모든 설정 보기]를 클릭합니다.

[전달 및 POP/IMAP] 탭에서 [IMAP 사용]을 체크하고 [변경사항 저장]을 눌러 설정을 저장합니다.

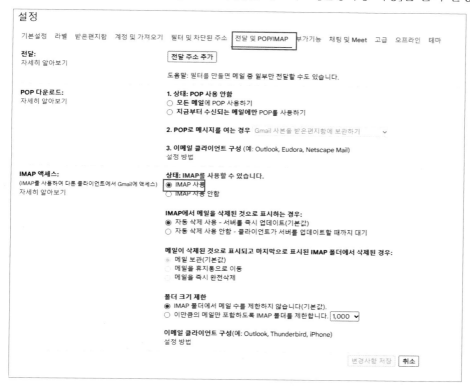

외부장치에서 나의 구글 계정을 통해 이메일을 보내기 위해서는 2단계로 설정되어야 합니다. [Google 계정 관리]로 이동합니다.

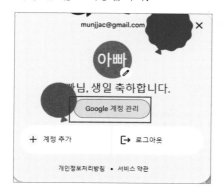

[보안] 탭으로 이동하여 [2단계 인증]을 클릭합니다.

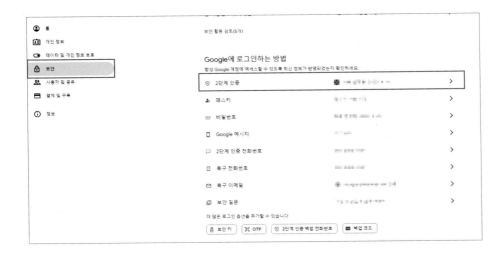

스크롤을 아래로 내려 [앱 비밀번호] 부분을 찾아 클릭합니다.

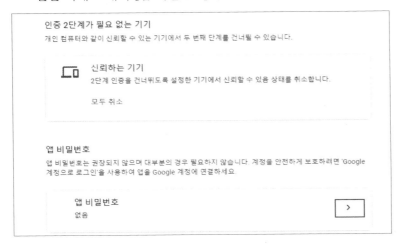

앱 비밀번호를 사용할 앱의 이름을 입력합니다. esp32_email로 입력하였습니다. [만들기]를 클릭하여 앱 비밀번호를 생성합니다.

생성된 앱 비밀번호를 복사해둡니다. 앱 비밀번호는 생성된 지금만 확인이 가능하므로 잘 복사해서
저정해둡니다. 비밀번호를 저장하지 않았다면 앱을 삭제 후 다시 생성합니다.

앱 비밀번호를 복사하여 잘 저장합니다.

앱 비밀번호의 생성이 완료되었습니다.

내 구글 계정으로 이메일 보내기

구글 계정과 앱 비밀번호를 이용하여 이메일을 보내는 방법을 알아봅니다.

---

main5-6-1.py

```
01    import umail
02    import network
03
04    ssid = 'daduino'
05    password = '123456789'
06
07    sender_email = 'munjjac@gmail.com' #구글 ID test@gmail.com 형식
08    sender_name = 'ESP32' #보내는 사람 이름
09    sender_app_password = 'nwrr dlak kvdx wfju' #구글 앱 비밀번호
10    recipient_email = 'munjjac@hanmail.net' #받는 사람 이메일주소
11    email_subject = 'Test Email' #이메일 제목
12
13    def wifi_connect():
14        wlan = network.WLAN(network.STA_IF)
15        wlan.active(True)
16
17        if not wlan.isconnected():
18            print("Connecting to network...")
19            wlan.connect(ssid, password)
20
21            while not wlan.isconnected():
22                time.sleep_ms(300)
23
24            print("Connected to network:", wlan.ifconfig())
25            return True
26        else:
27            print("Already connected to network:", wlan.ifconfig())
28            return True
29
30    def main():
31        if wifi_connect():
32            smtp = umail.SMTP('smtp.gmail.com', 587, ssl=False)
33            smtp.login(sender_email, sender_app_password)
34            smtp.to(recipient_email)
35            smtp.write("From:"+ sender_name +"<"+ sender_email+">\n")
36            smtp.write("Subject:"+ email_subject +"\n")
37            smtp.write("Hello from ESP32")
38            smtp.send()
39            smtp.quit()
40            print("메일을 성공적으로 보냈습니다.")
41
42    if __name__ =="__main__":
43        main()
```

07 이메일 발신자의 Gmail 주소를 설정합니다.

08 이메일 발신자의 이름을 설정합니다.

09 이메일 발신자의 Gmail 앱 비밀번호를 설정합니다. (이 부분은 실제 Gmail 앱 비밀번호여야 합니다.)

10 이메일 수신자의 이메일 주소를 설정합니다.

11 이메일의 제목을 설정합니다.

30~42 'main' 함수를 정의합니다. 이 함수는 주요 로직을 수행합니다.

- 'wifi_connect' 함수를 호출하여 Wi-Fi에 연결합니다.

- SMTP 객체를 생성하고 Gmail SMTP 서버에 연결합니다.

- Gmail 계정으로 로그인합니다.

- 수신자 이메일 주소를 설정합니다.

- 이메일의 제목과 내용을 작성합니다.

- 이메일을 전송합니다.

- SMTP 연결을 종료합니다.

- 메일 전송이 완료되면 성공 메시지를 출력합니다.

[◉ 현재 스크립트 실행] 아이콘을 클릭하여 코드를 실행합니다.

Gmail 서버를 사용하여 이메일을 보내는 마이크로파이썬 스크립트입니다. SMTP를 사용하여 Gmail 계정으로 로그인하고 이메일을 작성하고 전송합니다. Gmail 앱 비밀번호는 Gmail 계정의 보안 설정에서 생성해야 합니다.

메일을 성공적으로 전송하였습니다.

```
쉘 ×
>>> %Run -c $EDITOR_CONTENT

  MPY: soft reboot
  Already connected to network:
  메일을 성공적으로 보냈습니다.
```

ESP32를 이용한 메일이 정상적으로 보내졌습니다.

답장	전체답장	전달	삭제	스팸신고	이동 ∨	추가 기능 ∨

Test Email ⬚

∧ 보낸사람 ESP32<munjjac@gmail.com>   주소추가   수신차단

Hello from ESP32

빠른 답장을 하시려면 여기를 클릭해주세요.

이메일 보내는 부분 함수화 하기

이메일을 보내는 부분의 코드를 함수화하여 코드를 간편하게 사용하도록 수정합니다.

main5-6-2.py

```python
01    import umail
02    import network
03
04    ssid ='daduino'
05    password ='123456789'
06
07    sender_email ='munjjac@gmail.com'#구글 ID test@gmail.com 형식
08    sender_name ='ESP32'#보내는 사람 이름
09    sender_app_password ='nwrr dlak kvdx wfju'#구글 앱 비밀번호
10    recipient_email ='munjjac@hanmail.net'#받는 사람 이메일주소
11    email_subject ='Test Email'#이메일 제목
12
13    def wifi_connect():
14        wlan = network.WLAN(network.STA_IF)
15        wlan.active(True)
16
17        if not wlan.isconnected():
18            print("Connecting to network...")
19            wlan.connect(ssid, password)
20
21            while not wlan.isconnected():
22                time.sleep_ms(300)
23
24            print("Connected to network:", wlan.ifconfig())
25            return True
26        else:
27            print("Already connected to network:", wlan.ifconfig())
28            return True
29
30    def send_email(sender_email,sender_app_password,sender_name,recipient_email,email_subject):
31        smtp = umail.SMTP('smtp.gmail.com', 587, ssl=False)
32        smtp.login(sender_email, sender_app_password)
33        smtp.to(recipient_email)
34        smtp.write("From:"+ sender_name +"<"+ sender_email+">\n")
35        smtp.write("Subject:"+ email_subject +"\n")
36        smtp.write("Hello from ESP32")
37        smtp.send()
38        smtp.quit()
39        print("메일을 성공적으로 보냈습니다.")
40
41    def main():
42        if wifi_connect():
43            send_email(sender_email,sender_app_password,sender_name,recipient_email,email_subject)
44
45    if __name__ =="__main__":
46        main()
```

30~39 'send_email' 함수를 정의합니다. 이 함수는 이메일을 보내는 역할을 합니다.

– SMTP 객체를 생성하고 Gmail SMTP 서버에 연결합니다.

– Gmail 계정으로 로그인합니다.

– 수신자 이메일 주소를 설정합니다.

– 이메일의 제목과 내용을 작성합니다.

– 이메일을 전송합니다.

– SMTP 연결을 종료합니다.

– 메일 전송이 완료되면 성공 메시지를 출력합니다.

41~45 'main' 함수를 정의합니다. 이 함수는 주요 로직을 수행합니다.

– 'wifi_connect' 함수를 호출하여 Wi-Fi에 연결합니다.

– 'send_email' 함수를 호출하여 이메일을 보냅니다.

[● 현재 스크립트 실행] 아이콘을 클릭하여 코드를 실행합니다.

코드를 함수화 하였고 이메일을 전송하였습니다.

```
셸 ×

>>> %Run -c $EDITOR_CONTENT

  MPY: soft reboot
  Already connected to network: ('192.
  메일을 성공적으로 보냈습니다.

>>>
```

여러 개의 메일을 전송하기

여러 개의 이메일을 보내는 방법을 알아봅니다. 동시에 보낼 수는 없지만 반복을 통해 여러번 이메일을 전송합니다.

main5-6-3.py

```python
01    import umail
02    import network
03
04    ssid ='daduino'
05    password ='123456789'
06
07    sender_email ='munjjac@gmail.com'#구글 ID test@gmail.com 형식
08    sender_name ='ESP32'#보내는 사람 이름
09    sender_app_password ='nwrr dlak kvdx wfju'#구글 앱 비밀번호
10    email_subject ='Test Email'#이메일 제목
11
12    recipient_email_list =['munjjac@hanmail.net','munjjac@naver.com','example@gmail.com']
13
14
15    def wifi_connect():
16        wlan = network.WLAN(network.STA_IF)
17        wlan.active(True)
18
```

```
19          if not wlan.isconnected():
20                  print("Connecting to network...")
21                  wlan.connect(ssid, password)
22
23                  while not wlan.isconnected():
24                          time.sleep_ms(300)
25
26                  print("Connected to network:", wlan.ifconfig())
27                  return True
28          else:
29                  print("Already connected to network:", wlan.ifconfig())
30                  return True
31
32      def send_email(sender_email,sender_app_password,sender_name,recipient_email,email_subject):
33          smtp = umail.SMTP('smtp.gmail.com', 587, ssl=False)
34          smtp.login(sender_email, sender_app_password)
35          smtp.to(recipient_email)
36          smtp.write("From:"+ sender_name +"<"+ sender_email+">\n")
37          smtp.write("Subject:"+ email_subject +"\n")
38          smtp.write("Hello from ESP32")
39          smtp.send()
40          smtp.quit()
41          print("메일을 성공적으로 보냈습니다.")
42
43
44      def main():
45          if wifi_connect():
46                  for email in recipient_email_list:
47                          print("전송이메일:",email)
48                          send_email(sender_email,sender_app_password,sender_name,email,email_subject)
49
50      if __name__ =="__main__":
51          main()
```

46 'recipient_email_list'에 있는 각 이메일 주소로 반복하면서 이메일을 보냅니다.

[● 현재 스크립트 실행] 아이콘을 클릭하여 코드를 실행합니다.

여러 개의 이메일을 반복하면서 전송하였습니다.

```
쉘 ×
>>> %Run -c $EDITOR_CONTENT

 MPY: soft reboot
 Already connected to network: ('192
 전송이메일: munjjac@hanmail.net
 메일을 성공적으로 보냈습니다.
 전송이메일: munjjac@naver.com
 메일을 성공적으로 보냈습니다.
 전송이메일: example@gmail.com
 메일을 성공적으로 보냈습니다.
```

05 _ 7 주식 시세 표시

인터넷으로 주식 시세를 알려주는 사이트에 접속하여 원하는 주식 시세를 출력하는 방법에 대해서 알아봅니다.

네이버 주식 데이터 접속하여 값 확인하기

네이버의 주식 데이터 접속하여 값을 확인합니다.

다음의 주소로 접속합니다. 005930은 삼성전자의 주식번호입니다.

https://m.stock.naver.com/api/json/search/searchListJson.nhn?keyword=005930

다음과 같이 네이버에서 제공하는 주식 시세로 값을 보여줍니다. json타입으로 값을 보여줍니다.

여러단계로 나누어져있는 json타입으로 이번 작품에서는 json라이브러리를 사용하지 않고 문자열을 찾아 분리를 해보도록 합니다.

삼성전자 주식 시세 확인하기

네이버의 주식 시세 데이터에 접속하여 삼성전자의 주식 시세를 출력하는 방법을 알아봅니다.

main5-7-1.py

```
01    import network
02    import time
03    import urequests
04    import json
05
06    ssid ="daduino"
07    password ="123456789"
08    url ="https://m.stock.naver.com/api/json/search/searchListJson.nhn?keyword="
09    samsung_number ="005930"
10    url = url +str(samsung_number)
11
12    def wifi_connect():
13        wlan = network.WLAN(network.STA_IF)
14        wlan.active(True)
15
16        if not wlan.isconnected():
17            print("Connecting to network...")
18            wlan.connect(ssid, password)
```

```
19
20                  while not wlan.isconnected():
21                      time.sleep_ms(300)
22
23              print("Connected to network:", wlan.ifconfig())
24              return True
25          else:
26              print("Already connected to network:", wlan.ifconfig())
27              return True
28
29  def main():
30      if wifi_connect():
31          try:
32              response = urequests.get(url)
33              if response.status_code ==200:
34                  print("HTTP GET 요청 성공!")
35                  data = json.loads(response.text)
36
37                  # 주식 시세 데이터 추출
38                  stock_info = data["result"]["d"][0]
39                  stock_name = stock_info["nm"]
40                  stock_price = stock_info["nv"]
41                  stock_change = stock_info["cv"]
42                  stock_change_rate = stock_info["cr"]
43
44                  print("주식 이름:", stock_name)
45                  print("주식 가격:", stock_price)
46                  print("전일 대비 변동량:", stock_change)
47                  print("전일 대비 변동률:", stock_change_rate)
48
49              else:
50                  print("HTTP GET 요청 실패. 상태 코드:", response.status_code)
51          except Exception as e:
52              print("HTTP GET 요청 중 오류 발생:", e)
53
54  if __name__ =="__main__":
55      main()
```

08 네이버 금융에서 주식 정보를 가져오기 위한 URL의 기본 부분을 설정합니다.

09 'samsung_number' 변수에 삼성전자 주식 코드를 설정합니다.

10 URL에 'samsung_number'를 추가하여 최종 URL을 설정합니다.

12~27 'wifi_connect' 함수를 정의합니다. 이 함수는 Wi-Fi 네트워크에 연결하는 역할을 합니다.

29~54 'main' 함수를 정의합니다. 이 함수는 주요 로직을 수행합니다.

　　　- 'wifi_connect' 함수를 호출하여 Wi-Fi에 연결합니다.

　　　- 지정된 URL로 HTTP GET 요청을 보내고 응답을 처리합니다.

　　　- HTTP GET 요청이 성공하면 응답 데이터를 JSON 형식으로 파싱하고, 주식 정보를 추출합니다.

　　　- 추출한 주식 정보를 출력합니다.

[⊙ 현재 스크립트 실행] 아이콘을 클릭하여 코드를 실행합니다.

네이버 금융에서 삼성전자 주식 정보를 가져와서 해당 정보를 출력하였습니다.

```
셸 ×
>>> %Run -c $EDITOR_CONTENT

 MPY: soft reboot
 Already connected to network
 HTTP GET 요청 성공!
 주식 이름: 삼성전자
 주식 가격: 70300
 전일 대비 변동량: 100
 전일 대비 변동률: 0.14
>>>
```

여러 개의 주식 시세 확인하기

여러 개의 주식시세를 출력하는 방법을 알아봅니다.

main5-7-2.py

```
01    import network
02    import time
03    import urequests
04    import json
05
06    ssid ="daduino"
07    password ="123456789"
08    url ="https://m.stock.naver.com/api/json/search/searchListJson.nhn?keyword="
09
10    stock_number_list = ["005930", "000660", "086520"]
11
12    url_list = []
13    for stock_number in stock_number_list:
14        url_list.append(url +str(stock_number))
15
16
17    def wifi_connect():
18        wlan = network.WLAN(network.STA_IF)
19        wlan.active(True)
20
21        if not wlan.isconnected():
22            print("Connecting to network...")
23            wlan.connect(ssid, password)
24
25            while not wlan.isconnected():
26                time.sleep_ms(300)
27
28            print("Connected to network:", wlan.ifconfig())
29            return True
```

```
30              else:
31                      print("Already connected to network:", wlan.ifconfig())
32                      return True
33
34      def main():
35              if wifi_connect():
36                      try:
37                              for url in url_list:
38                                      response = urequests.get(url)
39                                      if response.status_code ==200:
40                                              print("HTTP GET 요청 성공!")
41                                              data = json.loads(response.text)
42
43                                              # 주식 시세 데이터 추출
44                                              stock_info = data["result"]["d"][0]
45                                              stock_name = stock_info["nm"]
46                                              stock_price = stock_info["nv"]
47                                              stock_change = stock_info["cv"]
48                                              stock_change_rate = stock_info["cr"]
49
50                                              print("주식 이름:", stock_name)
51                                              print("주식 가격:", stock_price)
52                                              print("전일 대비 변동량:", stock_change)
53                                              print("전일 대비 변동률:", stock_change_rate)
54
55                                      else:
56                                              print("HTTP GET 요청 실패. 상태 코드:", response.status_code)
57                      except Exception as e:
58                              print("HTTP GET 요청 중 오류 발생:", e)
59
60      if __name__ =="__main__":
61              main()
```

10 'stock_number_list'에 주식 코드 목록을 설정합니다.

12~14 'url_list'를 생성하여 각 주식 코드에 해당하는 URL을 생성합니다.

[◉ 현재 스크립트 실행] 아이콘을 클릭하여 코드를 실행합니다.

네이버 금융에서 여러 주식 정보를 가져와서 해당 정보를 출력하였습니다.

```
셸 ×
전일 대비 변동률: 0.14
HTTP GET 요청 성공!
주식 이름: SK하이닉스
주식 가격: 120100
전일 대비 변동량: 1100
전일 대비 변동률: 0.92
HTTP GET 요청 성공!
주식 이름: 에코프로
주식 가격: 901000
전일 대비 변동량: 2000
전일 대비 변동률: 0.22

>>>
```

05 _ 8 비트코인 시세 표시

가상화폐의 시세를 알 수 있는 업비트 API에 접속하여 가상화폐의 정보를 얻고 시세를 출력하는 방법에 대해서 알아봅니다.

업비트 API 활용하여 비트코인 데이터 확인하기

웹 브라우저를 이용하여 아래의 주소에 접속합니다. 업비트에서 제공하는 API입니다.

https://api.upbit.com/v1/ticker?markets=KRW-BTC

KRW-BTC 는 원화로 비트코인의 시세를 보여달다는 뜻입니다.

다음과 같이 비트코인의 현재 거래량 금액등이 출력되었습니다.

trade_price 를 찾으면 됩니다. 2022.05.19일 오후 1시12분 기준 약 3700만원에 거래되고 있습니다.

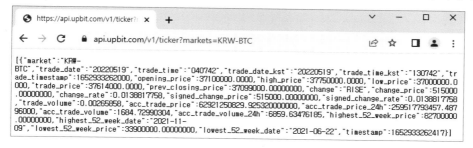

비트코인 시세 출력하기

업비트 API에 접속하여 비트코인의 시세를 출력하는 방법에 대해서 알아봅니다.

main5-8-1.py

```
01   import network
02   import time
03   import urequests
04   import json
05
06   ssid ="daduino"
07   password ="123456789"
08   url ="https://api.upbit.com/v1/ticker?markets=KRW-"
09   coin ="BTC"
10   url = url +str(coin)
11
12   def wifi_connect():
13       wlan = network.WLAN(network.STA_IF)
14       wlan.active(True)
15
16       if not wlan.isconnected():
17           print("Connecting to network...")
```

```python
18              wlan.connect(ssid, password)
19
20              while not wlan.isconnected():
21                  time.sleep_ms(300)
22
23              print("Connected to network:", wlan.ifconfig())
24              return True
25      else:
26          print("Already connected to network:", wlan.ifconfig())
27          return True
28
29  def main():
30      if wifi_connect():
31          try:
32              response = urequests.get(url)
33              if response.status_code ==200:
34                  print("HTTP GET 요청 성공!")
35                  data = json.loads(response.text)
36
37                  # 비트코인 시세 데이터 추출
38                  bitcoin_info = data[0]
39                  market = bitcoin_info["market"]
40                  trade_date = bitcoin_info["trade_date"]
41                  trade_time = bitcoin_info["trade_time"]
42                  trade_price = bitcoin_info["trade_price"]
43                  change = bitcoin_info["change"]
44                  change_price = bitcoin_info["change_price"]
45                  change_rate = bitcoin_info["change_rate"]
46
47                  print("시장:", market)
48                  print("거래 일자:", trade_date)
49                  print("거래 시간:", trade_time)
50                  print("거래 가격:", "{:.2f}".format(trade_price))
51                  print("전일 대비:", change)
52                  print("전일 대비 변동량:", change_price)
53                  print("전일 대비 변동률:", change_rate)
54
55              else:
56                  print("HTTP GET 요청 실패. 상태 코드:", response.status_code)
57          except Exception as e:
58              print("HTTP GET 요청 중 오류 발생:", e)
59
60  if __name__ =="__main__":
61      main()
```

08 Upbit API를 호출하기 위한 기본 URL을 설정합니다.

09 조회할 코인을 "BTC"로 설정합니다.

10 URL에 코인 코드를 추가하여 최종 URL을 설정합니다.

30~59 'main' 함수를 정의합니다. 이 함수는 주요 로직을 수행합니다.

　　　　－ 'wifi_connect' 함수를 호출하여 Wi-Fi에 연결합니다.

　　　　－ 지정된 URL로 HTTP GET 요청을 보내고 응답을 처리합니다.

　　　　－ HTTP GET 요청이 성공하면 응답 데이터를 JSON 형식으로 파싱하고, 비트코인 시세 정보를 추출하여 출력합니다.

[● 현재 스크립트 실행] 아이콘을 클릭하여 코드를 실행합니다.

업비으에서 비트코인 시세 정보를 가져와서 해당 정보를 출력하였습니다.

```
쉘 ×

MPY: soft reboot
Already connected to network: (
HTTP GET 요청 성공!
시장: KRW-BTC
거래 일자: 20230919
거래 시간: 011916
거래 가격: 35810000.00
전일 대비: FALL
전일 대비 변동량: 190000.0
전일 대비 변동률: 0.005277777
```

여러 개의 가상화폐 시세 출력하기

비트코인을 포함한 여러 개의 가상화폐의 시세를 출력하는 방법에 대해서 알아봅니다.

main5-8-2.py

```
01    import network
02    import time
03    import urequests
04    import json
05
06    ssid ="daduino"
07    password ="123456789"
08    url ="https://api.upbit.com/v1/ticker?markets=KRW-"
09    coin_list = ["BTC","ETH","ETC"]
10
11    url_list = []
12    for coin in coin_list:
13        url_list.append(url +str(coin))
14
15    def wifi_connect():
16        wlan = network.WLAN(network.STA_IF)
17        wlan.active(True)
18
19        if not wlan.isconnected():
20            print("Connecting to network...")
21            wlan.connect(ssid, password)
```

```
22
23                  while not wlan.isconnected():
24                       time.sleep_ms(300)
25
26                  print("Connected to network:", wlan.ifconfig())
27                  return True
28          else:
29                  print("Already connected to network:", wlan.ifconfig())
30                  return True
31
32      def main():
33          if wifi_connect():
34              try:
35                  for url in url_list:
36                      response = urequests.get(url)
37                      if response.status_code ==200:
38                          print("HTTP GET 요청 성공!")
39                          data = json.loads(response.text)
40
41                          # 비트코인 시세 데이터 추출
42                          bitcoin_info = data[0]
43                          market = bitcoin_info["market"]
44                          trade_date = bitcoin_info["trade_date"]
45                          trade_time = bitcoin_info["trade_time"]
46                          trade_price = bitcoin_info["trade_price"]
47                          change = bitcoin_info["change"]
48                          change_price = bitcoin_info["change_price"]
49                          change_rate = bitcoin_info["change_rate"]
50
51                          print("시장:", market)
52                          print("거래 일자:", trade_date)
53                          print("거래 시간:", trade_time)
54                          print("거래 가격:", "{:.2f}".format(trade_price))
55                          print("전일 대비:", change)
56                          print("전일 대비 변동량:", change_price)
57                          print("전일 대비 변동률:", change_rate)
58
59                      else:
60                          print("HTTP GET 요청 실패. 상태 코드:", response.status_code)
61              except Exception as e:
62                  print("HTTP GET 요청 중 오류 발생:", e)
63
64      if __name__ =="__main__":
65          main()
```

08 Upbit API를 호출하기 위한 기본 URL을 설정합니다.
09 조회할 가상화폐 목록을 'coin_list'에 설정합니다.

[⊙ 현재 스크립트 실행] 아이콘을 클릭하여 코드를 실행합니다.

리스트에 저장된 여러 개의 가상화폐를 조회하여 출력하였습니다.

```
쉘 ×
 전일 대비: FALL
 전일 대비 변동량: 13000.0
 전일 대비 변동률: 0.005909091
 HTTP GET 요청 성공!
 시장: KRW-ETC
 거래 일자: 20230919
 거래 시간: 011620
 거래 가격: 21010.00
 전일 대비: FALL
 전일 대비 변동량: 60.0
 전일 대비 변동률: 0.002847651
```

CHAPTER
06

표준 프로토콜

표준 프로토콜 챕터에서는 다양한 통신 프로토콜을 다루고 이해할 것입니다. 아래는 이 챕터에서 다룰 내용들에 대한 간단한 설명입니다.

❶ TCP/IP (Transmission Control Protocol/Internet Protocol): TCP/IP는 인터넷에서 데이터를 전송하기 위한 가장 기본적인 프로토콜 중 하나입니다. 이는 데이터의 안정성과 정확성을 보장하며, 패킷 기반의 통신을 지원합니다. 데이터를 보내기 전에 연결을 설정하고, 데이터를 전송한 후에는 연결을 종료하는 방식으로 동작합니다. 이 챕터에서는 TCP/IP를 통해 안정적인 데이터 통신을 설정하고 사용하는 방법을 다룰 것입니다.

❷ UDP (User Datagram Protocol): UDP는 TCP/IP와 달리 연결을 설정하지 않고 데이터를 전송하는 비연결성 프로토콜입니다. UDP는 속도와 효율성에 중점을 두며, 데이터의 신뢰성보다는 빠른 전송이 중요한 경우에 사용됩니다. 이 챕터에서는 UDP를 사용하여 데이터를 어떻게 전송하고 받을 수 있는지를 다룰 것입니다.

❸ MQTT (Message Queuing Telemetry Transport): MQTT는 IoT 장치와 서버 간에 경량 메시지 통신을 지원하는 프로토콜입니다. MQTT는 특히 IoT 환경에서 사용하기에 적합하며, 신뢰성 있는 데이터 전송 및 구독/발행 패턴을 지원합니다. 이 챕터에서는 MQTT 프로토콜을 사용하여 IoT 장치 간에 데이터를 어떻게 교환하는지를 배우게 됩니다.

❹ 웹 서버: 웹 서버는 클라이언트(웹 브라우저)로부터 HTTP 요청을 받아들이고, 해당 요청에 대한 응답을 생성하여 전송하는 서버입니다. 웹 서버는 웹 애플리케이션과 웹 사이트를 호스팅하는 데 사용됩니다. 이 챕터에서는 ESP32를 웹 서버로 설정하고, 클라이언트의 요청에 응답하는 방법을 다룰 것입니다.

표준 프로토콜 챕터를 통해 이러한 다양한 프로토콜을 이해하고 활용하는 방법을 배우게 됩니다. 이러한 지식은 사물인터넷 프로젝트 및 네트워크 통신 개발에 필수적입니다.

06 _ 1 TCP

TCP(Transmission Control Protocol)는 컴퓨터 네트워크에서 데이터를 안정적으로 전송하기 위한 프로토콜입니다. TCP는 연결 지향적이며, 데이터 패킷의 순서를 보장하고 손실된 데이터를 재전송합니다. 또한 데이터 전송 및 수신 간의 신뢰성 있는 통신을 제공하며, 높은 오류 검출 및 복구 능력을 가지고 있습니다. TCP는 웹 브라우징, 이메일, 파일 전송 등 다양한 네트워크 애플리케이션에서 사용되며, 데이터 신뢰성이 중요한 경우에 적합합니다.

TCP 서버 생성하여 데이터 통신

TCP 서버를 생성하고 데이터를 통신하는 방법에 대해서 알아봅니다.

main6-1-1.py

```
01    import network
02    import time
03    import usocket as socket
04
05    ssid ="daduino"
06    password ="123456789"
07    server_port =12345 # TCP 서버 포트 번호
08
09    def wifi_connect():
10        wlan = network.WLAN(network.STA_IF)
11        wlan.active(True)
12
13        if not wlan.isconnected():
14            print("Connecting to network...")
15            wlan.connect(ssid, password)
16
17            while not wlan.isconnected():
18                time.sleep_ms(300)
19
20            print("Connected to network:", wlan.ifconfig())
21            return True
22        else:
23            print("Already connected to network:", wlan.ifconfig())
24            return True
25
26    def main():
27        if wifi_connect():
28            server_socket = socket.socket(socket.AF_INET, socket.SOCK_STREAM)
29            server_socket.bind(('0.0.0.0', server_port))
30            server_socket.listen(1) # 최대 1개의 클라이언트 연결 허용
```

```
31
32                    print("TCP server started on port", server_port)
33
34                while True:
35                    try:
36                        client_socket, addr = server_socket.accept()
37                        print("Accepted connection from", addr)
38
39                        # 클라이언트로부터 데이터 수신
40                        data = client_socket.recv(1024)
41                        if data:
42                            print("Received data:", data.decode('utf-8'))
43
44                            # 클라이언트에게 응답 전송
45                            response ="Hello, ESP32 TCP Server!"
46                            client_socket.send(response.encode('utf-8'))
47                    except Exception as e:
48                        print("Error:", e)
49
50    if __name__ =="__main__":
51        main()
```

07   TCP 서버의 포트 번호를 12345로 설정합니다.

28   TCP 서버 소켓을 생성합니다.

29   서버 소켓을 '0.0.0.0' IP 주소와 설정한 포트 번호로 바인딩합니다.

30   최대 1개의 클라이언트 연결을 허용하도록 서버 소켓을 설정합니다.

32   "TCP server started on port"와 설정한 포트 번호를 출력합니다.

34   무한 루프를 시작합니다.

35~49 클라이언트의 연결을 대기하고, 클라이언트와 통신하는 부분입니다.

36   클라이언트가 연결되면 클라이언트 소켓과 클라이언트 주소를 받습니다.

38   "Accepted connection from"과 클라이언트의 주소를 출력합니다.

40   클라이언트로부터 최대 1024바이트의 데이터를 수신합니다.

42   받은 데이터를 UTF-8 형식으로 디코딩하여 출력합니다.

44~46 클라이언트에게 "Hello, ESP32 TCP Server!"라는 응답을 보냅니다.

47   예외가 발생하면 에러 메시지를 출력합니다.

[▶ 현재 스크립트 실행] 아이콘을 클릭하여 코드를 실행합니다. TCP 서버를 생성하고 클라이언트
로부터 데이터를 수신하고 응답하는 간단한 TCP 서버를 구현한 코드입니다.

```
>>> %Run -c $EDITOR_CONTENT

MPY: soft reboot
Connecting to network...
Connected to network: ('192.168.137.207', '255.255.25
TCP server started on port 12345
Accepted connection from ('192.168.137.1', 11478)
Received data: 123
```

ESP32가 연결된 IP주소를 확인합니다.

[hercules 프로그램 다운로드]를 구글에서 검색하여 아래사이트에 접속하여 프로그램을 다운로드 받아 준비합니다.

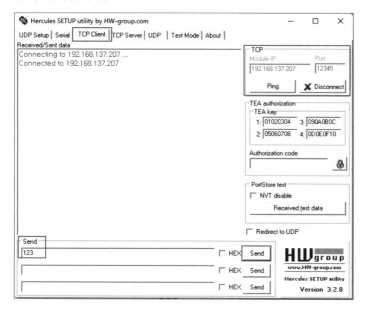

Hercules프로그램을 실행 후 [TCP Client] 탭으로 이동합니다. 컴퓨터는 Client로 접속합니다. TCP 설정부분에 ESP32가 연결된 IP주소를 입력합니다. [Connect]를 눌러 서버와 연결한 다음 데 이터를 전송합니다.

```
>>> %Run -c $EDITOR_CONTENT

MPY: soft reboot
Connecting to network...
Connected to network: ('192.168.137.207', '255.255.25
TCP server started on port 12345
Accepted connection from ('192.168.137.1', 11478)
Received data: 123
```

ESP32에서는 123 데이터를 잘 수신하였습니다. 연결이후 한번의 응답은 오지만 더 이상 응답이 오지 않습니다. 재 연결 후 다시 한번의 데이터를 응답받을 수 있습니다.

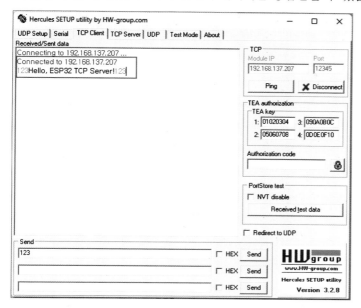

연결 후에 응답받는 부분이 계속 동작할 수 있도록 데이터 수신 부분을 쓰레드로 생성하여 데이터의 응답을 관리하도록 합니다.

TCP 서버 데이터 수신 쓰레드 생성

데이터 수신부분을 쓰레드로 코드를 만들어 데이터를 계속 수신받을 수 있도록 합니다.

main6-1-2.py

```python
01    import network
02    import time
03    import usocket as socket
04    import _thread as thread
05
06    ssid ="daduino"
07    password ="123456789"
08    server_port =12345 # TCP 서버 포트 번호
09
10    def wifi_connect():
11        wlan = network.WLAN(network.STA_IF)
12        wlan.active(True)
13
14        if not wlan.isconnected():
15            print("Connecting to network...")
16            wlan.connect(ssid, password)
17
18            while not wlan.isconnected():
19                time.sleep_ms(300)
```

```
20
21              print("Connected to network:", wlan.ifconfig())
22              return True
23        else:
24              print("Already connected to network:", wlan.ifconfig())
25              return True
26
27    def handle_client(client_socket):
28        while True:
29            try:
30                    # 클라이언트로부터 데이터 수신
31                    data = client_socket.recv(1024)
32                    if not data:
33                        break # 클라이언트가 연결을 끊으면 루프 종료
34
35                    print("Received data:", data.decode('utf-8'))
36
37                    # 클라이언트에게 응답 전송
38                    response ="Hello, ESP32 TCP Server!"
39                    client_socket.send(response.encode('utf-8'))
40            except Exception as e:
41                    print("Error:", e)
42                    break
43
44        # 클라이언트 소켓을 닫음
45        client_socket.close()
46
47    def main():
48        if wifi_connect():
49            server_socket = socket.socket(socket.AF_INET, socket.SOCK_STREAM)
50            server_socket.bind(('0.0.0.0', server_port))
51            server_socket.listen(5) # 최대 5개의 클라이언트 연결 허용
52
53            print("TCP server started on port", server_port)
54
55            while True:
56                try:
57                        client_socket, addr = server_socket.accept()
58                        print("Accepted connection from", addr)
59
60                        # 클라이언트와 통신을 위한 새로운 스레드 시작
61                        thread.start_new_thread(handle_client, (client_socket,))
62                except Exception as e:
63                        print("Error:", e)
64
65    if __name__ =="__main__":
66        main()
```

27 'handle_client(client_socket)' 함수를 정의합니다. 이 함수는 각 클라이언트 연결을 처리합니다.

28 무한 루프를 시작합니다.

31 클라이언트로부터 최대 1024바이트의 데이터를 수신합니다.

32 만약 데이터가 없다면 클라이언트가 연결을 끊은 것이므로 루프를 종료합니다.

35 받은 데이터를 UTF–8 형식으로 디코딩하여 출력합니다.

38	클라이언트에게 "Hello, ESP32 TCP Server!"라는 응답을 보냅니다.
40	예외가 발생하면 에러 메시지를 출력하고 루프를 종료합니다.
44	클라이언트 소켓을 닫습니다.
47	'main()' 함수를 정의합니다.
48	'wifi_connect()' 함수를 호출하여 Wi-Fi에 연결되면 다음 작업을 수행합니다.
49	TCP 서버 소켓을 생성합니다.
50	서버 소켓을 '0.0.0.0' IP 주소와 설정한 포트 번호로 바인딩합니다.
51	최대 5개의 클라이언트 연결을 허용하도록 서버 소켓을 설정합니다.
53	"TCP server started on port"와 설정한 포트 번호를 출력합니다.
55	무한 루프를 시작합니다.
56-64	클라이언트의 연결을 대기하고, 클라이언트와 통신하는 부분입니다.
57	클라이언트가 연결되면 클라이언트 소켓과 클라이언트 주소를 받습니다.
59	"Accepted connection from"과 클라이언트의 주소를 출력합니다.
60	새로운 스레드에서 'handle_client' 함수를 시작하여 클라이언트와 통신을 처리합니다.

[⊙ 현재 스크립트 실행] 아이콘을 클릭하여 코드를 실행합니다.

TCP 서버를 생성하고 클라이언트로부터 데이터를 수신하고 응답하는 코드입니다. 여러 클라이언트를 동시에 처리하기 위해 각 클라이언트 연결을 별도의 스레드에서 처리합니다.

ESP32보드의 리셋버튼을 누른다음 진행합니다. WIFI를 다시 연결하면 IP를 받지 못해 WIFI를 재접속하기 위한 방법입니다. 여러번 데이터를 전송하여도 통신이 가능합니다.

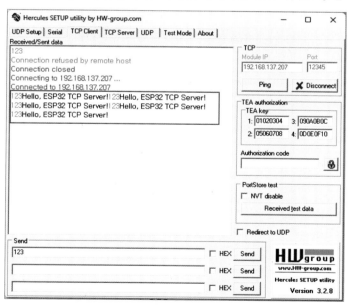

ESP32에서도 데이터를 여러번 잘 수신받았습니다.

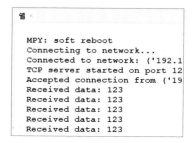

TCP 서버를 PC에 만들기

이제 PC가 서버가 되고 ESP32가 Client로 동작하는 방법에 대해서 알아봅니다.

Hercules프로그램에서 [TCP Server]탭으로 이동 후 서버 포트를 23으로 설정후 서버를 생성합니다.

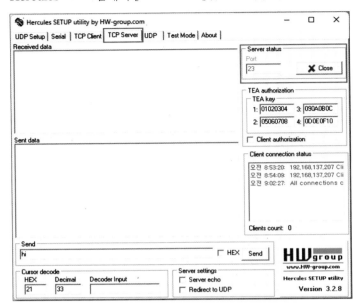

PC의 IP주소를 확인하기 위해서 검색에서 cmd를 검색하여 명령 프롬프트를 실행합니다.

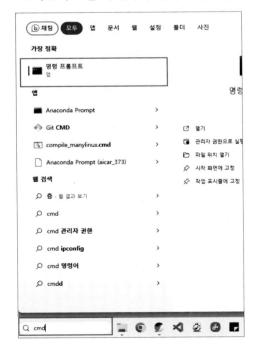

ipconfig를 입력합니다. ip주소를 확인하는 명령어입니다.

아래와 같이 PC의 IP의 확인이 가능합니다.

```
무선 LAN 어댑터 로컬 영역 연결* 15:

   미디어 상태 . . . . . . . . : 미디어 연결 끊김
   연결별 DNS 접미사. . . . :

무선 LAN 어댑터 Wi-Fi 4:

   연결별 DNS 접미사. . . . :
   링크-로컬 IPv6 주소 . . . . : fe80::7a45:a81b:771:3976%6
   IPv4 주소 . . . . . . . . : 192.168.50.4
   서브넷 마스크 . . . . . . . : 255.255.255.0
   기본 게이트웨이 . . . . . . : 192.168.50.1

무선 LAN 어댑터 로컬 영역 연결* 16:

   연결별 DNS 접미사. . . . :
   링크-로컬 IPv6 주소 . . . . : fe80::1cfe:3121:1171:781e%9
   IPv4 주소 . . . . . . . . : 192.168.137.1
   서브넷 마스크 . . . . . . . : 255.255.255.0
   기본 게이트웨이 . . . . . . :

이더넷 어댑터 Bluetooth 네트워크 연결 2:

   미디어 상태 . . . . . . . . : 미디어 연결 끊김
   연결별 DNS 접미사. . . . :

C:\Users\jang>
```

TCP 클라이언트로 데이터 통신

ESP32가 클라이언트로 동작하여 데이터를 통신하는 방법에 대해서 알아봅니다.

main6-1-3.py

```python
01    import network
02    import usocket as socket
03    import time
04
05    # WiFi 설정
06    ssid ="daduino"
07    password ="123456789"
08
09    # 서버 정보
10    server_ip ="192.168.137.1"
11    server_port =23 # 서버 포트 번호
12
13    def wifi_connect():
14        wlan = network.WLAN(network.STA_IF)
```

```python
15          wlan.active(True)
16
17          if not wlan.isconnected():
18              print("Connecting to WiFi...")
19              wlan.connect(ssid, password)
20
21              while not wlan.isconnected():
22                  time.sleep(1)
23
24              print("Connected to WiFi:", wlan.ifconfig())
25              return True
26          else:
27              print("Already connected to WiFi:", wlan.ifconfig())
28              return True
29
30  def main():
31      if wifi_connect():
32          client_socket = socket.socket(socket.AF_INET, socket.SOCK_STREAM)
33
34          try:
35              server_addr = (server_ip, server_port)
36              client_socket.connect(server_addr)
37              print("Connected to server")
38
39              while True:
40                  data_to_send ="Hello, Server!"
41                  client_socket.send(data_to_send.encode('utf-8'))
42                  print("Sent data:", data_to_send)
43
44                  # 서버로부터 데이터 수신
45                  data_received = client_socket.recv(1024)
46                  if data_received:
47                      print("Received data:", data_received.decode('utf-8'))
48
49                  #time.sleep(1) # 잠시 대기 후 다시 데이터 전송
50
51          except Exception as e:
52              print("Error:", e)
53          finally:
54              client_socket.close()
55
56  if __name__ =="__main__":
57      main()
```

10	연결할 서버의 IP 주소를 설정합니다.
11	서버의 포트 번호를 23으로 설정합니다 (흔히 사용되는 Telnet 포트).
34~55	클라이언트 소켓을 사용하여 서버에 연결하고 데이터를 주고받는 부분입니다.
35	서버의 주소를 '(server_ip, server_port)' 튜플로 설정합니다.
36	클라이언트 소켓을 서버 주소로 연결합니다.
37	"Connected to server" 메시지를 출력합니다.
39~42	무한 루프에서 "Hello, Server!"라는 데이터를 서버로 전송합니다.
45~47	서버로부터 최대 1024바이트의 데이터를 수신하고, 수신한 데이터를 출력합니다.

[◉ 현재 스크립트 실행] 아이콘을 클릭하여 코드를 실행합니다.

ESP32가 클라이언트로 서버가 있는 PC와 통신을 합니다.

PC의 서버에서도 데이터를 전송합니다.

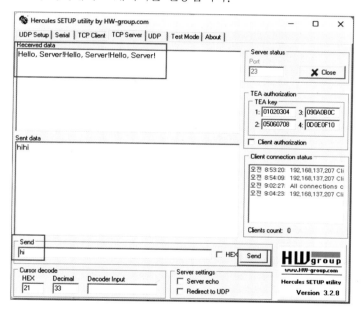

ESP32 클라이언트에서도 데이터를 잘 수신받았습니다.

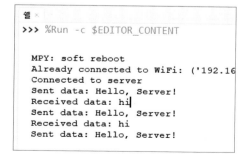

06 _ 2 UDP

UDP(User Datagram Protocol)는 컴퓨터 네트워크에서 데이터를 빠르게 전송하는 프로토콜입니다. UDP는 연결을 설정하지 않고 데이터를 전송하며, 데이터 패킷의 순서나 손실을 보장하지 않습니다. 따라서 TCP보다 빠르지만, 데이터의 정확성과 신뢰성을 보장하지 않습니다. UDP는 실시간 스트리밍, DNS 조회 및 온라인 게임과 같이 데이터 손실이 큰 영향을 미치지 않는 애플리케이션에 주로 사용됩니다.

UDP로 데이터 주고받기

UDP통신을 이용하여 데이터를 주고받는 방법을 알아봅니다.

main6-2-1.py

```
01    import network
02    import usocket as socket
03    import time
04
05    # WiFi 설정
06    ssid ="daduino"
07    password ="123456789"
08
09    client_port =23 # 클라이언트 포트 번호
10
11    # 서버 정보
12    server_ip ="192.168.137.1"
13    server_port =12345 # 서버 포트 번호
14
15    def wifi_connect():
16        wlan = network.WLAN(network.STA_IF)
17        wlan.active(True)
18
19        if not wlan.isconnected():
20            print("Connecting to WiFi...")
21            wlan.connect(ssid, password)
22
23            while not wlan.isconnected():
24                time.sleep(1)
25
26            print("Connected to WiFi:", wlan.ifconfig())
27            return True
28        else:
29            print("Already connected to WiFi:", wlan.ifconfig())
30            return True
31
```

```
32      def main():
33          if wifi_connect():
34              client_socket = socket.socket(socket.AF_INET, socket.SOCK_DGRAM)
35              client_socket.bind(('0.0.0.0', client_port)) # 클라이언트 포트 설정
36
37              try:
38                  server_addr = (server_ip, server_port)
39
40                  while True:
41                      data_to_send ="Hello, Server!"
42                      client_socket.sendto(data_to_send.encode('utf-8'), server_addr)
43                      print("Sent data:", data_to_send)
44
45                      # 서버로부터 데이터 수신
46                      data_received, addr = client_socket.recvfrom(1024)
47                      if data_received:
48                          print("Received data:", data_received.decode('utf-8'))
49
50
51              except Exception as e:
52                  print("Error:", e)
53              finally:
54                  client_socket.close()
55
56  if __name__ =="__main__":
57      main()
```

08 클라이언트 포트 번호를 23으로 설정합니다.

12 연결할 서버의 IP 주소를 설정합니다.

13 서버의 포트 번호를 12345로 설정합니다.

34 UDP 클라이언트 소켓을 생성합니다.

35 클라이언트 소켓을 '0.0.0.0' IP 주소와 설정한 클라이언트 포트로 바인딩합니다.

38~49 무한 루프에서 "Hello, Server!"라는 데이터를 서버로 보내고 서버로부터 데이터를 받는 부분입니다.

40 전송할 데이터를 준비합니다.

42 'client_socket.sendto()'를 사용하여 데이터를 서버에 보냅니다.

43 보낸 데이터를 출력합니다.

46~48 'client_socket.recvfrom()'을 사용하여 최대 1024바이트의 데이터를 서버로부터 받고, 받은 데이터를 출력합니다.

51~53 예외가 발생하면 에러 메시지를 출력하고, 마지막에 클라이언트 소켓을 닫습니다.

[❿ 현재 스크립트 실행] 아이콘을 클릭하여 코드를 실행합니다.

서버와 통신하는 간단한 UDP 클라이언트를 만드는 예제입니다. 클라이언트는 서버로 "Hello, Server!"라는 메시지를 보내고 서버로부터 수신한 데이터를 출력합니다. UDP 프로토콜을 사용하므로 연결 설정 없이 데이터를 주고받을 수 있습니다.

ESP32가 연결된 IP주소를 확인합니다.

[hercules 프로그램 다운로드]를 구글에서 검색하여 아래사이트에 접속하여 프로그램을 다운로드 받아 준비합니다.

프로그램에서 [UDP]탭으로 이동후 ESP32의 IP주소와 포트를 입력한다음 연결합니다.

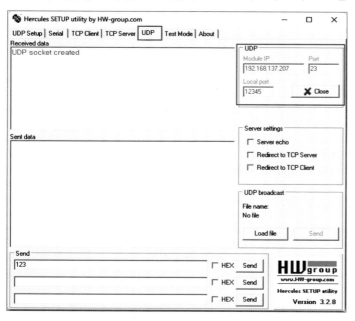

ESP32로부터 데이터를 수신받았습니다.

데이터를 보내기 위해서는 Send 부분에 데이터를 입력 후 [Send]를 클릭하여 데이터를 전송합니다.

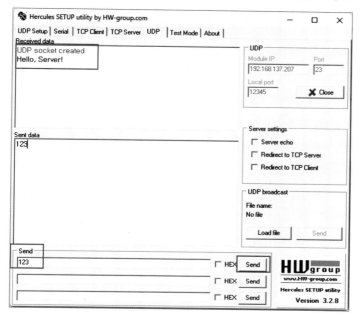

ESP32에서 데이터를 수신받았습니다.

```
쉘 ×
>>> %Run -c $EDITOR_CONTENT

 MPY: soft reboot
 Already connected to WiFi: ('192.1
 Sent data: Hello, Server!
 Received data: 123
 Sent data: Hello, Server!
 Received data: 123
 Sent data: Hello, Server!
```

UDP로 데이터 송신

UDP로 데이터를 송신하는 방법을 알아봅니다.

main6-2-2.py

```python
01     import network
02     import usocket as socket
03     import time
04
05     # WiFi 설정
06     ssid ="daduino"
07     password ="123456789"
08
09     client_port =23 # 클라이언트 포트 번호
```

```
10
11      # 서버 정보
12      server_ip ="192.168.137.1"
13      server_port =12345 # 서버 포트 번호
14
15      def wifi_connect():
16          wlan = network.WLAN(network.STA_IF)
17          wlan.active(True)
18
19          if not wlan.isconnected():
20              print("Connecting to WiFi...")
21              wlan.connect(ssid, password)
22
23              while not wlan.isconnected():
24                  time.sleep(1)
25
26              print("Connected to WiFi:", wlan.ifconfig())
27              return True
28          else:
29              print("Already connected to WiFi:", wlan.ifconfig())
30              return True
31
32      def main():
33          if wifi_connect():
34              client_socket = socket.socket(socket.AF_INET, socket.SOCK_DGRAM)
35              client_socket.bind(('0.0.0.0', client_port)) # 클라이언트 포트 설정
36
37              try:
38                  server_addr = (server_ip, server_port)
39
40                  while True:
41                      data_to_send ="Hello, Server!"
42                      client_socket.sendto(data_to_send.encode('utf-8'), server_addr)
43                      print("Sent data:", data_to_send)
44
45                      time.sleep(1) # 1초 대기
46
47              except Exception as e:
48                  print("Error:", e)
49              finally:
50                  client_socket.close()
51
52      if __name__ =="__main__":
53          main()
```

34	UDP 클라이언트 소켓을 생성합니다.
35	클라이언트 소켓을 '0.0.0.0' IP 주소와 설정한 클라이언트 포트로 바인딩합니다.
38~49	무한 루프에서 "Hello, Server!"라는 데이터를 서버로 보내고 1초마다 대기하는 부분입니다.
40	전송할 데이터를 준비합니다.
42	'client_socket.sendto()'를 사용하여 데이터를 서버에 보냅니다.
43	보낸 데이터를 출력합니다.
45	1초 대기합니다.

[● 현재 스크립트 실행] 아이콘을 클릭하여 코드를 실행합니다. 1초마다 데이터를 전송하였습니다.

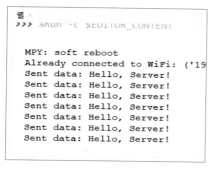

데이터를 연속으로 잘 수신하였습니다.

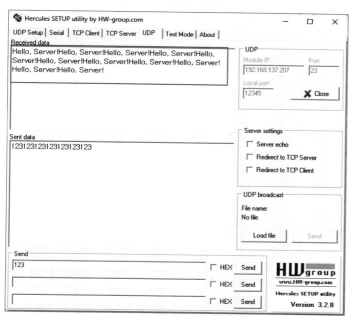

데이터 수신을 논블로킹으로 처리

데이터를 수신받는 부분을 데이터가 있을때만 처리하고 다른 코드에 영향이 없도록 논블로킹으로
처리하는 방법에 대해서 알아봅니다.

main6-2-3.py

```
01    import network
02    import usocket as socket
03    import time
04    import uselect as select
05
06    # WiFi 설정
07    ssid ="daduino"
08    password ="123456789"
09
10    client_port =23 # 클라이언트 포트 번호
11
12    # 서버 정보
13    server_ip ="192.168.137.1"
14    server_port =12345 # 서버 포트 번호
15
16    def wifi_connect():
17        wlan = network.WLAN(network.STA_IF)
18        wlan.active(True)
19
20        if not wlan.isconnected():
21            print("Connecting to WiFi...")
22            wlan.connect(ssid, password)
23
24            while not wlan.isconnected():
25                time.sleep(1)
26
27            print("Connected to WiFi:", wlan.ifconfig())
28            return True
29        else:
30            print("Already connected to WiFi:", wlan.ifconfig())
31            return True
32
33    def main():
34        if wifi_connect():
35            client_socket = socket.socket(socket.AF_INET, socket.SOCK_DGRAM)
36            client_socket.bind(('0.0.0.0', client_port)) # 클라이언트 포트 설정
37
38            try:
39                server_addr = (server_ip, server_port)
40                inputs = [client_socket] # select 모듈을 위한 입력 소켓 리스트
41
42                while True:
43                    data_to_send ="Hello, Server!"
44                    client_socket.sendto(data_to_send.encode('utf-8'), server_addr)
```

```
45                          print("Sent data:", data_to_send)
46
47                          # 데이터 수신을 논블로킹으로 처리
48                          readable, _, _ = select.select(inputs, [], [], 1) # 1초마다 입력을 체크
49                          for sock in readable:
50                                  data_received, addr = sock.recvfrom(1024)
51                                  if data_received:
52                                          print("Received data:", data_received.decode('utf-8'))
53
54                  except Exception as e:
55                          print("Error:", e)
56                  finally:
57                          client_socket.close()
58
59      if __name__ == "__main__":
60          main()
```

48 'select.select()'를 사용하여 입력 소켓 리스트 'inputs'에서 데이터가 도착하는지 체크하며, 1초마다 입력을 체크합니다.
50 데이터가 도착한 경우, 데이터를 수신하고 출력합니다.

[⊙ 현재 스크립트 실행] 아이콘을 클릭하여 코드를 실행합니다.

클라이언트는 서버로 "Hello, Server!"라는 메시지를 주기적으로 보내고, 동시에 데이터를 수신하고 출력합니다. 'uselect.select()'를 사용하여 데이터 수신을 논블로킹으로 처리하여 더 효율적으로 데이터를 처리할 수 있습니다.

PC에서는 데이터를 정상적으로 수신받았습니다.

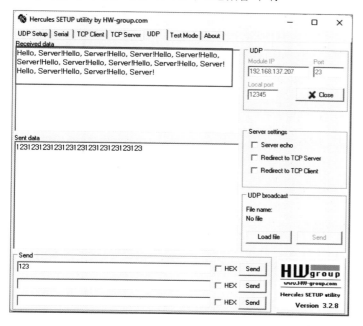

ESP32에서도 데이터를 잘 수신받습니다.

```
셸
 Sent data: Hello, Server!
 Sent data: Hello, Server!
 Sent data: Hello, Server!
 Sent data: Hello, Server!
 Sent data: Hello, Server!
 Received data: 123
 Sent data: Hello, Server!
 Received data: 123
 Sent data: Hello, Server!
 Sent data: Hello, Server!
 Sent data: Hello, Server!
```

◀ TCP와 UDP통신의 차이 ▶

TCP와 UDP는 둘 다 네트워크 통신을 위한 프로토콜이지만, 그 동작 방식과 특징에는 몇 가지 중요한 차이점이 있습니다:

❶ 연결 지향성 (Connection-Oriented) vs. 비연결 지향성 (Connectionless)
   – TCP는 연결 지향 프로토콜입니다. 클라이언트와 서버 사이에 연결을 설정하고, 데이터를 전송 및 수신하기 전에 항상 연결을 확립합니다. 이 연결은 데이터의 순서를 보장하고 손실된 데이터를 다시 전송합니다.
   – UDP는 비연결 지향 프로토콜입니다. 데이터를 전송할 때 연결 설정 단계가 없으며, 데이터그램 단위로 독립적으로 전송됩니다. UDP는 데이터의 순서를 보장하지 않고, 데이터 손실 시 복구를 제공하지 않습니다.

❷ 신뢰성 (Reliability)
   – TCP는 신뢰성을 중시합니다. 데이터의 전송 및 수신을 확인하고, 손실된 데이터나 오류가 발생하면 다시 전송합니다. 이로 인해 데이터가 정확하게 전달되는 것을 보장하지만, 더 많은 오버헤드와 지연이 발생할 수 있습니다.
   – UDP는 신뢰성이 낮습니다. 데이터를 전송하면 일반적으로 수신 확인이 이루어지지 않으며, 데이터의 손실이나 순서 변경이 발생할 수 있습니다. 그러나 빠른 속도와 적은 오버헤드로 애플리케이션에 더 적합한 경우가 있습니다.

❸ 헤더 크기 (Header Overhead)
   – TCP 헤더는 UDP 헤더보다 큽니다. 이는 TCP가 추가적인 제어 정보를 포함하기 때문입니다. 따라서 UDP는 헤더 오버헤드가 적고, 더 작은 패킷 크기를 가집니다.

❹ 사용 사례 (Use Cases)
   – TCP는 웹 브라우징, 이메일, 파일 전송 및 대화형 애플리케이션과 같이 신뢰성이 중요한 애플리케이션에 적합합니다.
   – UDP는 스트리밍 미디어, VoIP (음성 통화), 온라인 게임 및 DNS와 같이 빠른 데이터 전송이 필요하며 신뢰성이 상대적으로 덜 중요한 애플리케이션에 적합합니다.

요약하면, TCP는 신뢰성 및 연결 지향성을 제공하는 반면, UDP는 신속한 데이터 전송과 더 적은 오버헤드를 가지며 데이터의 신뢰성이 낮습니다. 선택해야 할 프로토콜은 애플리케이션의 요구 사항과 용도에 따라 다릅니다.

06 _ 3 MQTT

MQTT(Message Queuing Telemetry Transport)는 경량 메시징 프로토콜로, IoT(Internet of Things) 및 M2M(Machine-to-Machine) 통신에서 주로 사용됩니다. MQTT는 Publisher-Subscriber 모델을 기반으로 하며, 디바이스 간 데이터를 효율적으로 전송하는 데 특화되어 있습니다. 클라이언트 간에 메시지를 발행(Publish)하고 구독(Subscribe)하며, 브로커(Broker)를 통해 메시지 라우팅 및 전달이 이루어집니다. 이러한 특성으로 MQTT는 저전력 디바이스 및 빠른 메시지 전달이 필요한 환경에서 효과적으로 활용됩니다.

PC에 모스키토 MQTT 브로커 설치하고 설정하기

MQTT를 사용하기 위해서는 브로커(서버역할)가 설치되어야 합니다. 브로커는 PC에 설치하여 PC가 서버역할을 합니다. MQTT는 서버라고 부르지 않고 브로커라고 합니다. 브로커는 메시지를 중계하는 역할을 합니다.

다음의 사이트에 접속하여 모스키토 브로커를 다운로드 받습니다.

https://mosquitto.org/download/

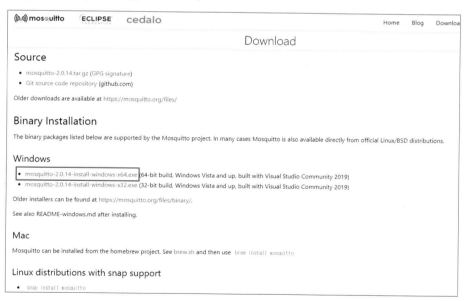

다운로드 받은 모스키토 설치프로그램을 더블클릭하여 설치합니다. 설치시 기본옵션으로만 설치를 진행합니다.

모스키토는 설치시 기본으로 외부 사용자의 접속을 허용하지 않습니다. 외부 사용자의 접속을 허용하도록 설정파일을 수정하도록합니다.

설치완료 후 메모장을 검색 후 관리자 권한으로 실행합니다. 모스키토의 설치위치가 program 폴더로 윈도우에서 관리자 권한으로만 수정이 가능합니다.

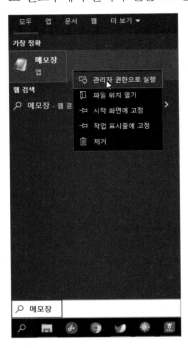

관리자 권한으로 실행된 메모장 프로그램에서 [파일] -> [열기]를 클릭합니다.

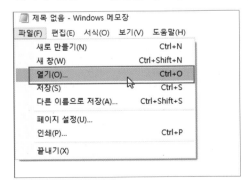

내 PC -> 로컬 디스크 -> Program Files -> mosquitto 폴더에서 유형(확장자)이 CONF 인 moquitto 파일을 열어줍니다. [모든파일]로 변경해야 파일을 찾을 수 있습니다.

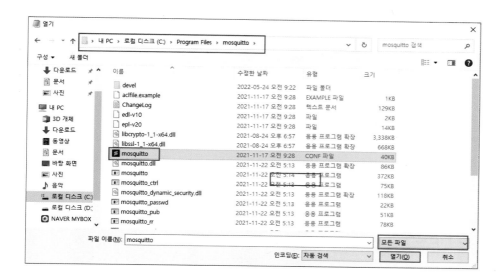

Ctrl + F 를 눌러 글자를 찾습니다. #allow_anonymous 검색 후 찾습니다.

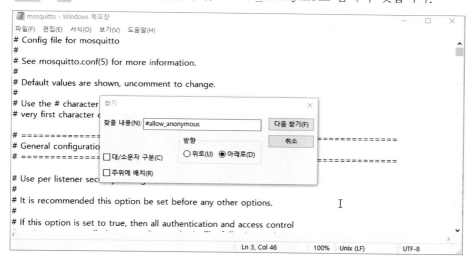

#allow_anonymous flase 를 찾았습니다.

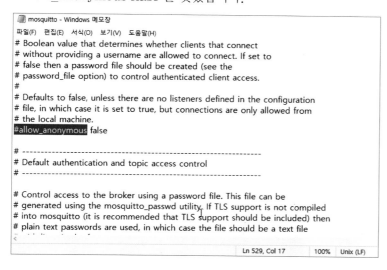

#allow_anonymous flase   → allow_anonymous true 로 변경 합니다.

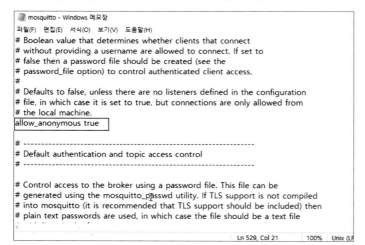

외부 접속 포트를 설정합니다. #listener 를 검색합니다.

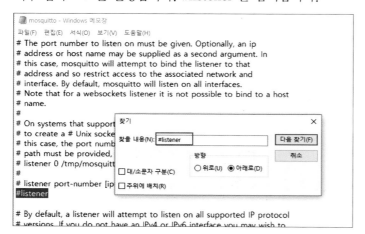

#listener → listener 1883 으로 수정합니다. MQTT의 통신 포트입니다.

Ctrl + S 를 눌러 저장합니다. 메모장을 관리자 권한으로 실행했기때문에 저장이 됩니다. 관리자 권한으로 실행하지 않았을경우 저장되지 않습니다. 외부 접속을 허용하였고 포트를 설정하였습니다.

모스키토 프로그램을 실행하기 위해서 내 PC -> 로컬 디스트 -> Program Files 폴더의 mosqutto 폴더에서 Shift 키를 누른상태에서 마우스 오른쪽을 클릭 후 [여기에 PowerShell 창 열기]를 클릭하여 PowerShell을 실행합니다.

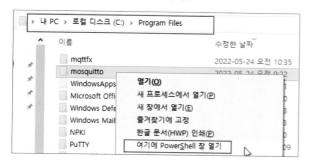

.Wmosqutto.exe 를 입력 후 모스키토 프로그램을 실행합니다. mos만 입력 후 [탭] 키트 몇번 누르면 다음과 같이 선택할수 있습니다 [탭]은 비슷한 문자의 파일을 찾는 기능입니다.

PC에 MQTT 프로그램 설치하기

PC에 MQTT를 확인하는 프로그램을 설치하도록 합니다.

다음의 사이트에 접속합니다. mqttfx라는 프로그램으로 최신버전은 5.x버전이나 유로이므로 무료버전인 1.7.1 버전을 설치합니다.
다음의 링크에서 프로그램을 다운로드 후 설치합니다. (대소문자 주의)

http://gofile.me/62Egc/28b5eadPj

설치 완료 후 'fx'를 검색 후 MQTT.fx 앱을 실행합니다.

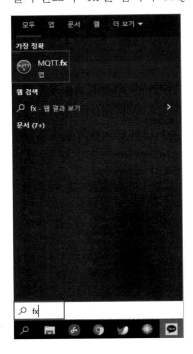

다음과 같이 프로그램이 실행되었습니다.

아래의 파일을 클릭하여 번개모양으로 변경합니다.

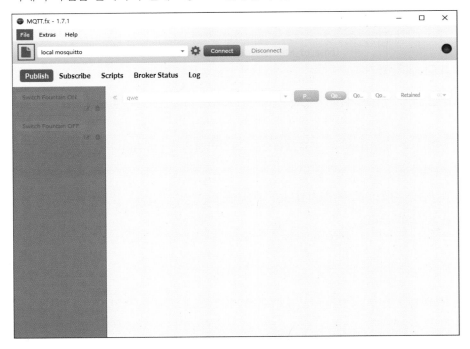

[Connect] 버튼을 눌러 mqtt 브로커에 접속합니다. localhost는 PC의 IP주소 입니다. 포트는 1883
에 연결합니다.

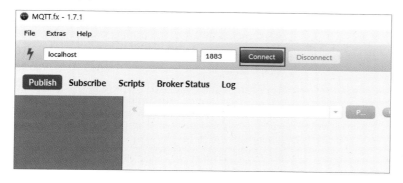

초록색으로 표시되면 잘 연결된 것입니다.

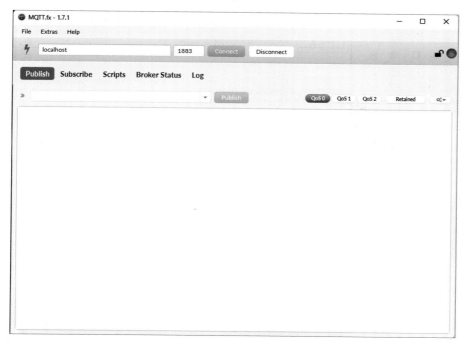

자신의 컴퓨터의 IP 주소 확인하기

검색에서 cmd를 입력후 명령 프롬프트를 실행합니다.

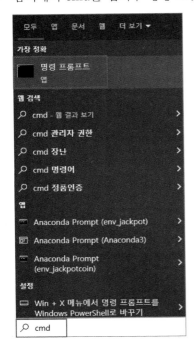

ipconfig 를 입력 후 Enter 를 눌릅니다.

핫스팟을 이용하여 연결하고 있기 때문에 무선 LAN 어댑터 로컬 영역 연결 의 IPv4 주소를 확인합니다. 192.168.137.1 로 확인됩니다.

방화벽을 모두 허용으로합니다. 설정을 맞췄다면 PC를 재부팅 합니다.

MQTT 데이터 발행하기

MQTT로 데이터를 발행하는 방법을 알아봅니다.

main6-3-1.py

```python
01    import time
02    import network
03    from mqtt import MQTTClient
04
05
06    ssid="daduino"
07    password="123456789"
08
09    SERVER="192.168.137.1"
10    PORT=1883
11    CLIENT_ID="esp32"
12    PUB_TOPIC="/pc"
13
14    def wifi_connect():
15        wlan = network.WLAN(network.STA_IF)
16        wlan.active(True)
17
18        if not wlan.isconnected():
19            print("Connecting to network...")
20            wlan.connect(ssid, password)
21
22            while not wlan.isconnected():
23                time.sleep_ms(300)
24
25            print("Connected to network:", wlan.ifconfig())
26            return True
27        else:
28            print("Already connected to network:", wlan.ifconfig())
29            return True
30
31
32    if __name__=="__main__":
33        if wifi_connect():
34            client = MQTTClient(CLIENT_ID, SERVER, PORT)
35            client.connect()
36
37            while True:
38                client.publish(PUB_TOPIC, "Hello pc")
39                time.sleep(1.0)
```

03 MQTT 클라이언트를 사용하기 위해 'mqtt' 라이브러리에서 'MQTTClient' 클래스를 가져옵니다.

09 MQTT 브로커의 IP 주소를 설정합니다.

10 MQTT 브로커의 포트 번호를 1883으로 설정합니다.

11 MQTT 클라이언트의 ID를 "esp32"로 설정합니다.

12 MQTT 클라이언트가 게시할 토픽을 "/pc"로 설정합니다.

35 MQTT 클라이언트를 생성하고 MQTT 브로커에 연결합니다.

36 무한 루프를 시작합니다.

37~39 무한 루프에서 MQTT 클라이언트를 사용하여 주기적으로 메시지를 게시합니다.

38 'client.publish()'를 사용하여 "/pc" 토픽으로 "Hello pc" 메시지를 게시합니다.

39 1초 대기합니다.

[● 현재 스크립트 실행] 아이콘을 클릭하여 코드를 실행합니다.

이 코드는 ESP32를 사용하여 Wi-Fi를 통해 MQTT 브로커와 통신하는 간단한 MQTT 클라이언트를 만드는 예제입니다. 클라이언트는 지정된 토픽으로 주기적으로 메시지를 게시하며, MQTT 프로토콜을 사용하여 메시지를 브로커에 전달합니다.

PC의 MQTTfx 프로그램에서 [Subsctibe(구독)] 탭으로 이동 후 /pc 토픽을 구독합니다. 1초마다 hello pc를 수신받았습니다. 토픽의 구독을 통해 데이터를 수신 받을 수 있습니다.

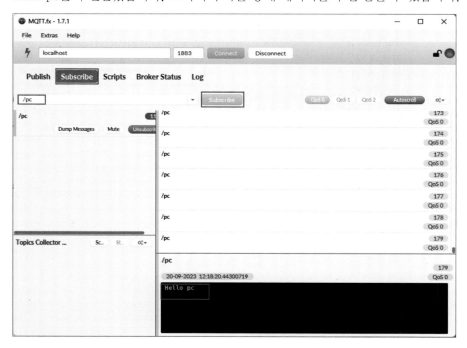

MQTT 데이터 구독하기

ESP32에서 MQTT 데이터를 구독하여 데이터를 수신받는 방법을 알아봅니다.

main6-3-2.py

```
01  import time
02  import network
03  from mqtt import MQTTClient
04
05
06  ssid="daduino"
07  password="123456789"
08
09  SERVER="192.168.137.1"
10  PORT=1883
11  CLIENT_ID="esp32"
12  PUB_TOPIC="/pc"
13  SUB_TOPIC ="/esp32"
14
15  def wifi_connect():
16      wlan = network.WLAN(network.STA_IF)
17      wlan.active(True)
18
19      if not wlan.isconnected():
20          print("Connecting to network...")
21          wlan.connect(ssid, password)
22
23          while not wlan.isconnected():
24              time.sleep_ms(300)
25
26          print("Connected to network:", wlan.ifconfig())
27          return True
28      else:
29          print("Already connected to network:", wlan.ifconfig())
30          return True
31
32  def sub_callback(topic, msg):
33      print("데이터 구독")
34      print(topic, msg)
35
36
37  if __name__=="__main__":
38      if wifi_connect():
39          client = MQTTClient(CLIENT_ID, SERVER, PORT)
40          client.set_callback(sub_callback)
41          client.connect()
42          client.subscribe(SUB_TOPIC)
43
44          while True:
45              client.check_msg()
```

09   MQTT 브로커의 IP 주소를 설정합니다.

10   MQTT 브로커의 포트 번호를 1883으로 설정합니다.

11   MQTT 클라이언트의 ID를 "esp32"로 설정합니다.

12   MQTT 클라이언트가 게시할 토픽을 "/pc"로 설정합니다.

13   MQTT 클라이언트가 구독할 토픽을 "/esp32"로 설정합니다.

32~35 'sub_callback()' 함수를 정의합니다. 이 함수는 특정 토픽에 대한 메시지를 구독했을 때 호출됩니다.

33   "데이터 구독" 메시지를 출력합니다.

34   수신한 토픽과 메시지를 출력합니다.

44~45 무한 루프에서 'client.check_msg()'를 호출하여 메시지를 확인하고, 콜백 함수 'sub_callback'가 호출되어 메시지를 처리합니다.

[⊙ 현재 스크립트 실행] 아이콘을 클릭하여 코드를 실행합니다.

이 코드는 ESP32를 사용하여 Wi-Fi를 통해 MQTT 브로커와 통신하는 MQTT 클라이언트를 만드는 예제입니다. 클라이언트는 "/pc" 토픽으로 주기적으로 메시지를 게시하고, "/esp32" 토픽을 구독하여 해당 토픽으로 전송된 메시지를 수신하고 출력합니다.

[Publish(발행)] 탭에서 /esp32 토픽트오 hi esp32 데이터를 발행합니다.

ESP32에서도 /esp32를 구독하고 있으므로 데이터의 수신이 가능합니다.

```
쉘 ×
>>> %Run -c $EDITOR_CONTENT

MPY: soft reboot
Already connected to network:
데이터 구독
b'/esp32' b'hi esp32'
데이터 구독
b'/esp32' b'hi esp32'
```

MQTT 발행 구독하기

MQTT에서 데이터의 발행과 구독을 같이 하는 코드를 작성하는 방법을 알아봅니다.

```python
main6-3-3.py
01    import time
02    import network
03    from mqtt import MQTTClient
04    from machine import Timer
05
06    ssid="daduino"
07    password="123456789"
08
09    SERVER="192.168.137.1"
10    PORT=1883
11    CLIENT_ID="esp32"
12    PUB_TOPIC="/pc"
13    SUB_TOPIC ="/esp32"
14
15    def wifi_connect():
16        wlan = network.WLAN(network.STA_IF)
17        wlan.active(True)
18
19        if not wlan.isconnected():
20            print("Connecting to network...")
21            wlan.connect(ssid, password)
22
23            while not wlan.isconnected():
24                time.sleep_ms(300)
25
26            print("Connected to network:", wlan.ifconfig())
27            return True
28        else:
29            print("Already connected to network:", wlan.ifconfig())
30            return True
31
32    def sub_callback(topic, msg):
33        print("데이터 구독")
34        print(topic, msg)
35
36    def mqtt_send(tim):
37        client.publish(PUB_TOPIC, "Hello pc")
38
39
40    if __name__=="__main__":
41        if wifi_connect():
42            client = MQTTClient(CLIENT_ID, SERVER, PORT)
```

```
43              client.set_callback(sub_callback)
44              client.connect()
45              client.subscribe(SUB_TOPIC)
46
47              tim = Timer(0)
48              tim.init(period=1000, mode=Timer.PERIODIC,callback=mqtt_send)
49
50              while True:
51                  client.check_msg()
```

09 MQTT 브로커의 IP 주소를 설정합니다.

10 MQTT 브로커의 포트 번호를 1883으로 설정합니다.

11 MQTT 클라이언트의 ID를 "esp32"로 설정합니다.

12 MQTT 클라이언트가 게시할 토픽을 "/pc"로 설정합니다.

13 MQTT 클라이언트가 구독할 토픽을 "/esp32"로 설정합니다.

15 'wifi_connect()' 함수를 정의합니다. 이 함수는 Wi-Fi에 연결하는 작업을 수행합니다.

16 'network.WLAN()'을 사용하여 Wi-Fi 클라이언트 객체를 만듭니다.

17 Wi-Fi 클라이언트를 활성화합니다.

32~35 'sub_callback()' 함수를 정의합니다. 이 함수는 특정 토픽에 대한 메시지를 구독했을 때 호출됩니다.

33 "데이터 구독" 메시지를 출력합니다.

34 수신한 토픽과 메시지를 출력합니다.

36~38 'mqtt_send()' 함수를 정의합니다. 이 함수는 MQTT 클라이언트를 사용하여 주기적으로 메시지를 게시합니다.

37 'client.publish()'를 사용하여 "/pc" 토픽으로 "Hello pc" 메시지를 게시합니다.

47~48 타이머를 설정하여 'mqtt_send()' 함수를 1초마다 주기적으로 호출합니다.

47 타이머 객체 'tim'을 생성합니다.

48 'tim.init()'을 사용하여 타이머를 초기화하고 1초마다 주기적으로 호출할 콜백 함수 'mqtt_send'를 설정합니다.

50 무한 루프에서 'client.check_msg()'를 호출하여 메시지를 확인하고, 콜백 함수 'sub_callback'가 호출되어 메시지를 처리합니다.

51 주기적으로 메시지를 게시하기 위해 루프를 유지합니다.

[◉ 현생재 스크립트 실행] 아이콘을 클릭하여 코드를 실행합니다.

구독은 callback 함수를 활용하여 데이터를 수신받습니다.

```
쉘 ×
>>> %Run -c $EDITOR_CONTENT

 MPY: soft reboot
 Already connected to network:
 데이터 구독
 b'/esp32' b'hi esp32'
 데이터 구독
 b'/esp32' b'hi esp32'
```

발행은 하드웨어 타이머를 이용하여 1초마다 동작합니다.

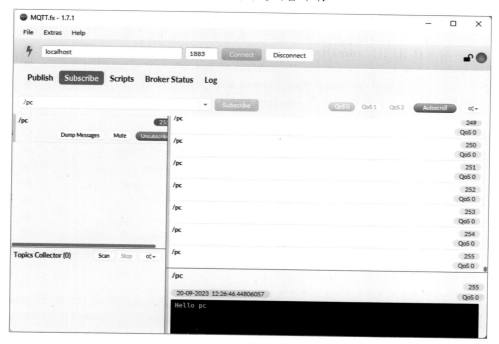

06 _ 4 웹서버

웹서버는 클라이언트 컴퓨터(웹 브라우저)로부터 HTTP 요청을 받아들이고, 웹 페이지, 이미지, 동영상 등의 웹 콘텐츠를 제공하는 소프트웨어입니다. 클라이언트가 웹 주소(URL)를 입력하면, 웹서버는 해당 페이지를 찾아서 응답을 생성하여 클라이언트에게 전송합니다. 웹서버는 웹 호스팅, 애플리케이션 호스팅, 데이터 스토리지 및 보안 기능을 제공하여 웹사이트 운영을 가능하게 합니다. 다음의 회로를 구성합니다.

회로

부품핀	ESP32핀
LED1	15

브레드보드를 이용한 회로연결

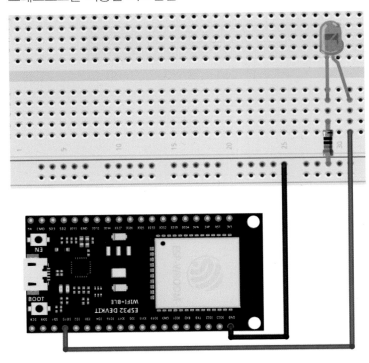

LED를 15번핀에 연결합니다. LED를 보호하기 위한 저항은 220옴을 사용합니다.

ESP32 사물인터넷 보드를 이용한 회로연결

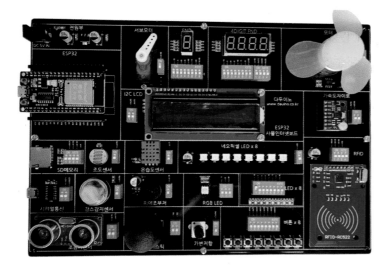

[LED x 8] 의 선택 스위치를 위쪽방향(ON)으로 선택합니다. 나머지 선택스위치는 아랫방향(OFF)
로 선택합니다.

웹서버 버튼 만들기

ESP32로 웹서버를 만들고 버튼을 생성하는 방법에 대해서 알아봅니다.

main6-4-1.py

```
01    import time
02    import network
03    import socket
04
05    ssid ="daduino"
06    password ="123456789"
07
08    def wifi_disconnect():
09        wlan = network.WLAN(network.STA_IF)
10        if wlan.isconnected():
11            print("Disconnecting from network...")
12            wlan.disconnect()
13            while wlan.isconnected():
14                time.sleep_ms(300)
15            print("Disconnected from network")
16
17    def wifi_connect():
18        wlan = network.WLAN(network.STA_IF)
19        wlan.active(True)
20
```

```
21            if not wlan.isconnected():
22                print("Connecting to network...")
23                wlan.connect(ssid, password)
24
25                while not wlan.isconnected():
26                    time.sleep_ms(300)
27
28                print("Connected to network:", wlan.ifconfig())
29                return True
30        else:
31            print("Already connected to network:", wlan.ifconfig())
32            return True
33
34
35    def web_page():
36        html ="""<html><head> <title>ESP32 Button Click</title> <meta name="viewport"
content="width=device-width, initial-scale=1">
37            <link rel="icon" href="data:,"> <style>html{font-family: Helvetica; display:inline-
block; margin: 0px auto; text-align: center;}
38            h1{color: #0F3376; padding: 2vh;}p{font-size: 1.5rem;}.button{display: inline-block;
background-color: #e7bd3b; border: none;
39            border-radius: 4px; color: white; padding: 16px 40px; text-decoration: none; font-
size: 30px; margin: 2px; cursor: pointer;}
40            </style></head><body> <h1>ESP32 Button Click</h1>
41            <p><button class="button" id="clickButton">Click</button></p>
42            <script>
43            document.getElementById("clickButton").onclick = function() {
44                fetch("/?button=click");
45            };
46            </script>
47            </body></html>"""
48        return html
49
50
51    if __name__ =="__main__":
52        wifi_disconnect()
53        if wifi_connect():
54            my_socket = socket.socket(socket.AF_INET, socket.SOCK_STREAM) # 소켓 연결 생성
55            my_socket.bind(('', 80)) # 소켓 주소와 포트 바인딩
56            my_socket.listen(5) # 연결 대기
57
58            while True:
59                client, addr = my_socket.accept() # 클라이언트 연결 대기
60                print('Got a connection from %s' % str(addr))
61                request = client.recv(1024) # 요청 수신
62                request =str(request)
```

```
63                    print('Content = %s' % request)
64                    button_click = request.find('/?button=click')
65                    if button_click ==6:
66                        print('Button Clicked')
67
68                    response = web_page()
69
70                    client.send('HTTP/1.1 200 OK\n')
71                    client.send('Content-Type: text/html\n')
72                    client.send('Connection: close\n\n')
73                    client.sendall(response)
74                    client.close()
```

08~16 'wifi_disconnect()' 함수를 정의합니다. 이 함수는 Wi-Fi 연결을 해제합니다.

09 'network.WLAN()'을 사용하여 Wi-Fi 클라이언트 객체를 만듭니다.

10 Wi-Fi가 연결되어 있는지 확인합니다.

11 연결을 해제합니다.

12~14 연결이 해제될 때까지 대기합니다.

15 연결이 해제되었다고 출력합니다.

17~32 'wifi_connect()' 함수를 정의합니다. 이 함수는 Wi-Fi에 연결하는 작업을 수행합니다.

18 'network.WLAN()'을 사용하여 Wi-Fi 클라이언트 객체를 만듭니다.

19 Wi-Fi 클라이언트를 활성화합니다.

21 Wi-Fi가 연결되어 있지 않다면 연결을 시도합니다.

22~26 연결이 성공할 때까지 대기합니다.

28 연결에 성공하면 현재 IP 주소를 출력하고 True를 반환합니다.

30~32 이미 연결되어 있는 경우 IP 주소를 출력하고 True를 반환합니다.

35~48 'web_page()' 함수를 정의합니다. 이 함수는 웹 페이지의 HTML 코드를 반환합니다.

36~47 HTML 코드를 문자열로 반환합니다. 이 코드에는 버튼이 하나 있으며, 클릭 이벤트가 발생하면 "/?button=click"로 요청을 보냅니다.

58-74 무한 루프를 시작하여 클라이언트 요청을 처리합니다.

59 클라이언트 요청을 대기합니다.

60 클라이언트가 연결되었을 때 클라이언트의 주소를 출력합니다.

61 클라이언트로부터 요청을 수신합니다.

62 요청을 문자열로 변환합니다.

64 요청 문자열에서 "/?button=click" 문자열을 찾습니다.

66 버튼이 클릭되면 "Button Clicked"를 출력합니다.

68 웹 페이지를 생성하여 'response' 변수에 저장합니다.

70~73 HTTP 응답을 클라이언트에게 전송합니다.

74 클라이언트 소켓을 닫습니다.

이 코드는 ESP32를 사용하여 간단한 웹 서버를 구현하고, 웹 페이지에서 버튼 클릭 이벤트를 처리하는 예제입니다. ESP32는 Wi-Fi를 통해 웹 페이지를 호스팅하며, 버튼 클릭 이벤트를 서버 측에서 처리하여 "Button Clicked"를 출력합니다.

[⊙ 현재 스크립트 실행] 아이콘을 클릭하여 코드를 실행합니다.

● ESP32 보드의 리셋버튼을 누른다음 리셋 후 코드를 실행합니다.

ESP32가 연결된 IP주소를 확인합니다.

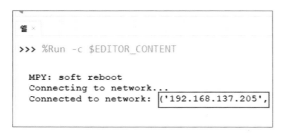

웹브라우저를 이용하여 ESP32가 연결된 IP에 접속합니다.

Click 부분의 아이콘을 클릭합니다.

ESP32에서도 버튼의 눌림의 확인이 가능합니다.

```
셸 ×
  Connected to network: ('192.168.137.205', '255.255.255.0', '192.168
  Got a connection from ('192.168.137.1', 2289)
  Content = b'GET / HTTP/1.1\r\nHost: 192.168.137.205\r\nConnection:
  T 10.0; Win64; x64) AppleWebKit/537.36 (KHTML, like Gecko) Chrome/1
  l;q=0.9,image/avif,image/webp,image/apng,*/*;q=0.8,application/sign
  KR,ko;q=0.9,en-US;q=0.8,en;q=0.7\r\n\r\n'
  Got a connection from ('192.168.137.1', 2290)
  Content = b'GET /?button=click HTTP/1.1\r\nHost: 192.168.137.205\r\
  AppleWebKit/537.36 (KHTML, like Gecko) Chrome/116.0.0.0 Safari/537.
  deflate\r\nAccept-Language: ko-KR,ko;q=0.9,en-US;q=0.8,en;q=0.7\r\n
  Button Clicked
```

웹서버 버튼으로 LED 제어하기

웹서버의 버튼을 이용하여 LED를 켜고 끄는 제어를 하는 방법에 대해서 알아봅니다.

main6-4-2.py

```python
01    from machine import Pin
02    import time
03    import network
04    import socket
05
06    ssid ="daduino"
07    password ="123456789"
08
09    led1=Pin(15,Pin.OUT,Pin.PULL_DOWN)
10
11    def wifi_disconnect():
12        wlan = network.WLAN(network.STA_IF)
13        if wlan.isconnected():
14            print("Disconnecting from network...")
15            wlan.disconnect()
16            while wlan.isconnected():
17                time.sleep_ms(300)
18            print("Disconnected from network")
19
20    def wifi_connect():
21        wlan = network.WLAN(network.STA_IF)
22        wlan.active(True)
23
24        if not wlan.isconnected():
25            print("Connecting to network...")
26            wlan.connect(ssid, password)
27
28            while not wlan.isconnected():
29                time.sleep_ms(300)
30
31            print("Connected to network:", wlan.ifconfig())
32            return True
33        else:
34            print("Already connected to network:", wlan.ifconfig())
35            return True
36
37
38    def web_page():
39        if led1.value() ==0:
40            gpio_state="OFF"
41        else:
42            gpio_state="ON"
```

```
43
44          html ="""<html><head> <title>ESP32 LED control</title> <meta name="viewport"
content="width=device-width, initial-scale=1">
45              <link rel="icon" href="data:,"> <style>html{font-family: Helvetica; display:inline-
block; margin: 0px auto; text-align: center;}
46              h1{color: #0F3376; padding: 2vh;}p{font-size: 1.5rem;}.button{display: inline-block;
background-color: #e7bd3b; border: none;
47              border-radius: 4px; color: white; padding: 16px 40px; text-decoration: none; font-
size: 30px; margin: 2px; cursor: pointer;}
48              .button2{background-color: #4286f4;}</style></head><body> <h1>ESP32 LED control</h1>
49              <p>GPIO state: <strong>"""+ gpio_state +"""</strong></p><p><a href="/?led=on"><button
class="button">ON</button></a></p>
50              <p><a href="/?led=off"><button class="button button2">OFF</button></a></p></body></
html>"""
51          return html
52
53      if __name__=="__main__":
54          wifi_disconnect()
55          if wifi_connect():
56              my_socket=socket.socket(socket.AF_INET, socket.SOCK_STREAM)
57              my_socket.bind(('', 80))
58              my_socket.listen(5)
59
60              while True:
61                  client, addr = my_socket.accept()
62                  print('connection from %s' % str(addr))
63                  request = client.recv(1024)
64                  request =str(request)
65                  print('Content = %s' % request)
66                  led_on = request.find('/?led=on')
67                  led_off = request.find('/?led=off')
68                  if led_on ==6:
69                      print('LED ON')
70                      led1.value(1)
71                  if led_off ==6:
72                      print('LED OFF')
73                      led1.value(0)
74                  response = web_page()
75                  client.send('HTTP/1.1 200 OK\n')
76                  client.send('Content-Type: text/html\n')
77                  client.send('Connection: close\n\n')
78                  client.sendall(response)
79                  client.close()
```

38~51 ' web_page()' 함수를 정의합니다. 이 함수는 웹 페이지의 HTML 코드를 반환합니다.

39~42 LED1의 상태에 따라 "ON" 또는 "OFF"를 결정합니다.

44~49 HTML 코드를 문자열로 반환합니다. 이 코드에는 LED 제어 버튼이 있으며, 버튼을 클릭하면 "/?led=on" 또는 "/?led=off"로 요청을 보냅니다.

66 "/?led=on" 문자열을 찾아 LED를 켭니다.

67 "/?led=off" 문자열을 찾아 LED를 끕니다.

이 코드는 ESP32를 사용하여 웹 서버를 구현하고 웹 페이지에서 LED를 제어하는 예제입니다. 웹 페이지에 접속하여 버튼을 클릭하면 LED의 상태가 변경됩니다.

[◉ 현재 스크립트 실행] 아이콘을 클릭하여 코드를 실행합니다.

ON, OFF버튼을 두 개 생성하였습니다. 버튼을 눌러 LED를 제어합니다.

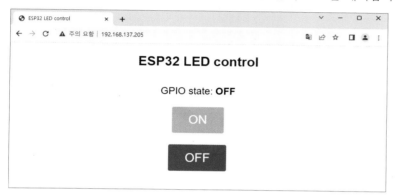

버튼을 눌러 LED의 제어가 가능합니다.

```
쉘 ×
ndows NT 10.0; Win64; x64) AppleWebKit/537.36 (KHTMI
tion/xml;q=0.9,image/avif,image/webp,image/apng,*/*,
ding: gzip, deflate\r\nAccept-Language: ko-KR,ko;q=(
LED ON
connection from ('192.168.137.1', 2342)
 Content = b'GET /?led=off HTTP/1.1\r\nHost: 192.168.
indows NT 10.0; Win64; x64) AppleWebKit/537.36 (KHTN
ation/xml;q=0.9,image/avif,image/webp,image/apng,*/
ept-Encoding: gzip, deflate\r\nAccept-Language: ko-F
LED OFF
connection from ('192.168.137.1', 2356)
```

사물인터넷 서비스

사물인터넷 서비스 챕터에서는 다양한 인터넷 기반 서비스 및 플랫폼을 활용하여 IoT 프로젝트를 구축하고 제어하는 방법을 다룰 것입니다. 아래는 이 챕터에서 다룰 주요 서비스 및 플랫폼에 대한 간략한 설명입니다.

❶ IFTTT(If This Then That): IFTTT는 "If This Then That"의 약자로, 다양한 웹 서비스와 IoT 장치를 연동할 수 있는 자동화 플랫폼입니다. IFTTT를 사용하면 특정 이벤트(예: 날씨 업데이트, 이메일 수신)가 발생하면 해당 이벤트에 대한 조건을 설정하고, 그에 따른 동작을 수행하도록 프로그램할 수 있습니다. 예를 들어, 날씨 앱의 비올 때 알림을 받거나, 스마트 홈 기기를 제어하는 등 다양한 IoT 응용 프로그램을 만들 수 있습니다.

❷ ThingSpeak: ThingSpeak는 데이터를 수집, 시각화하고 공유할 수 있는 온라인 IoT 플랫폼입니다. 사용자는 ThingSpeak를 통해 센서 데이터를 업로드하고 그래프로 표시할 수 있으며, 특정 이벤트 발생 시 알림을 받을 수도 있습니다. 이를 통해 데이터 모니터링 및 분석을 수행하고, 데이터를 공유하는 IoT 프로젝트를 구축할 수 있습니다.

❸ Firebase: Firebase는 Google에서 제공하는 클라우드 기반 개발 플랫폼으로, 웹 및 모바일 애플리케이션을 위한 다양한 서비스를 제공합니다. Firebase를 사용하면 실시간 데이터베이스, 인증, 클라우드 메시징 등의 기능을 활용하여 IoT 애플리케이션을 개발하고 호스팅할 수 있습니다. Firebase는 IoT 장치와 앱 간 데이터 통신에 활용될 수 있습니다.

❹ 텔레그램 (Telegram): 텔레그램은 안전하고 빠른 메시징 앱으로, 봇 API를 제공하여 사용자가 자체적으로 챗봇을 개발하고 활용할 수 있습니다. IoT 프로젝트에서는 텔레그램 봇을 사용하여 장치 상태 알림, 원격 제어 및 데이터 수집 등을 수행할 수 있습니다. 봇을 통해 사용자와 상호작용하면서 다양한 IoT 기능을 추가할 수 있습니다.

사물인터넷 서비스 챕터를 통해 이러한 서비스와 플랫폼을 활용하여 IoT 프로젝트를 구현하고 제어하는 방법을 자세히 배울 수 있습니다. 이러한 도구와 서비스는 IoT 애플리케이션 개발을 더욱 효율적이고 다양하게 만들어줍니다.

07 _ 1 IFTTT

IFTTT(If This Then That)는 자동화 서비스로, 다양한 온라인 서비스와 기기를 연결하여 작업을 자동화하는 데 사용됩니다. IFTTT를 사용하면 "만약 이러면 저렇게"와 같은 조건부 규칙을 설정할 수 있습니다. 예를 들어, Gmail 이메일을 받으면 이를 Google 드라이브에 자동으로 저장하거나, 날씨 예보를 받으면 휴대전화로 알림을 보내는 등의 작업을 자동으로 수행할 수 있습니다. IFTTT는 다양한 앱, 서비스 및 기기 간의 통합을 효율적으로 처리하여 생활을 간편하게 만들어줍니다.

IFTTT 서비스 만들기

구글에서 "ifttt"를 검색 후 아래 사이트에 접속합니다.

로그인한다음 [Create] 버튼을 클릭합니다.

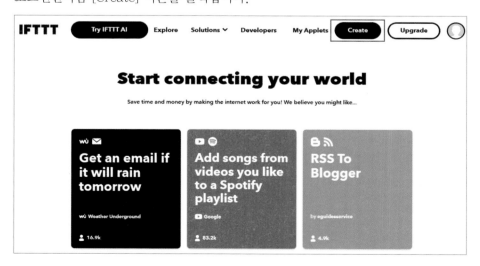

[If This] 부분을 클릭합니다.

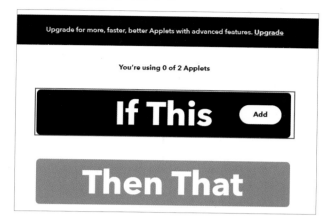

검색에 "webhooks"를 검색 후 [Webhooks]서비스를 선택합니다. 특정 웹주소에 접속하면 트리거가 발동되는 형식으로 동작합니다.

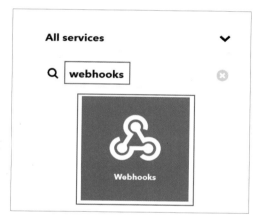

[Receive a web request]부분을 선택합니다.

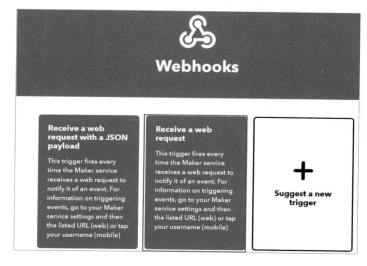

이벤트 이름을 "test_event"로 정한다음 [Create trigger]를 클릭합니다. 이벤트 이름은 어느 이벤트에 접속했는지 중요하므로 동일하게 입력합니다.

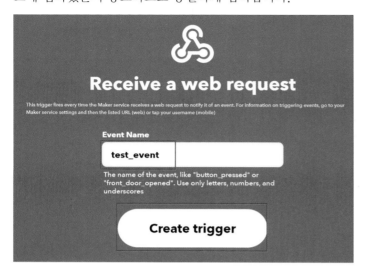

[Then That] 부분을 클릭합니다.

noti를 검색 후 [Notifications]를 선택합니다. 알람을 발생하는 서비스입니다.

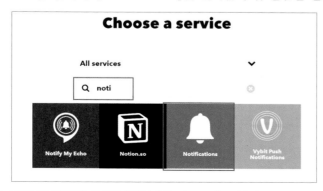

[Send a notification from the IFTTT app]을 선택합니다.

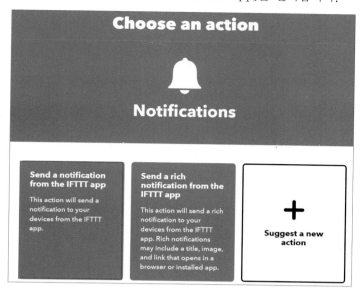

Add ingredient 부분을 클릭하여 Message 부분에 Value1, Value2, Value3을 추가합니다. Value 부분에 내용을 넣어 전송 할 수 있습니다.

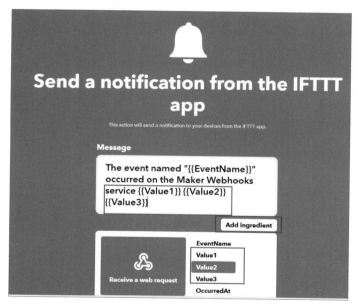

[Create action]을 클릭합니다.

[Continue]를 눌러 계속 진행합니다.

[Finish]를 눌러 이벤트의 생성을 완료합니다.

Webhooks 아이콘을 클릭하여 나의 api키를 확인합니다.

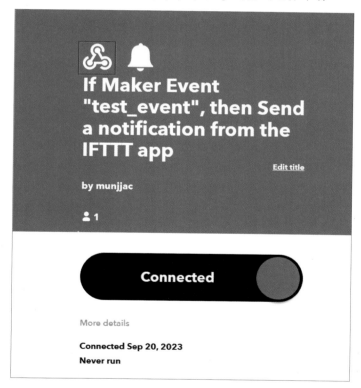

[Documentation]을 클릭합니다.

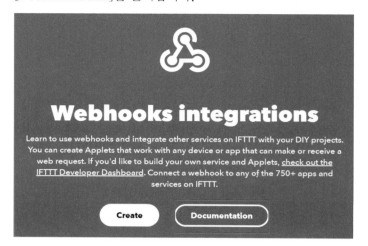

나의 key의 확인이 가능합니다. key 부분을 잘 복사해둡니다.

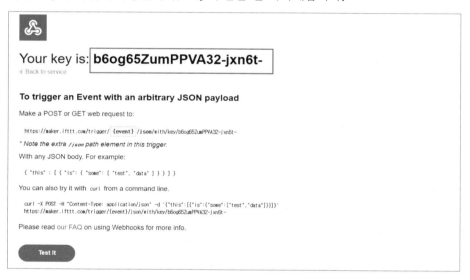

IFTTT 데이터 보내기

IFTTT를 이용하여 웹후크에 트리거를 발생시키는 방법에 대해서 알아봅니다.

main7-1-1.py

```python
01    import time
02    import network
03    import urequests
04
05    ssid ="daduino"
06    password ="123456789"
07
08    api_key ="b6og65ZumPPVA32-jxn6t-"
09    event_name ="test_event"
10    webhoo_url ='https://maker.ifttt.com/trigger/'+ event_name +'/with/key/'
11
12    def wifi_disconnect():
13        wlan = network.WLAN(network.STA_IF)
14        if wlan.isconnected():
15            print("Disconnecting from network...")
16            wlan.disconnect()
17            while wlan.isconnected():
18                time.sleep_ms(300)
19            print("Disconnected from network")
20
21    def wifi_connect():
22        wlan = network.WLAN(network.STA_IF)
23        wlan.active(True)
24
25        if not wlan.isconnected():
26            print("Connecting to network...")
27            wlan.connect(ssid, password)
28
29            while not wlan.isconnected():
30                time.sleep_ms(300)
31
32            print("Connected to network:", wlan.ifconfig())
33            return True
34        else:
35            print("Already connected to network:", wlan.ifconfig())
36            return True
37
38    def send_webhook(value1='0',value2='0',value3='0'):
39        input_json = {'value1': value1, 'value2':value2, 'value3':value3}
40        request_headers = {'Content-Type': 'application/json'}
41
42        request = urequests.post(webhoo_url + api_key,
43                                              json=input_json,
44                                              headers=request_headers)
45        request.close()
46
47    if __name__ =="__main__":
48        wifi_disconnect()
49        if wifi_connect():
50            send_webhook("hello","hi","bye")
51            print("ifttt 전송완료")
```

08~09 IFTTT 웹훅을 호출할 때 사용할 API 키와 이벤트 이름을 설정합니다.

10 IFTTT 웹훅의 URL을 생성합니다.

38~46 'send_webhook' 함수를 정의합니다. 지정된 값을 사용하여 IFTTT 웹훅을 호출합니다.

50 'send_webhook' 함수를 호출하여 IFTTT에 데이터를 전송합니다.

51 "ifttt 전송완료" 메시지를 출력합니다.

[● 현재 스크립트 실행] 아이콘을 클릭하여 코드를 실행합니다.

ifttt의 웹후크를 이용하여 ESP32에서 접속하여 이벤트를 발생시켰습니다.

IFTTT사이트에서 Activity부분을 클릭하면 발생한 이벤트의 확인이 가능합니다.

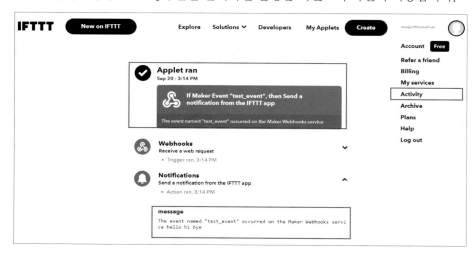

test_event이름으로 hello, hi, bye 값을 정상적으로 발생하였습니다.

스마트폰에 IFTTT 앱을 설치 후 동일한 아이디로 로그인하면 스마트폰으로 알림의 확인이 가능합니다. IFTTT는 알림외에 이메일, 페이스북 등 다양한 서비스를 제공합니다. 도미노피자와도 연동되어 피자의 주문도 가능합니다. (단 도미도는 서비스를 허용한 국가만 가능)

07 _ 2 thingspeak

ThingSpeak는 인터넷 물건 사물인터넷(IoT) 플랫폼으로, 센서 데이터를 수집, 저장, 시각화 및 공유할 수 있게 해주는 서비스입니다. 사용자는 ThingSpeak를 통해 센서 데이터를 업로드하고, 사용자 정의 그래프와 차트로 데이터를 시각화할 수 있습니다. 또한 ThingSpeak는 특정 조건에 따라 알림을 생성하거나 외부 시스템과 통합하여 자동화 작업을 수행하는 기능을 제공합니다. 이것은 IoT 프로젝트, 홈 오트메이션 및 환경 모니터링 등 다양한 응용 분야에서 사용됩니다.

thingspeak 서비스 만들기

구글에서 "thingspeak"를 검색 후 아래의 사이트에 접속합니다.

로그인한 다음 [Channel]탭으로 이동 후 [New Channel]을 클릭합니다.

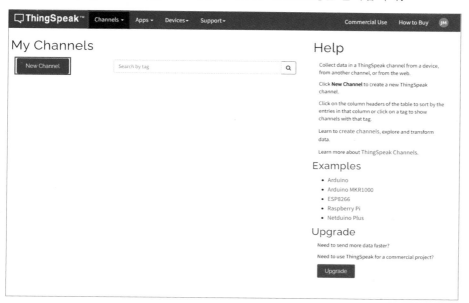

test_channel로 이름을 설정합니다. Field 1,Field 2,Field 3에 체크합니다.

스크롤을 아래로 내려 [Save Channel]을 클릭하여 채널을 생성합니다.

test_channel이 생성되었습니다. 생성된 Field의 표를 확인 할 수 있습니다. [API Keys]탭으로 이 동합니다.

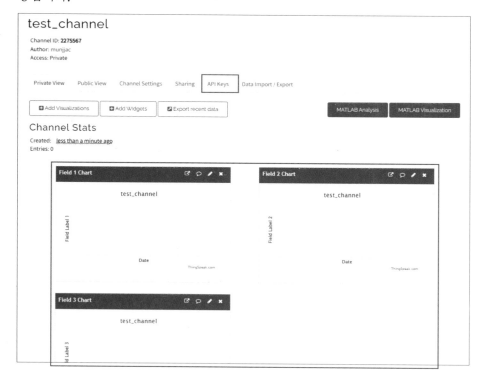

Write API Key를 확인한 다음 복사합니다. 코드에서 API를 사용합니다.

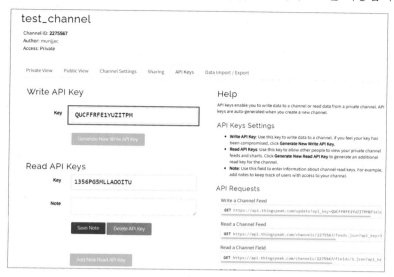

thingspeak에 데이터 전송하기

thingspeak에 나의 데이터를 전송하는 방법에 대해서 알아봅니다.

```
main7-2-1.py
01    import time
02    import network
03    import urequests
04
05    ssid ="daduino"
06    password ="123456789"
07
08    api_key_thingspeak ="QUCFFRFE1YUZITPM"
09    thingspeak_url ='http://api.thingspeak.com/update?api_key='+ api_key_thingspeak
10
11    def wifi_disconnect():
12        wlan = network.WLAN(network.STA_IF)
13        if wlan.isconnected():
14            print("Disconnecting from network...")
15            wlan.disconnect()
16            while wlan.isconnected():
17                time.sleep_ms(300)
18            print("Disconnected from network")
19
20    def wifi_connect():
21        wlan = network.WLAN(network.STA_IF)
22        wlan.active(True)
23
24        if not wlan.isconnected():
25            print("Connecting to network...")
26            wlan.connect(ssid, password)
```

```
27
28                  while not wlan.isconnected():
29                          time.sleep_ms(300)
30
31                  print("Connected to network:", wlan.ifconfig())
32                  return True
33          else:
34                  print("Already connected to network:", wlan.ifconfig())
35                  return True
36
37      def send_thingspeak(field1=0,field2=0,field3=0):
38          input_json = {'field1':field1, 'field2':field2, 'field3':field3}
39
40          request_headers = {'Content-Type': 'application/json'}
41          request = urequests.post(thingspeak_url,
42                                              json = input_json,
43                                              headers = request_headers )
44
45          request.close()
46
47      if __name__ =="__main__":
48          wifi_disconnect()
49          if wifi_connect():
50                  send_thingspeak(10,20,30)
51                  print("전송완료")
```

08~09 ThingSpeak에 데이터를 업데이트하기 위한 API 키와 ThingSpeak 업데이트 URL을 설정합니다.

37~46 'send_thingspeak' 함수를 정의합니다. 지정된 필드(field)에 대한 값을 사용하여 ThingSpeak 서버로 데이터를 전송합니다.

50 'send_thingspeak' 함수를 호출하여 ThingSpeak 서버로 데이터를 전송합니다.

[▶ 현재 스크립트 실행] 아이콘을 클릭하여 코드를 실행합니다.

내가 생성한 채널에 데이터를 추가하였습니다. 여러 개의 Field에 데이터를 전송하였습니다.

thingspeak에 무작위 데이터 계속 전송하기

thingspeak에 무작위 데이터를 계속 보내는 방법을 알아봅니다.

main7-2-2.py

```
01    import time
02    import network
03    import urequests
04    import random
05
06    ssid ="daduino"
07    password ="123456789"
08
09    api_key_thingspeak ="QUCFFRFE1YUZITPM"
10    thingspeak_url ='http://api.thingspeak.com/update?api_key='+ api_key_thingspeak
11
12    def wifi_disconnect():
13        wlan = network.WLAN(network.STA_IF)
14        if wlan.isconnected():
15            print("Disconnecting from network...")
16            wlan.disconnect()
17            while wlan.isconnected():
18                time.sleep_ms(300)
19            print("Disconnected from network")
20
21    def wifi_connect():
22        wlan = network.WLAN(network.STA_IF)
23        wlan.active(True)
24
25        if not wlan.isconnected():
26            print("Connecting to network...")
27            wlan.connect(ssid, password)
28
29            while not wlan.isconnected():
30                time.sleep_ms(300)
31
32            print("Connected to network:", wlan.ifconfig())
33            return True
34        else:
35            print("Already connected to network:", wlan.ifconfig())
36            return True
37
38    def send_thingspeak(field1=0,field2=0,field3=0):
39        input_json = {'field1':field1, 'field2':field2, 'field3':field3}
40
41        request_headers = {'Content-Type': 'application/json'}
42        request = urequests.post(thingspeak_url,
```

```
43                                    json = input_json,
44                                    headers = request_headers )
45
46          request.close()
47
48      if __name__ =="__main__":
49          wifi_disconnect()
50          if wifi_connect():
51              while True:
52                  random1 = random.randint(0, 10)
53                  random2 = random.randint(10, 20)
54                  random3 = random.randint(20, 30)
55                  send_thingspeak(random1,random2,random3)
56                  print(random1,random2,random3,"전송완료")
57                  time.sleep(1.0)
```

52~54 0부터 30 사이의 임의의 숫자를 생성하여 'random1', 'random2', 'random3' 변수에 저장합니다.
55 'send_thingspeak' 함수를 호출하여 ThingSpeak 서버로 무작위 데이터를 전송합니다.

[⊙ 현재 스크립트 실행] 아이콘을 클릭하여 코드를 실행합니다.

무작위로 보낸 데이터의 확인이 가능합니다.

```
쉘 ×
MPY: soft reboot
Disconnecting from network...
Disconnected from network
Connecting to network...
Connected to network: ('192.168.
9 15 29 전송완료
3 17 24 전송완료
3 16 23 전송완료
8 19 22 전송완료
8 15 22 전송완료
1 12 27 전송완료
```

실제 무작위의 값이 전송되어 thingspeak에서 그래프로 표시되었습니다.

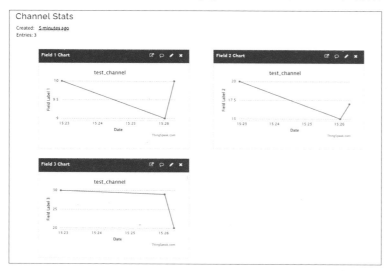

07 _ 3 firebase

Firebase는 Google이 제공하는 클라우드 기반 개발 플랫폼으로, 모바일 및 웹 앱 개발을 간편하게 만들어주는 다양한 도구와 서비스를 제공합니다. Firebase를 사용하면 사용자 인증, 데이터베이스 관리, 파일 저장, 실시간 데이터 동기화, 애널리틱스, 클라우드 호스팅 등의 기능을 쉽게 통합하여 개발할 수 있습니다. 또한 Firebase는 안정적이며 확장 가능한 클라우드 인프라를 기반으로 하므로 개발자들은 서버 관리 및 인프라 구축에 대한 걱정 없이 앱을 빠르게 개발하고 배포할 수 있습니다. Firebase는 시작부터 프로덕션까지 앱 개발 생애 주요한 단계를 지원하는 종합적인 플랫폼으로 많이 사용됩니다.

firebase 프로젝트 생성

구글에서 "firebase"를 검색한 다음 아래 사이트에 접속합니다.

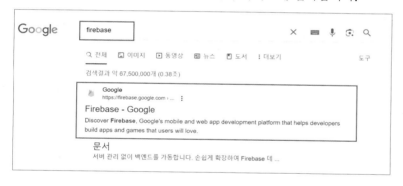

구글계정으로 로그인 후 [시작하기] 버튼을 눌러 계속 진행합니다.

[프로젝트 추가]를 클릭하여 프로젝트를 시작합니다.

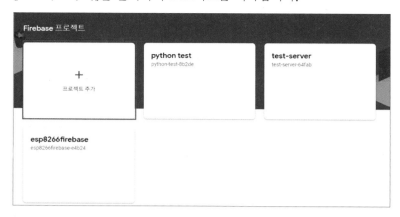

프로젝트의 이름을 생성합니다. micopythontest 로 이름을 지정하였습니다. 이름은 고유해야 하다 보니 동일한 이름이 있다면 파이어베이스에서 다른이름을 추천해줍니다. 추천된 이름으로 사용해도 괜찮습니다. [계속]을 눌러 계속 진행합니다.

[계속]을 눌러 계속 진행합니다.

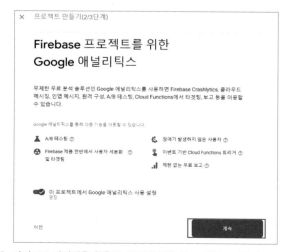

애널리틱스는 Defult로 선택한다음 [프로젝트 만들기]를 눌러 계속진행합니다.

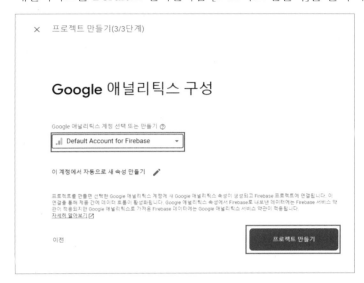

[계속]을 클릭합니다,

[빌드] 탭에서 [Realtime Database]를 클릭한다음 [데이터베이스 만들기]를 클릭하여 리얼타임(실시간) 데이터베이스를 생성합니다.

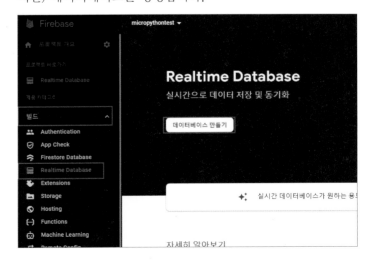

위치는 변경하지 않고 [다음]을 눌러 계속 진행합니다.

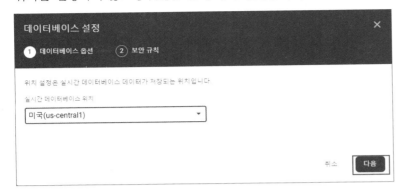

[잠금 모드로 시작]을 선택한다음 [사용 설정]을 클릭합니다.

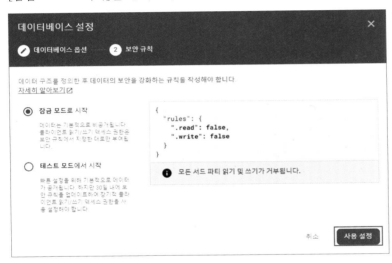

실시간 데이터베이스가 생성되었습니다. [규칙]탭으로 이동하여 규칙을 수정합니다. 아래 주소부분
은 복사해둡니다. 나의 데이터베이스에 접속하기위한 접속주소입니다.

규칙부분에서 false(거짓) 부분을 true(참)으로 수정합니다.

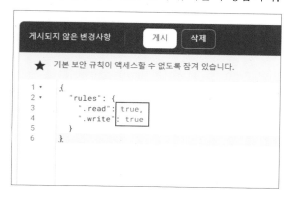

true로 수정후 [게시]를 눌러 규칙을 수정합니다.

누구나 데이터베이스의 주소를 이용하여 데이터를 추가하거나 삭제할 수 있도록 수정하였습니다.

firebase에 데이터 쓰기

firebase에 데이터를 쓰는 방법에 대해서 알아봅니다.

main7-3-1.py

```
01    import time
02    import network
03    import urequests
04    import ufirebase as firebase
05
06    ssid ="daduino"
07    password ="123456789"
08    firebase_url ="https://micropythontest-default-rtdb.firebaseio.com/"
09
10
11    def wifi_disconnect():
12        wlan = network.WLAN(network.STA_IF)
13        if wlan.isconnected():
14            print("Disconnecting from network...")
15            wlan.disconnect()
16            while wlan.isconnected():
17                time.sleep_ms(300)
18            print("Disconnected from network")
19
20    def wifi_connect():
21        wlan = network.WLAN(network.STA_IF)
22        wlan.active(True)
23
24        if not wlan.isconnected():
25            print("Connecting to network...")
26            wlan.connect(ssid, password)
27
28            while not wlan.isconnected():
29                time.sleep_ms(300)
30
31            print("Connected to network:", wlan.ifconfig())
32            return True
33        else:
34            print("Already connected to network:", wlan.ifconfig())
35            return True
36
37
38    if __name__ =="__main__":
39        wifi_disconnect()
40        if wifi_connect():
41            firebase.setURL(firebase_url)
42            firebase.put("testtag", 1234, bg=0)
43            firebase.put("test/test1", "1234", bg=0)
44            firebase.put("test/test2", 3.14, bg=0)
45            print("전송 완료!")
```

08 Firebase Realtime Database의 URL을 설정합니다.

42~44 Firebase Realtime Database에 데이터를 전송합니다. 'firebase.put' 함수를 사용하여 데이터를 지정된 위치에 저장합니다.

[⏵ 현재 스크립트 실행] 아이콘을 클릭하여 코드를 실행합니다.

firebase에 데이터의 전송을 완료하였습니다.

```
쉘 ×
>>> %Run -c $EDITOR_CONTENT

 MPY: soft reboot
 Disconnecting from network...
 Disconnected from network
 Connecting to network...
 Connected to network: ('192.168.137.2
 전송 완료!

>>>
```

firebase에서 데이터를 확인해보면 데이터가 잘쓰여졌음을 확인 할 수 있습니다.

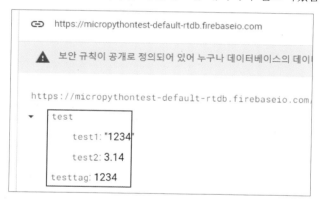

firebase에서 데이터 읽기

firebase에서 데이터를 읽는 방법을 알아봅니다.

main7-3-2.py

```
01    import time
02    import network
03    import urequests
04    import ufirebase as firebase
05
06    ssid ="daduino"
07    password ="123456789"
08    firebase_url ="https://micropythontest-default-rtdb.firebaseio.com/"
09
10
11    def wifi_disconnect():
```

```
12              wlan = network.WLAN(network.STA_IF)
13              if wlan.isconnected():
14                      print("Disconnecting from network...")
15                      wlan.disconnect()
16                      while wlan.isconnected():
17                              time.sleep_ms(300)
18                      print("Disconnected from network")
19
20      def wifi_connect():
21              wlan = network.WLAN(network.STA_IF)
22              wlan.active(True)
23
24              if not wlan.isconnected():
25                      print("Connecting to network...")
26                      wlan.connect(ssid, password)
27
28                      while not wlan.isconnected():
29                              time.sleep_ms(300)
30
31                      print("Connected to network:", wlan.ifconfig())
32                      return True
33              else:
34                      print("Already connected to network:", wlan.ifconfig())
35                      return True
36
37      if __name__ =="__main__":
38              wifi_disconnect()
39              if wifi_connect():
40                      firebase.setURL(firebase_url)
41
42                      while True:
43                              firebase.get("testtag", "val1")
44                              print("testtag: ",firebase.val1)
45
46                              firebase.get("test", "val2")
47                              print("test: ", firebase.val2)
48
49                              firebase.get("test/test2", "val3")
50                              print("test: ", firebase.val3)
51                              time.sleep(1.0)
```

08 Firebase Realtime Database의 URL을 설정합니다.

43 'firebase.get' 함수를 사용하여 Firebase Realtime Database에서 "testtag" 위치의 데이터를 가져옵니다. 가져온 데이터 는 'val1' 변수에 저장됩니다.

44 'val1' 변수에 저장된 데이터를 출력합니다.

46 "test" 위치의 데이터를 가져와 'val2' 변수에 저장하고 출력합니다.

49 "test/test2" 위치의 데이터를 가져와 'val3' 변수에 저장하고 출력합니다.

[▶ 현재 스크립트 실행] 아이콘을 클릭하여 코드를 실행합니다.

firebase에서 데이터를 읽어 출력하였습니다.

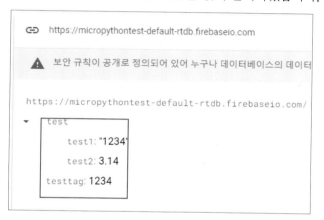

실제 firebase의 데이터입니다. 잘 읽어 출력하였습니다.

07 _ 4 텔레그램

텔레그램(Telegram)은 안전하고 빠른 메시징 앱으로, 텍스트 메시지, 사진, 동영상, 음성 메시지 및 파일을 주고받을 수 있는 플랫폼입니다. 사용자는 개인 및 그룹 채팅을 생성하고 친구, 가족 또는 동료와 소통할 수 있으며, 메시지는 암호화되어 보안이 강화됩니다. 또한 봇과 같은 기능을 활용하여 자동화된 서비스를 생성할 수 있으며, 채널을 통해 다른 사용자에게 컨텐츠를 공유하고 소식을 전달할 수 있습니다. 텔레그램은 크로스 플랫폼 지원을 하며 모바일 앱 및 데스크톱 앱을 통해 사용할 수 있습니다.

텔레그램 봇 만들기

텔레그램을 사용하기 위해 스마트폰에 텔레그램을 설치 후 가입과 로그인을 합니다.

돋보기 모양을 클릭합니다.

botfather을 검색 후 BotFather 봇을 클릭합니다.

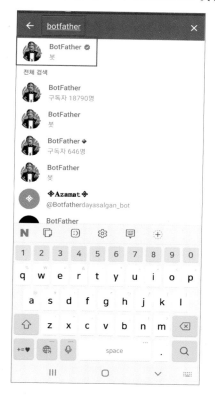

[시작] 또는 [다시시작]을 클릭합니다.

새로운 봇을 생성하기 위하여 /newbot을 클릭합니다. 또는 채팅창에 /newbot을 직접 입력하고 전송하여도 됩니다.

이름을 입력 후 메시지를 전송합니다. 이름의 끝은 _bot으로 끝나야 합니다. 이름은 고유해야 합니다. 동일한 이름이 있다면 생성되지 않습니다.

API부분이 자신의 API키부분입니다. 복사하여 파이썬 코드에서 사용하므로 PC로 복사하여둡니다.

t.me로 시작하는 URL을 클릭하여 봇을 시작합니다.

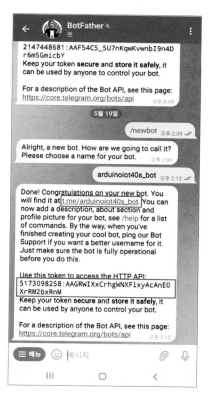

[시작]을 눌러 봇을 시작합니다.

봇이 시작되었습니다. 이제 파이썬에서 메시지를 보내 이 채팅방으로 메시지를 전송할수 있습니다. 또한 메시지의 자동응답이 가능합니다.

텔레그램 메시지 수신 및 id 확인

텔레그램의 메시지를 수신하고 채팅방의 id를 확인하는 방법에 대해서 알아보도록 합니다.

main7-4-1.py

```
01    import utelegram
02    import network
03    import time
04
05    ssid ="daduino"
06    password ="123456789"
07    token ="5400967414:AAEmAvwaQF6du8gny7A9upRniGvtHOi-Ro0"
08
09    def wifi_disconnect():
10        wlan = network.WLAN(network.STA_IF)
11        if wlan.isconnected():
12            print("Disconnecting from network...")
13            wlan.disconnect()
14            while wlan.isconnected():
15                time.sleep_ms(300)
16            print("Disconnected from network")
17
18    def wifi_connect():
19        wlan = network.WLAN(network.STA_IF)
20        wlan.active(True)
21
22        if not wlan.isconnected():
23            print("Connecting to network...")
24            wlan.connect(ssid, password)
25
26            while not wlan.isconnected():
27                time.sleep_ms(300)
28
29            print("Connected to network:", wlan.ifconfig())
30            return True
31        else:
32            print("Already connected to network:", wlan.ifconfig())
33            return True
34
35
36    def get_message(message):
37        print("원본 메시지:",message)
38        print("내용:",message['message']['text'])
39        print("아이디:",message['message']['chat']['id'])
40
41    if __name__ =="__main__":
42        wifi_disconnect()
43        if wifi_connect():
44            bot = utelegram.ubot(token)
45            bot.set_default_handler(get_message)
46            bot.listen()
```

01	'utelegram' 모듈을 가져옵니다. 이 모듈은 Telegram 봇과 상호 작용하기 위한 함수를 제공합니다.
07	Telegram 봇의 토큰을 설정합니다.
36~40	'get_message' 함수를 정의합니다. Telegram에서 수신한 메시지의 내용과 아이디를 출력합니다.
44	'utelegram.ubot' 클래스를 사용하여 Telegram 봇을 생성합니다.
45	봇의 기본 핸들러로 'get_message' 함수를 설정합니다.
46	봇을 시작하여 Telegram 메시지를 수신하고 처리합니다.

[▶ 현재 스크립트 실행] 아이콘을 클릭하여 코드를 실행합니다.

메시지에서 다양한 정보를 확인 할 수 있습니다. 내용은 보낸 메시지입니다. 아이디는 채팅방으로 데이터를 보낼 때 필요하므로 복사합니다.

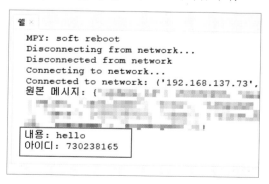

텔레그램 수신 메시지 등록하기

텔레그램에서 수신 메시지를 등록하여 콜백함수로 수신 메시지를 처리하는 방법에 대해서 알아봅니다.

main7-4-2.py

```
01    import utelegram
02    import network
03    import time
04
05    ssid ="daduino"
06    password ="123456789"
07    token ="5400967414:AAEmAvwaQF6du8gny7A9upRniGvtHOi-Ro0"
08
09    def wifi_disconnect():
10        wlan = network.WLAN(network.STA_IF)
11        if wlan.isconnected():
12            print("Disconnecting from network...")
13            wlan.disconnect()
14            while wlan.isconnected():
15                time.sleep_ms(300)
16            print("Disconnected from network")
17
18    def wifi_connect():
19        wlan = network.WLAN(network.STA_IF)
20        wlan.active(True)
21
22        if not wlan.isconnected():
23            print("Connecting to network...")
24            wlan.connect(ssid, password)
25
26            while not wlan.isconnected():
27                time.sleep_ms(300)
28
29            print("Connected to network:", wlan.ifconfig())
30            return True
31        else:
32            print("Already connected to network:", wlan.ifconfig())
33            return True
34
35    def message_callback(message):
36        print("내용:",message['message']['text'])
37        print("아이디:",message['message']['chat']['id'])
38
39    if __name__ =="__main__":
40        wifi_disconnect()
41        if wifi_connect():
42            bot = utelegram.ubot(token)
43            bot.register('/ok', message_callback)
44            bot.listen()
```

35~38 'message_callback' 함수를 정의합니다. 수신한 메시지의 내용과 아이디를 출력합니다.

43 '/ok' 명령어를 수신하면 'message_callback' 함수를 호출하도록 설정합니다.

[ 현재 스크립트 실행] 아이콘을 클릭하여 코드를 실행합니다.

"/ok" 명령어를 수신하면 해당 메시지의 내용과 아이디를 출력합니다.

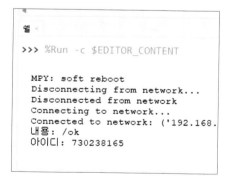

텔레그램 메시지 전송하기

텔레그램으로 메시지를 전송하는 방법에 대해서 알아봅니다.

---

main7-4-3.py

```python
01    import utelegram
02    import network
03    import time
04
05    ssid ="daduino"
06    password ="123456789"
07    token ="5400967414:AAEmAvwaQF6du8gny7A9upRniGvtHOi-Ro0"
08    chat_id ="730238165"
09
10    def wifi_disconnect():
11        wlan = network.WLAN(network.STA_IF)
12        if wlan.isconnected():
13            print("Disconnecting from network...")
14            wlan.disconnect()
15            while wlan.isconnected():
16                time.sleep_ms(300)
17            print("Disconnected from network")
18
19    def wifi_connect():
20        wlan = network.WLAN(network.STA_IF)
21        wlan.active(True)
22
23        if not wlan.isconnected():
24            print("Connecting to network...")
25            wlan.connect(ssid, password)
26
27            while not wlan.isconnected():
28                time.sleep_ms(300)
29
30            print("Connected to network:", wlan.ifconfig())
31            return True
32        else:
33            print("Already connected to network:", wlan.ifconfig())
34            return True
35
36
37    if __name__ =="__main__":
38        wifi_disconnect()
39        if wifi_connect():
40            bot = utelegram.ubot(token)
41            bot.send(chat_id,"hello im esp32")
42            print("메시지 전송완료")
```

07 Telegram 봇의 토큰을 설정합니다.

08 메시지를 전송할 chat_id를 설정합니다.

41 지정된 chat_id로 "hello im esp32" 메시지를 전송합니다.

[현재 스크립트 실행] 아이콘을 클릭하여 코드를 실행합니다.

텔레그램으로 메시지 전송을 완료하였습니다.

```
셸 ×
>>> %Run -c $EDITOR_CONTENT

  MPY: soft reboot
  Disconnecting from network...
  Disconnected from network
  Connecting to network...
  Connected to network: ('192.168.137.73',
  메시지 전송완료

>>>
```

텔레그램에서 메시지의 확인이 가능합니다.

작품만들기

"작품 만들기" 챕터는 사물인터넷(IoT) 기술을 실제 프로젝트에 응용하는 방법을 소개합니다. 아래는 이 챕터에서 다룰 다섯 가지 주요 프로젝트에 대한 간략한 설명입니다.

❶ 스마트홈 프로젝트 (웹 서버): 이 프로젝트에서는 ESP32를 사용하여 스마트홈 시스템을 구축합니다. 웹 서버를 설정하여 스마트홈 장치를 제어하고 상태를 모니터링할 수 있습니다. 사용자는 웹 브라우저를 통해 스마트 홈 기기를 제어할 수 있으며, 라이팅, 열화로, 보안 시스템 등 다양한 기능을 포함할 수 있습니다.

❷ 스마트팜 프로젝트 (MQTT): 스마트팜 프로젝트에서는 MQTT 프로토콜을 사용하여 작물을 자동으로 관리하는 시스템을 구축합니다. 센서 데이터를 수집하고 MQTT 브로커를 통해 데이터를 중앙 집중화하고 원격에서 작물 상태를 모니터링하고 관리할 수 있습니다. 스마트 농업 기술을 활용하여 작물 생산성을 향상시키는 데 사용할 수 있습니다.

❸ 스마트 환경 분석 프로젝트 (이메일): 이 프로젝트에서는 환경 데이터를 수집하고 분석하여 이메일로 알림을 보내는 시스템을 구축합니다. 미세먼지, 대기 질, 온도, 습도 등의 데이터를 수집하고 이 정보에 기반하여 이메일 알림을 생성하여 사용자에게 환경 상태를 알려줍니다.

❹ 날씨 정보 알리미 (ThingSpeak): 이 프로젝트에서는 ThingSpeak 플랫폼을 사용하여 날씨 정보를 수집하고 알리미를 만듭니다. 센서 데이터를 ThingSpeak에 업로드하고, 웹 애플리케이션을 통해 날씨 정보를 실시간으로 모니터링하고 알림을 받을 수 있습니다.

❺ 주식 및 코인 시세 알리미 (텔레그램): 이 프로젝트에서는 텔레그램 봇을 활용하여 주식 및 코인 시세 정보를 실시간으로 알림으로 받을 수 있는 시스템을 개발합니다. 봇을 설정하여 특정 시세 정보를 구독하고, 업데이트를 텔레그램 메시지로 받아볼 수 있습니다.

"작품 만들기" 챕터를 통해 다양한 IoT 프로젝트를 직접 만들어보면서 IoT 기술을 활용하여 현실 세계 문제를 해결하고 자동화된 시스템을 개발하는 방법을 배울 수 있습니다. 이러한 프로젝트는 창의적이고 유용한 기술 솔루션을 개발하는 데 도움이 될 것입니다.

08 _ 1 스마트홈 프로젝트

스마트홈 프로젝트는 웹서버를 활용하여 다양한 센서 데이터를 모니터링하는 시스템을 구축하는 것을 목표로 합니다. 이 프로젝트는 주로 온도, 습도, 조도, 가스 농도 등 다양한 환경 정보를 웹서버를 통해 실시간으로 확인할 수 있습니다. 또한, 가스 감지 센서를 활용하여 가스 누출을 감지하면 부저를 통해 경고 신호를 제공합니다.

프로젝트의 주요 기능은 다음과 같습니다.

❶ 데이터 표시: 웹서버를 통해 센서로부터 수집한 데이터를 그래프나 숫자 등의 형태로 사용자에게 시각적으로 표시합니다. 사용자는 언제든지 웹 앱을 통해 현재 환경 상태를 확인할 수 있습니다.

❷ 가스 감지 기능: 가스 감지 센서를 사용하여 가스 누출을 감지하면 부저나 경고 메시지를 활성화하여 사용자에게 알림을 제공합니다.

회로 연결

부품	부품핀	ESP32핀
LCD	SCL	25
	SDA	26
조도센서	SIG	35
가스감지센서	SIG	36
부저	+	19
DHT11 온습도센서	SIG or OUT	27
네오픽셀 LED	IN	5

브레드보드를 이용한 회로연결

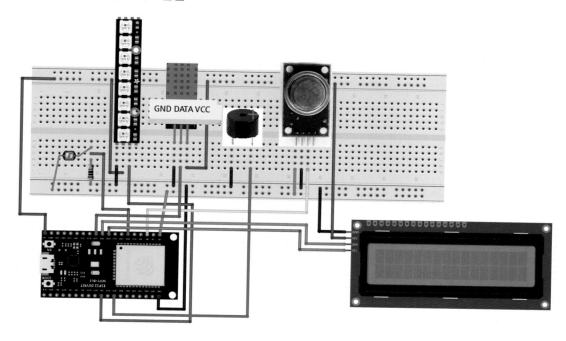

위의 표를 참고하여 회로를 구성합니다. 조도센서에 사용하는 저항은 10K옴입니다.

네오픽셀, DHT11, LCD의 경우 5V전원을 사용하며, 조도센서, 가스감지센서는 3.3V의 전원을 사용합니다.

ESP32 사물인터넷 보드를 이용한 회로연결

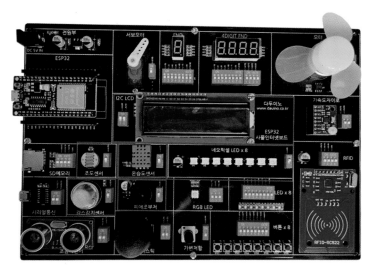

[가스감지센서], [조도센서], [온습도센서], [피에조부터], [네오픽셀], [I2C LCD] 의 선택 스위치를 위쪽방향(ON)으로 선택합니다. 나머지 선택스위치는 아랫방향(OFF)로 선택합니다.

스마트홈 센서 읽어 출력하기

스마트홈에서 사용하는 센서의 값들을 읽어 출력하는 방법을 알아봅니다.

main8-1-1.py

```python
01    from machine import Pin,I2C,ADC,PWM
02    from i2c_lcd import I2cLcd
03    import dht
04    from neopixel import NeoPixel
05    import time
06
07    #LCD
08    DEFAULT_I2C_ADDR =0x27
09    i2c = I2C(1,sda=Pin(26),scl=Pin(25),freq=400000)
10    lcd = I2cLcd(i2c, DEFAULT_I2C_ADDR, 2, 16)
11
12    #조도센서
13    cds_sensor=ADC(Pin(35))
14    cds_sensor.atten(ADC.ATTN_11DB)
15
16    #가스감지센서
17    gas_sensor=ADC(Pin(36))
18    gas_sensor.atten(ADC.ATTN_11DB)
19
20    #부저
21    melody_buzzer = PWM(Pin(19, Pin.OUT), freq=1, duty=512)
22    melody_buzzer.duty(0)
23
24    #DHT11 온습도센서
25    dht11=dht.DHT11(Pin(27))
26
27    #네오픽셀
28    neopixel_pin=5
29    rgb_num=8
30    rgb_led=NeoPixel(Pin(neopixel_pin,Pin.OUT),rgb_num)
31
32    # 이전 시간 초기화
33    prev_time = time.ticks_ms()
34
35    cds_value =0
36    gas_value =0
37    temp =0
38    humi =0
39    while True:
40        #조도센서 측정
41        cds_value = cds_sensor.read()
42
```

```
43          #가스센서 측정
44          gas_value = gas_sensor.read_uv() /1000000.0
45
46          #2초마다 DHT11 온습도 센서 측정
47          current_time = time.ticks_ms()
48          if time.ticks_diff(current_time, prev_time) >=2000:
49              prev_time = current_time
50
51              try:
52                  dht11.measure()
53                  temp = dht11.temperature()
54                  humi = dht11.humidity()
55              except:
56                  print("dht11 읽기 에러")
57
58          #값 출력
59          print(cds_value,gas_value,temp,humi)
60
61          #LCD에 표시
62          lcd.move_to(0,0)
63          lcd.putstr("CDS:")
64          lcd.move_to(4,0)
65          lcd.putstr("    ")
66          lcd.move_to(4,0)
67          lcd.putstr(str(cds_value))
68
69          lcd.move_to(0,1)
70          lcd.putstr("GAS:")
71          lcd.move_to(4,1)
72          lcd.putstr("    ")
73          lcd.move_to(4,1)
74          lcd.putstr(str(gas_value))
75
76          lcd.move_to(11,0)
77          lcd.putstr("T:")
78          lcd.move_to(13,0)
79          lcd.putstr("   ")
80          lcd.move_to(13,0)
81          lcd.putstr(str(temp))
82
83          lcd.move_to(11,1)
84          lcd.putstr("H:")
85          lcd.move_to(13,1)
86          lcd.putstr("   ")
87          lcd.move_to(13,1)
88          lcd.putstr(str(humi))
89
90          time.sleep(0.1)
```

10. LCD 객체를 생성합니다. 이때, I2C 주소, 행 수 (2), 열 수 (16)를 설정합니다.

12 조도 센서를 사용하기 위해 핀 35에 연결하고 ADC 객체를 생성합니다.

20 부저를 사용하기 위해 핀 19에 연결하고 PWM 객체를 생성합니다. 부저의 주파수는 1Hz로, 듀티 사이클은 512로 설정됩니다.

23 부저의 듀티 사이클을 0으로 설정하여 소리를 중지합니다.

25 DHT11 온습도 센서를 사용하기 위해 핀 27에 연결하고 DHT11 객체를 생성합니다.

35 조도 센서 값, 가스 센서 값, 온도, 습도를 저장할 변수들을 초기화합니다.

40 조도 센서 값을 측정하고 'cds_value' 변수에 저장합니다.

43 가스 센서 값을 측정하고 'gas_value' 변수에 저장합니다.

46 2초마다 DHT11 온습도 센서 값을 측정합니다.

48 현재 시간과 이전 시간을 비교하여 2초가 지났으면 센서 값을 측정합니다.

51 DHT11 센서 값을 측정하고 'temp'와 'humi' 변수에 저장합니다. 예외가 발생하면 "dht11 읽기 에러"를 출력합니다.

59 측정한 값을 출력합니다.

61 LCD 화면에 값을 표시합니다.

[◉ 현재 스크립트 실행] 아이콘을 클릭하여 코드를 실행합니다.

조도 센서, 가스 센서, DHT11 온습도 센서로부터 데이터를 읽어와 출력하고 LCD 화면에 표시하였습니다.

스마트홈 센서 조건추가하기

조도 센서, 가스 센서, DHT11 온습도 센서로부터 데이터를 읽어와 LCD 화면에 표시하고, 불쾌지수에 따라 LED 색상을 변경하며, 가스 감지 시 부저를 울리는 작업을 수행하는 IoT 장치를 만들어봅니다

main8-1-2.py

```
001    from machine import Pin, I2C, ADC, PWM
002    from i2c_lcd import I2cLcd
003    import dht
004    from neopixel import NeoPixel
005    import time
006
007    # LCD
008    DEFAULT_I2C_ADDR =0x27
009    i2c = I2C(1, sda=Pin(26), scl=Pin(25), freq=400000)
010    lcd = I2cLcd(i2c, DEFAULT_I2C_ADDR, 2, 16)
011
012    # 조도센서
013    cds_sensor = ADC(Pin(35))
014    cds_sensor.atten(ADC.ATTN_11DB)
015
016    # 가스감지센서
017    gas_sensor = ADC(Pin(36))
018    gas_sensor.atten(ADC.ATTN_11DB)
019
020    # 부저
```

```python
021    melody_buzzer = PWM(Pin(19, Pin.OUT), freq=1, duty=512)
022    melody_buzzer.duty(0)
023
024    # DHT11 온습도센서
025    dht11 = dht.DHT11(Pin(27))
026
027    # 네오픽셀
028    neopixel_pin =5
029    rgb_num =8
030    rgb_led = NeoPixel(Pin(neopixel_pin, Pin.OUT), rgb_num)
031
032    # 이전 시간 초기화
033    prev_time = time.ticks_ms()
034
035    cds_value =0
036    gas_value =0
037    temp =0
038    humi =0
039    di =0
040    while True:
041        # 조도센서 측정
042        cds_value = cds_sensor.read()
043
044        # 가스센서 측정
045        gas_value = gas_sensor.read_uv() /1000000.0
046
047        # 2초마다 DHT11 온습도 센서 측정
048        current_time = time.ticks_ms()
049        if time.ticks_diff(current_time, prev_time) >=2000:
050            prev_time = current_time
051
052            try:
053                dht11.measure()
054                temp = dht11.temperature()
055                humi = dht11.humidity()
056            except:
057                print("dht11 읽기 에러")
058
059            # 불쾌지수 계산
060            di = (1.8 * temp) - (0.55 * (1 - humi /100.0) * (1.8 * temp -26)) +32
061
062            # 네오픽셀 LED 색상 설정
063            if di <=69:
064                # 쾌적한 상태: 초록색
065                for i in range(rgb_num):
066                    rgb_led[i]=(0, 50, 0)
067                    rgb_led.write()
068            elif 70 <= di <=75:
069                # 보통 상태: 노란색
```

```
070                    for i in range(rgb_num):
071                        rgb_led[i]=(50, 50, 0)
072                    rgb_led.write()
073            else:
074                # 불쾌한 상태: 빨간색
075                    for i in range(rgb_num):
076                        rgb_led[i]=(50, 0, 0)
077                    rgb_led.write()
078
079            # 가스 감지 시 부저 울림
080            if gas_value <=1.5:
081                    melody_buzzer.duty(512)
082                    melody_buzzer.freq(1000)
083            else:
084                    melody_buzzer.duty(0)
085
086        # 값 출력
087        print("CDS:", cds_value, "GAS:", gas_value, "Temp:", temp, "Humi:", humi, "DI:", di)
088
089        # LCD에 표시
090        lcd.move_to(0, 0)
091        lcd.putstr("CDS:")
092        lcd.move_to(4, 0)
093        lcd.putstr("    ")
094        lcd.move_to(4, 0)
095        lcd.putstr(str(cds_value))
096
097        lcd.move_to(0, 1)
098        lcd.putstr("GAS:")
099        lcd.move_to(4, 1)
100        lcd.putstr("    ")
101        lcd.move_to(4, 1)
102        lcd.putstr(str(gas_value))
103
104        lcd.move_to(11, 0)
105        lcd.putstr("T:")
106        lcd.move_to(13, 0)
107        lcd.putstr("  ")
108        lcd.move_to(13, 0)
109        lcd.putstr(str(temp))
110
111        lcd.move_to(11, 1)
112        lcd.putstr("H:")
113        lcd.move_to(13, 1)
114        lcd.putstr("  ")
115        lcd.move_to(13, 1)
116        lcd.putstr(str(humi))
117
118        time.sleep(0.1)
```

59 불쾌지수('di')를 계산합니다.

60 불쾌지수에 따라 네오픽셀 LED 색상을 설정합니다.

63~67 쾌적한 상태: 초록색

68~72 보통 상태: 노란색

73~77 불쾌한 상태: 빨간색

79 가스 감지 시 부저를 울립니다.

80~82 가스가 감지되면 부저를 울립니다.

86 측정한 값을 출력합니다.

[● 현재 스크립트 실행] 아이콘을 클릭하여 코드를 실행합니다.

조도 센서, 가스 센서, DHT11 온습도 센서데이터를 LCD 화면에 표시하고, 불쾌지수에 따라 LED 색상을 변경하며, 가스 감지 시 부저를 울리는 작업을 수행하는 IoT 장치를 만들었습니다.

스마트홈 센서값 출력 웹페이지 만들기

조도 센서, 가스 감지 센서, DHT11 온습도 센서를 사용하여 데이터를 수집하고, 이를 웹 서버를 통해 웹 페이지로 출력하며, 불쾌지수와 LED 색상을 제어하는 기능을 수행하는 장치를 만들어 스마트홈을 완성합니다.

main8-1-3.py

```python
001    from machine import Pin, I2C, ADC, PWM, Timer
002    from i2c_lcd import I2cLcd
003    import dht
004    from neopixel import NeoPixel
005    import time
006    import network
007    import socket
008
009    # LCD
010    DEFAULT_I2C_ADDR =0x27
011    i2c = I2C(1, sda=Pin(26), scl=Pin(25), freq=400000)
012    lcd = I2cLcd(i2c, DEFAULT_I2C_ADDR, 2, 16)
013
014    # 조도센서
015    cds_sensor = ADC(Pin(35))
016    cds_sensor.atten(ADC.ATTN_11DB)
017
018    # 가스감지센서
019    gas_sensor = ADC(Pin(36))
020    gas_sensor.atten(ADC.ATTN_11DB)
021
022    # DHT11 온습도센서
023    dht11 = dht.DHT11(Pin(27))
024
025    # 네오픽셀
```

```
026    neopixel_pin =5
027    rgb_num =8
028    rgb_led = NeoPixel(Pin(neopixel_pin, Pin.OUT), rgb_num)
029
030    # 이전 시간 초기화
031    prev_time = time.ticks_ms()
032
033    cds_value =0
034    gas_value =0
035    temp =0
036    humi =0
037    di =0
038
039    # WiFi 설정
040    ssid ="daduino"
041    password ="123456789"
042
043    def wifi_disconnect():
044        wlan = network.WLAN(network.STA_IF)
045        if wlan.isconnected():
046            print("Disconnecting from network...")
047            wlan.disconnect()
048            while wlan.isconnected():
049                time.sleep_ms(300)
050            print("Disconnected from network")
051
052    def wifi_connect():
053        wlan = network.WLAN(network.STA_IF)
054        wlan.active(True)
055
056        if not wlan.isconnected():
057            print("Connecting to network...")
058            wlan.connect(ssid, password)
059
060            while not wlan.isconnected():
061                time.sleep_ms(300)
062
063            print("Connected to network:", wlan.ifconfig())
064            return True
065        else:
066            print("Already connected to network:", wlan.ifconfig())
067            return True
068
069    def web_page():
070        global cds_value, gas_value, temp, humi, di
071        html ="""<html><head> <title>ESP32 Sensor Data</title> <meta name="viewport"
content="width=device-width, initial-scale=1">
```

```
072            <link rel="icon" href="data:,"> <style>html{font-family: Helvetica; display:inline-
block; margin: 0px auto; text-align: center;}
073            h1{color: #0F3376; padding: 2vh;}p{font-size: 1.5rem;}</style></head><body> <h1>ESP32
Sensor Data</h1>
074            <p>CDS Value: <strong>"""+str(cds_value) +"""</strong></p>
075            <p>GAS Value: <strong>"""+str(gas_value) +"""</strong></p>
076            <p>Temperature: <strong>"""+str(temp) +"""</strong></p>
077            <p>Humidity: <strong>"""+str(humi) +"""</strong></p>
078            <p>Discomfort Index: <strong>"""+str(di) +"""</strong></p></body></html>"""
079        return html
080
081
082    def timer0_irq(time0):
083        global cds_value, gas_value, temp, humi, di
084        # 조도센서 측정
085        cds_value = cds_sensor.read()
086        # 가스센서 측정
087        gas_value = gas_sensor.read_uv() /1000000.0
088        # DHT11 온습도 센서 측정
089        dht11.measure()
090        temp = dht11.temperature()
091        humi = dht11.humidity()
092
093        # 불쾌지수 계산
094        di = (1.8 * temp) - (0.55 * (1 - humi /100.0) * (1.8 * temp -26)) +32
095
096        # 네오픽셀 LED 색상 설정
097        if di <=69:
098            # 쾌적한 상태: 초록색
099            for i in range(rgb_num):
100                rgb_led[i] = (0, 50, 0)
101                rgb_led.write()
102        elif 70 <= di <=75:
103            # 보통 상태: 노란색
104            for i in range(rgb_num):
105                rgb_led[i] = (50, 50, 0)
106                rgb_led.write()
107        else:
108            # 불쾌한 상태: 빨간색
109            for i in range(rgb_num):
110                rgb_led[i] = (50, 0, 0)
111                rgb_led.write()
112
113        # 값 출력
114        print("CDS:", cds_value, "GAS:", gas_value, "Temp:", temp, "Humi:", humi, "DI:", di)
115
116        # LCD에 표시
```

```python
117        lcd.move_to(0, 0)
118        lcd.putstr("CDS:")
119        lcd.move_to(4, 0)
120        lcd.putstr(" ")
121        lcd.move_to(4, 0)
122        lcd.putstr(str(cds_value))
123
124        lcd.move_to(0, 1)
125        lcd.putstr("GAS:")
126        lcd.move_to(4, 1)
127        lcd.putstr(" ")
128        lcd.move_to(4, 1)
129        lcd.putstr(str(gas_value))
130
131        lcd.move_to(11, 0)
132        lcd.putstr("T:")
133        lcd.move_to(13, 0)
134        lcd.putstr(" ")
135        lcd.move_to(13, 0)
136        lcd.putstr(str(temp))
137
138        lcd.move_to(11, 1)
139        lcd.putstr("H:")
140        lcd.move_to(13, 1)
141        lcd.putstr(" ")
142        lcd.move_to(13, 1)
143        lcd.putstr(str(humi))
144
145    if __name__ =="__main__":
146        wifi_disconnect()
147        if wifi_connect():
148            time0=Timer(0)
149            time0.init(period=1000,mode=Timer.PERIODIC,callback=timer0_irq)
150
151            my_socket = socket.socket(socket.AF_INET, socket.SOCK_STREAM)
152            my_socket.bind(('', 80))
153            my_socket.listen(5)
154
155            while True:
156                client, addr = my_socket.accept()
157
158                response = web_page()
159                client.send('HTTP/1.1 200 OK\n')
160                client.send('Content-Type: text/html\n')
161                client.send('Connection: close\n\n')
162                client.sendall(response)
163                client.close()
```

069~079 웹 페이지 HTML을 생성하는 함수를 정의합니다. 여기서 센서 데이터를 HTML 페이지에 표시합니다.
082~145 타이머 인터럽트 핸들러 함수를 정의합니다. 이 함수는 주기적으로 센서 값을 읽고 LED 색상을 변경합니다.

[ⓞ 현재 스크립트 실행] 아이콘을 클릭하여 코드를 실행합니다.

웹페이지에 접속하기 위해서 연결된 ip주소를 확인합니다.

```
셸
>>> %Run -c $EDITOR_CONTENT

MPY: soft reboot
Disconnecting from network...
Disconnected from network
Connecting to network...
Connected to network: '192.168.137.145', '255.255.255.0', '192.16
CDS: 3637 GAS: 1.593 Temp: 28 Humi: 38 DI: 74.0796
```

브라우저를 이용하여 연결된 ip에 접속하여 웹으로 표시되는 데이터의 확인이 가능합니다.

조도 센서, 가스 감지 센서, DHT11 온습도 센서를 사용하여 데이터를 수집하고, 이를 웹 서버를 통해 웹 페이지로 출력하며, 불쾌지수와 LED 색상을 제어하는 기능을 수행하는 장치를 만들어 스마트 홈을 완성하였습니다.

ESP32 Sensor Data

CDS Value: **3696**

GAS Value: **1.606**

Temperature: **28**

Humidity: **38**

Discomfort Index: **74.0796**

08 _ 2 스마트팜 프로젝트

거리, 조도센서, 온도, 습도 센서를 측정하고 MQTT통신으로 데이터를 전송하고 MQTT통신으로 받은 데이터를 이용하여 서보모터를 제어하는 스마트팜 프로젝트를 만들어 봅니다. 측정된 센서의 값들은 LCD에 표시됩니다.

회로 연결

부품	부품핀	ESP32핀
LCD	SCL	25
	SDA	26
조도센서	SIG	35
DHT11 온습도센서	SIG or OUT	27
서보모터	SIG	18
초음파	Trig	16
	Echo	17

브레드보드를 이용한 회로연결

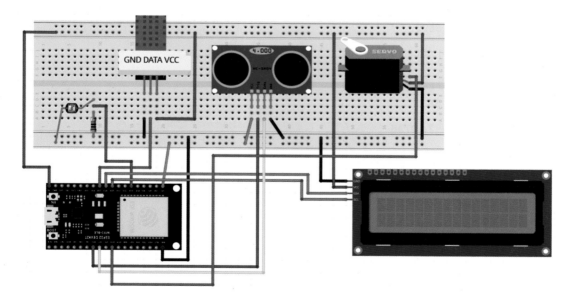

위의 표를 참고하여 회로를 구성합니다. 조도센서에 사용하는 저항은 10K옴입니다.

DHT11,서보모터, LCD의 경우 5V전원을 사용하며, 초음파센서,조도센서는 3.3V의 전원을 사용합니다.

ESP32 사물인터넷 보드를 이용한 회로연결

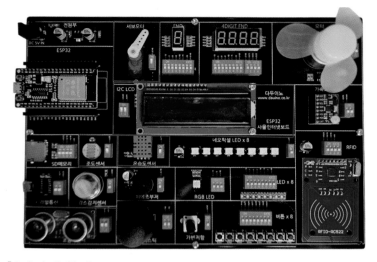

[초음파센서], [조도센서], [온습도센서], [I2C LCD], [서보모터] 의 선택 스위치를 위쪽방향(ON)으로 선택합니다. 나머지 선택스위치는 아랫방향(OFF)로 선택합니다.

스마트팜 센서값 읽어 출력하기

스마트팜에 사용하는 다양한 부품인 조도 센서, DHT11 온습도 센서, 초음파 거리 센서(HC-SR04), 서보 모터를 사용하여 데이터를 수집하고, 데이터를 LCD 화면에 표시하며, 서보 모터를 사용하여 일정 각도로 회전시키는 코드를 만들어봅니다.

main8-2-1.py

```
001    from machine import Pin, I2C, ADC, PWM, Timer
002    from i2c_lcd import I2cLcd
003    import dht
004    import time
005    from hcsr04 import HCSR04
006    from servo import Servo
007
008    # LCD
009    DEFAULT_I2C_ADDR =0x27
010    i2c = I2C(1, sda=Pin(26), scl=Pin(25), freq=400000)
011    lcd = I2cLcd(i2c, DEFAULT_I2C_ADDR, 2, 16)
012
013    # 조도센서
014    cds_sensor = ADC(Pin(35))
015    cds_sensor.atten(ADC.ATTN_11DB)
016
017    # DHT11 온습도센서
018    dht11 = dht.DHT11(Pin(27))
```

```
019
020     #초음파
021     max_cm =200
022     cm_timeout =int(29.1 * max_cm *2)
023     hcsr04 = HCSR04(trigger_pin=16, echo_pin=17,echo_timeout_us=cm_timeout)
024
025     #서보
026     my_servo = Servo(Pin(18))
027
028
029     cds_value =0
030     temp =0
031     humi =0
032     distance =0
033
034     def timer0_irq(time0):
035         global cds_value, temp, humi, distance
036
037         # 조도센서 측정
038         cds_value = cds_sensor.read()
039
040         # DHT11 온습도 센서 측정
041         try:
042             dht11.measure()
043             temp = dht11.temperature()
044             humi = dht11.humidity()
045         except:
046             print("dht error")
047
048         #초음파센서 측정
049         distance = hcsr04.distance_cm()
050
051
052     if __name__ =="__main__":
053         time0=Timer(0)
054         time0.init(period=1000,mode=Timer.PERIODIC,callback=timer0_irq)
055
056         while True:
057             # 0에서 180도로 이동
058             for angle in range(0, 181, 30): # 10도씩 이동
059                 my_servo.write_angle(angle)
060                 time.sleep(0.1)
061
062             # 180에서 0도로 이동
063             for angle in range(180, -1, -30): # 10도씩 이동
064                 my_servo.write_angle(angle)
```

```
065                    time.sleep(0.1)
066
067            # 값 출력
068            print("CDS:", cds_value, "Temp:", temp, "Humi:", humi, "distance:", distance)
069
070
071            # LCD에 표시
072            lcd.move_to(0, 0)
073            lcd.putstr("CDS:")
074            lcd.move_to(4, 0)
075            lcd.putstr("  ")
076            lcd.move_to(4, 0)
077            lcd.putstr(str(cds_value))
078
079            lcd.move_to(0, 1)
080            lcd.putstr("CM:")
081            lcd.move_to(3, 1)
082            lcd.putstr("  ")
083            lcd.move_to(3, 1)
084            lcd.putstr(str(int(distance)))
085
086            lcd.move_to(11, 0)
087            lcd.putstr("T:")
088            lcd.move_to(13, 0)
089            lcd.putstr("  ")
090            lcd.move_to(13, 0)
091            lcd.putstr(str(temp))
092
093            lcd.move_to(11, 1)
094            lcd.putstr("H:")
095            lcd.move_to(13, 1)
096            lcd.putstr("  ")
097            lcd.move_to(13, 1)
098            lcd.putstr(str(humi))
```

026 서보 모터를 사용하기 위해 핀 18에 연결하고 Servo 객체를 생성합니다.

029~032 조도 센서 값, 온도, 습도, 거리를 저장할 변수를 초기화합니다.

034~052 타이머 인터럽트 핸들러 함수를 정의합니다. 이 함수는 주기적으로 조도 센서, DHT11 센서, 초음파 거리 센서 값을 읽습니다.

067~074 서보 모터를 180도부터 0도까지 30도씩 이동하며 회전시킵니다.

087~098 LCD 화면에 값을 표시합니다.

[⊙ 현재 스크립트 실행] 아이콘을 클릭하여 코드를 실행합니다.

조도 센서, DHT11 센서, 초음파 거리 센서를 사용하여 다양한 데이터를 수집하여 출력합니다. 또한 LCD에도 정보가 표시됩니다. 서보모터의 동작은 0~180도까지 움직입니다.

```
셸 ×
>>> %Run -c $EDITOR_CONTENT

 MPY: soft reboot
 CDS: 3551 Temp: 28 Humi: 38 distance: 170.0515
 CDS: 3378 Temp: 28 Humi: 38 distance: 170.0
```

스마트팜 MQTT로 통신하기

MQTT통신을 사용하여 스마트팜에 사용하는 데이터를 송신하는 방법에 대해서 알아봅니다.

main8-2-2.py

```python
001    import time
002    import network
003    from mqtt import MQTTClient
004    from machine import Pin, I2C, ADC, PWM, Timer
005    from i2c_lcd import I2cLcd
006    import dht
007    import time
008    from hcsr04 import HCSR04
009    from servo import Servo
010
011    ssid="daduino1"
012    password="123456789"
013
014    SERVER="192.168.137.1"
015    PORT=1883
016    CLIENT_ID="esp32"
017    SUB_TOPIC ="/servo"
018
019    # LCD
020    DEFAULT_I2C_ADDR =0x27
021    i2c = I2C(1, sda=Pin(26), scl=Pin(25), freq=400000)
022    lcd = I2cLcd(i2c, DEFAULT_I2C_ADDR, 2, 16)
023
024    # 조도센서
025    cds_sensor = ADC(Pin(35))
026    cds_sensor.atten(ADC.ATTN_11DB)
027
028    # DHT11 온습도센서
029    dht11 = dht.DHT11(Pin(27))
030
```

```python
031    #초음파
032    max_cm =200
033    cm_timeout =int(29.1 * max_cm *2)
034    hcsr04 = HCSR04(trigger_pin=16, echo_pin=17,echo_timeout_us=cm_timeout)
035
036    #서보
037    my_servo = Servo(Pin(18))
038
039
040    cds_value =0
041    temp =0
042    humi =0
043    distance =0
044
045
046    def wifi_disconnect():
047        wlan = network.WLAN(network.STA_IF)
048        if wlan.isconnected():
049            print("Disconnecting from network...")
050            wlan.disconnect()
051            while wlan.isconnected():
052                time.sleep_ms(300)
053            print("Disconnected from network")
054
055
056    def wifi_connect():
057        wlan = network.WLAN(network.STA_IF)
058        wlan.active(True)
059
060        if not wlan.isconnected():
061            print("Connecting to network...")
062            wlan.connect(ssid, password)
063
064            while not wlan.isconnected():
065                print(".",end="")
066                time.sleep_ms(1000)
067
068            print("Connected to network:", wlan.ifconfig())
069            return True
070        else:
071            print("Already connected to network:", wlan.ifconfig())
072            return True
073
074    def sub_callback(topic, msg):
075        print("topic:", topic, "msg:" ,msg)
076        my_servo.write_angle(int(msg))
```

```
077
078
079    def mqtt_send(tim):
080        global cds_value, temp, humi, distance
081
082        # 조도센서 측정
083        cds_value = cds_sensor.read()
084
085        # DHT11 온습도 센서 측정
086        try:
087            dht11.measure()
088            temp = dht11.temperature()
089            humi = dht11.humidity()
090        except:
091            print("dht error")
092
093        #초음파센서 측정
094        distance = hcsr04.distance_cm()
095
096        # 값 출력
097        print("CDS:", cds_value, "Temp:", temp, "Humi:", humi, "distance:", distance)
098
099        # LCD에 표시
100        lcd.move_to(0, 0)
101        lcd.putstr("CDS:")
102        lcd.move_to(4, 0)
103        lcd.putstr("  ")
104        lcd.move_to(4, 0)
105        lcd.putstr(str(cds_value))
106
107        lcd.move_to(0, 1)
108        lcd.putstr("CM:")
109        lcd.move_to(3, 1)
110        lcd.putstr("  ")
111        lcd.move_to(3, 1)
112        lcd.putstr(str(int(distance)))
113
114        lcd.move_to(11, 0)
115        lcd.putstr("T:")
116        lcd.move_to(13, 0)
117        lcd.putstr("  ")
118        lcd.move_to(13, 0)
119        lcd.putstr(str(temp))
120
121        lcd.move_to(11, 1)
122        lcd.putstr("H:")
```

```
123         lcd.move_to(13, 1)
124         lcd.putstr(" ")
125         lcd.move_to(13, 1)
126         lcd.putstr(str(humi))
127
128         # MQTT로 전송
129         client.publish("/cds", str(cds_value))
130         time.sleep(0.1)
131         client.publish("/temp", str(temp))
132         time.sleep(0.1)
133         client.publish("/humi", str(humi))
134         time.sleep(0.1)
135         client.publish("/distance", str(distance))
136
137
138    if __name__=="__main__":
139        wifi_disconnect()
140        if wifi_connect():
141            client = MQTTClient(CLIENT_ID, SERVER, PORT)
142            client.set_callback(sub_callback)
143            client.connect()
144            client.subscribe(SUB_TOPIC)
145
146            tim = Timer(0)
147            tim.init(period=1000, mode=Timer.PERIODIC,callback=mqtt_send)
148
149            while True:
150                client.check_msg()
```

002 네트워크 관련 작업을 위해 'network' 라이브러리를 가져옵니다.

003 MQTT 클라이언트를 사용하기 위해 'MQTTClient' 라이브러리를 가져옵니다.

004 필요한 하드웨어 및 라이브러리를 가져옵니다.

014~017 MQTT 브로커의 IP 주소, 포트, 클라이언트 ID, 서브스크라이브할 토픽을 설정합니다.

020~023 I2C 통신을 설정하고, SDA와 SCL 핀을 설정합니다.

074~077 MQTT 서브스크라이브 콜백 함수를 정의합니다. 서버로부터 메시지를 받으면 실행됩니다.

079~138 MQTT로 데이터를 전송하는 함수를 정의합니다. 조도 센서, 온도, 습도, 거리 값을 읽어서 MQTT를 통해 서버로 전송합니다.

[◉ 현재 스크립트 실행] 아이콘을 클릭하여 코드를 실행합니다.

※ [6-3.MQTT] 를 참고하여 MQTTfx프로그램을 다운로드 받고 사용방법을 확인합니다.

MQTTfx프로그램에서 /cds, /distance, /humi, /temp를 구독합니다. 각각 조도, 거리, 습도, 온도값이 ESP32가 발행한 데이터를 구독 하여 데이터를 확인합니다.

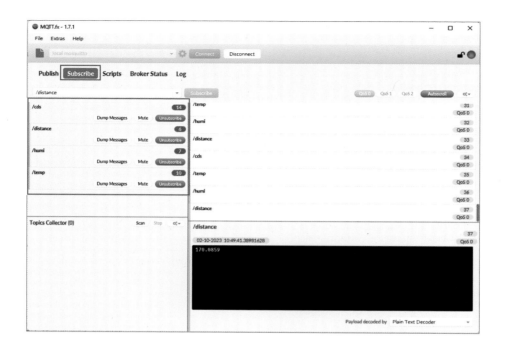

/servo 토픽으로 각도를 발행 하면 ESP32의 서보모터의 제어가 가능합니다.

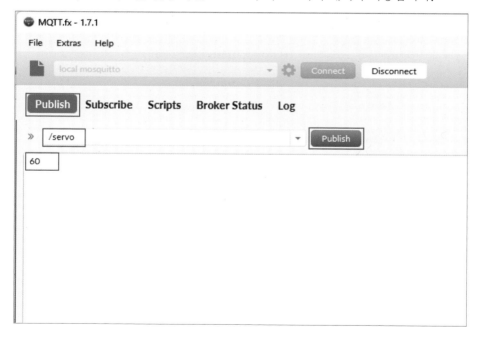

04 _ 3 스마트환경분석 프로젝트

조도센서, 온도, 습도의 값을 측정하고 인터넷시간을 받아 정확한 시간에 조도, 온도, 습도의 값을
SD카드에 기록하는 스마트환경분석 프로젝트를 만들어봅니다.

회로 연결

부품	부품핀	ESP32핀
조도센서	SIG	35
DHT11 온습도센서	SIG or OUT	27
SD카드	MOSI	23
	MISO	19
	SCLK	18
	CS	4

브레드보드를 이용한 회로연결

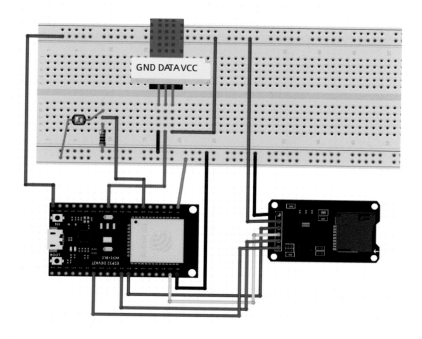

위의 표를 참고하여 회로를 구성합니다. 조도센서에 사용하는 저항은 10K옴입니다.

DHT11,SD카드모듈의 경우 5V전원을 사용하며, 조도센서는 3.3V의 전원을 사용합니다.

ESP32 사물인터넷 보드를 이용한 회로연결

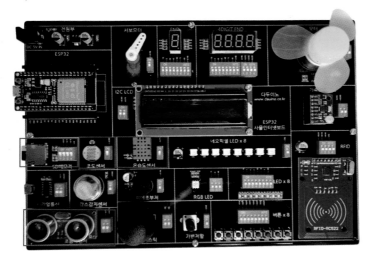

[SD메모리], [조도센서], [온습도센서] 의 선택 스위치를 위쪽방향(ON)으로 선택합니다. 나머지 선택스위치는 아랫방향(OFF)로 선택합니다.

인터넷 시간 받기

Wi-Fi를 통해 네트워크에 연결하고 NTP (Network Time Protocol)를 사용하여 시간을 동기화한 다음 현재 한국 시간을 표시하는 방법을 알아봅니다.

main8-3-1.py

```python
01    import network
02    import utime
03    import ntptime
04    import time
05
06    ssid ="daduino"
07    password ="123456789"
08
09    def wifi_disconnect():
10        wlan = network.WLAN(network.STA_IF)
11        if wlan.isconnected():
12            print("Disconnecting from network...")
13            wlan.disconnect()
14            while wlan.isconnected():
15                time.sleep_ms(300)
16            print("Disconnected from network")
17
18    def wifi_connect():
19        wlan = network.WLAN(network.STA_IF)
20        wlan.active(True)
21
22        if not wlan.isconnected():
```

```
23              print("Connecting to network...")
24              wlan.connect(ssid, password)
25
26              while not wlan.isconnected():
27                  utime.sleep_ms(300)
28
29              print("Connected to network:", wlan.ifconfig())
30              return True
31          else:
32              print("Already connected to network:", wlan.ifconfig())
33              return True
34
35      def set_time_from_ntp():
36          try:
37              ntptime.settime() # NTP 서버에서 시간을 가져옵니다.
38              print("Time synchronized with NTP")
39          except Exception as e:
40              print("Failed to synchronize time with NTP:", str(e))
41
42      def get_kor_time():
43          current_time_utc = utime.localtime() # UTC 현재 시간 가져오기
44          current_time_kst = (current_time_utc[0],
45                                  current_time_utc[1],
46                                  current_time_utc[2] + (current_time_utc[3] +9) //24,
47                                  (current_time_utc[3] +9) % 24,
48                                  current_time_utc[4],
49                                  current_time_utc[5]) # KST로 변환
50
51          formatted_time ="{}-{:02d}-{:02d} {:02d}:{:02d}:{:02d}".format(
52              current_time_kst[0], current_time_kst[1], current_time_kst[2],
53              current_time_kst[3], current_time_kst[4], current_time_kst[5]
54          )
55          return formatted_time
56
57
58      if __name__=="__main__":
59          wifi_disconnect()
60          if wifi_connect():
61              set_time_from_ntp() # NTP 시간을 설정합니다.
62
63              while True:
64                  kor_time = get_kor_time()
65                  print(kor_time)
66                  time.sleep(1.0)
```

35~41 NTP를 사용하여 시간을 설정하는 함수를 정의합니다. 'ntptime.settime()'을 호출하여 NTP 서버에서 시간을 가져옵니다.

42~55 현재 UTC 시간을 가져와 KST (한국 표준시)로 변환하는 함수를 정의합니다.

58~62 메인 코드를 실행합니다. Wi-Fi 연결을 먼저 시도하고, NTP를 사용하여 시간을 설정합니다. 그런 다음 현재 한국 시간을 1초마다 표시합니다.

[⊙ 현재 스크립트 실행] 아이콘을 클릭하여 코드를 실행합니다.

NTP를 통해 정확한 시간을 가져와 한국 시간으로 변환하여 표시합니다.

조도, 온도, 습도 센서 SD카드에 기록하기

NTP (Network Time Protocol)를 사용하여 시간을 동기화한 다음 조도센서 및 DHT11 온습도 센서 데이터를 측정하고 SD 카드에 기록하는 방법을 알아봅니다.

main8-3-2.py

```
001    import network
002    import utime
003    import ntptime
004    import time
005    from machine import Pin, I2C, ADC, PWM, Timer, SPI
006    import dht
007    import machine, sdcard, os
008
009    ssid ="daduino"
010    password ="123456789"
011
012    # 조도센서
013    cds_sensor = ADC(Pin(35))
014    cds_sensor.atten(ADC.ATTN_11DB)
015
016    # DHT11 온습도센서
017    dht11 = dht.DHT11(Pin(27))
018
019    # sd카드
020    spi = SPI(2, sck=Pin(18), mosi=Pin(23), miso=Pin(19))
021    sd = sdcard.SDCard(spi, Pin(4))
022    os.mount(sd, "/sd")
023    file_name="/sd/sensor.txt"
024
025    cds_value =0
026    temp =0
027    humi =0
028
029    def wifi_disconnect():
030        wlan = network.WLAN(network.STA_IF)
031        if wlan.isconnected():
032            print("Disconnecting from network...")
033            wlan.disconnect()
034            while wlan.isconnected():
035                time.sleep_ms(300)
036            print("Disconnected from network")
037
038    def wifi_connect():
039        wlan = network.WLAN(network.STA_IF)
040        wlan.active(True)
```

```
041
042        if not wlan.isconnected():
043            print("Connecting to network...")
044            wlan.connect(ssid, password)
045
046            while not wlan.isconnected():
047                utime.sleep_ms(300)
048
049            print("Connected to network:", wlan.ifconfig())
050            return True
051        else:
052            print("Already connected to network:", wlan.ifconfig())
053            return True
054
055    def set_time_from_ntp():
056        try:
057            ntptime.settime() # NTP 서버에서 시간을 가져옵니다.
058            print("Time synchronized with NTP")
059        except Exception as e:
060            print("Failed to synchronize time with NTP:", str(e))
061
062    def get_kor_time():
063        current_time_utc = utime.localtime() # UTC 현재 시간 가져오기
064        current_time_kst = (current_time_utc[0],
065                            current_time_utc[1],
066                            current_time_utc[2] + (current_time_utc[3] +9) //24,
067                            (current_time_utc[3] +9) % 24,
068                            current_time_utc[4],
069                            current_time_utc[5]) # KST로 변환
070
071        formatted_time ="{}-{:02d}-{:02d} {:02d}:{:02d}:{:02d}".format(
072            current_time_kst[0], current_time_kst[1], current_time_kst[2],
073            current_time_kst[3], current_time_kst[4], current_time_kst[5]
074        )
075        return formatted_time
076
077
078    if __name__=="__main__":
079        wifi_disconnect()
080        if wifi_connect():
081            set_time_from_ntp() # NTP 시간을 설정합니다.
082
083            while True:
084                kor_time = get_kor_time()
085
086                # 조도센서 측정
```

```
087                    cds_value = cds_sensor.read()
088
089                    # DHT11 온습도 센서 측정
090                    try:
091                        dht11.measure()
092                        temp = dht11.temperature()
093                        humi = dht11.humidity()
094                    except:
095                        print("dht11 error")
096
097
098                    f=open(file_name,"a")
099                    write_txt= kor_time +","+ str(cds_value) +","+ str(temp) +","+ str(humi) +"\n"
100                    print(write_txt)
101                    f.write(write_txt)
102                    f.close()
103
104                    time.sleep(1.0)
```

005 'machine', 'sdcard', 'os' 모듈을 가져옵니다.

012~023 조도센서, DHT11 온습도 센서 및 SD 카드 초기화를 수행합니다.

025~030 SD 카드에 데이터를 저장할 파일 이름을 정의합니다.

062~075 현재 UTC 시간을 가져와 KST (한국 표준시)로 변환하는 함수를 정의합니다.

078~104 메인 코드를 실행합니다. Wi-Fi 연결을 먼저 시도하고, NTP를 사용하여 시간을 설정합니다. 그런 다음 한국 시간을 표시하고, 조도센서와 DHT11 센서 데이터를 읽어와 SD 카드에 저장합니다. 1초마다 데이터를 기록하고 시간을 표시합니다.

[**◉ 현재 스크립트 실행**] 아이콘을 클릭하여 코드를 실행합니다.

NTP로 시간을 설정하며, 조도센서와 DHT11 센서 데이터를 SD 카드에 저장하였습니다.

SD카드를 PC에 연결하면 sensor.txt파일이 생성되었음을 확인 할 수 있습니다.

NTP를 이용하여 정확한 시간과 센서데이터가 저장되었습니다.

10분마다 이메일 보내기

10분마다 센서의 정보를 이메일로 전송하는 방법에 대해서 알아봅니다.

main8-3-3.py

```
001    import network
002    import utime
003    import ntptime
004    import time
005    from machine import Pin, I2C, ADC, PWM, Timer, SPI
006    import dht
007    import machine, sdcard, os
008    import umail
009
010    ssid ="daduino"
011    password ="123456789"
012
013    sender_email ='munjjac@gmail.com'#구글 ID test@gmail.com 형식
014    sender_name ='ESP32'#보내는 사람 이름
015    sender_app_password ='nwrr dlak kvdx wfju'#구글 앱 비밀번호
016    email_subject ='sensor'#이메일 제목
017
018    recipient_email ='munjjac@hanmail.net'
019
020    # 조도센서
021    cds_sensor = ADC(Pin(35))
022    cds_sensor.atten(ADC.ATTN_11DB)
023
024    # DHT11 온습도센서
025    dht11 = dht.DHT11(Pin(27))
026
027    # sd카드
028    spi = SPI(2, sck=Pin(18), mosi=Pin(23), miso=Pin(19))
029    sd = sdcard.SDCard(spi, Pin(4))
030    os.mount(sd, "/sd")
031    file_name="/sd/sensor.txt"
032
033    cds_value =0
034    temp =0
035    humi =0
036
037    def wifi_disconnect():
038        wlan = network.WLAN(network.STA_IF)
039        if wlan.isconnected():
040            print("Disconnecting from network...")
041            wlan.disconnect()
042            while wlan.isconnected():
043                time.sleep_ms(300)
044            print("Disconnected from network")
045
046    def wifi_connect():
```

```
047            wlan = network.WLAN(network.STA_IF)
048            wlan.active(True)
049
050            if not wlan.isconnected():
051                print("Connecting to network...")
052                wlan.connect(ssid, password)
053
054                while not wlan.isconnected():
055                    utime.sleep_ms(300)
056
057                print("Connected to network:", wlan.ifconfig())
058                return True
059            else:
060                print("Already connected to network:", wlan.ifconfig())
061                return True
062
063    def set_time_from_ntp():
064        try:
065            ntptime.settime() # NTP 서버에서 시간을 가져옵니다.
066            print("Time synchronized with NTP")
067        except Exception as e:
068            print("Failed to synchronize time with NTP:", str(e))
069
070    def get_kor_time():
071        current_time_utc = utime.localtime() # UTC 현재 시간 가져오기
072        current_time_kst = (current_time_utc[0],
073                                        current_time_utc[1],
074                                        current_time_utc[2] + (current_time_utc[3] +9) //24,
075                                        (current_time_utc[3] +9) % 24,
076                                        current_time_utc[4],
077                                        current_time_utc[5]) # KST로 변환
078
079        formatted_time ="{}-{:02d}-{:02d} {:02d}:{:02d}:{:02d}".format(
080            current_time_kst[0], current_time_kst[1], current_time_kst[2],
081            current_time_kst[3], current_time_kst[4], current_time_kst[5]
082        )
083        return formatted_time
084
085    def send_email(sender_email,sender_app_password,sender_name,recipient_email,email_subject,send_txt):
086        smtp = umail.SMTP('smtp.gmail.com', 587, ssl=False)
087        smtp.login(sender_email, sender_app_password)
088        smtp.to(recipient_email)
089        smtp.write("From:"+ sender_name +"<"+ sender_email+">\n")
090        smtp.write("Subject:"+ email_subject +"\n")
091        smtp.write(str(send_txt))
092        #smtp.write("Hello from ESP32")
093        smtp.send()
094        smtp.quit()
095        print("메일을 성공적으로 보냈습니다.")
096
```

```
097     if __name__=="__main__":
098         wifi_disconnect()
099         if wifi_connect():
100             set_time_from_ntp() # NTP 시간을 설정합니다.
101
102             while True:
103                 kor_time = get_kor_time()
104
105                 # 조도센서 측정
106                 cds_value = cds_sensor.read()
107
108                 # DHT11 온습도 센서 측정
109                 try:
110                     dht11.measure()
111                     temp = dht11.temperature()
112                     humi = dht11.humidity()
113                 except:
114                     print("dht11 error")
115
116                 # sd카드에 쓰기
117                 f=open(file_name,"a")
118                 write_txt= kor_time +","+ str(cds_value) +","+ str(temp) +","+ str(humi) +"\n"
119                 print(write_txt)
120                 f.write(write_txt)
121                 f.close()
122
123                 # 이메일 전송
124                 send_txt ="cds="+str(cds_value) +"\n"+"temp="+str(temp) +"\n"+ "humi="+str(humi) +"\n"
125                 send_email(sender_email,sender_app_password,sender_name,recipient_email,email_subject,send_txt)
126
127                 #10분 기다리기
128                 time.sleep(1.0 *60 *10)
```

010~016 이메일 설정에 필요한 정보를 설정합니다. 이메일을 보낼 Gmail 계정의 정보가 여기에 들어가야 합니다. 또한 이메일의 제목과 수신자 이메일 주소를 설정합니다.

085~096 이메일을 보내는 함수를 정의합니다. Gmail SMTP 서버를 사용하여 이메일을 전송합니다.

098~126 메인 코드를 실행합니다. 먼저 Wi-Fi 연결을 시도하고 NTP로 시간을 설정합니다. 그런 다음 한국 시간을 가져와서 조도센서와 DHT11 센서 데이터를 읽어와 SD 카드에 저장합니다. 데이터를 읽어와서 이메일로 전송하고, 10분 동안 대기한 다음 다시 데이터를 읽고 이메일을 보내는 작업을 반복합니다.

[현재 스크립트 실행] 아이콘을 클릭하여 코드를 실행합니다.

※ [5-6.이메일보내기]를 참고하여 구글 이메일 설정 후 진행합니다.

10분마다 센서의 정보를 이메일로 전송하였습니다.

---

sensor 🗗

∧ 보낸사람 ESP32<munjjac@gmail.com>   주소추가   수신차단

    cds=3433
    temp=27
    humi=38

---

08 _ 4 날씨정보 알리미

기상청의 날씨와 실내 센서의 날씨를 기록하는 장치를 만들어봅니다.

회로 연결

부품	부품핀	ESP32핀
LCD	SCL	25
	SDA	26
DHT11 온습도센서	SIG or OUT	27

브레드보드를 이용한 회로연결

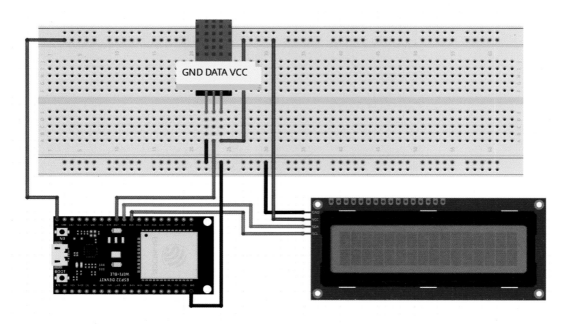

위의 표를 참고하여 회로를 구성합니다.

DHT11, LCD의 경우 5V 전원을 사용합니다.

ESP32 사물인터넷 보드를 이용한 회로연결

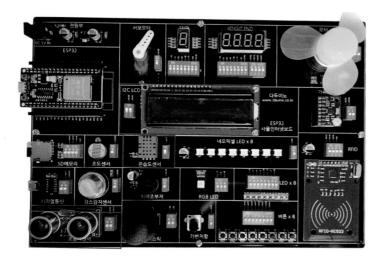

[온습도센서],[I2C LCD] 의 선택 스위치를 위쪽방향(ON)으로 선택합니다. 나머지 선택 스위치는 아랫방향(OFF)로 선택합니다.

실내온도와 실외온도 출력하기

DHT11 센서로 실내 온습도를 측정하고, KMA(기상청) 웹사이트에서 실외 온습도 정보를 가져와서 LCD에 표시하는 예제입니다.

※ [5-4.날씨표시]를 참고하여 기상청 주소를 확인한 다음 진행합니다.

main8-4-1.py

```
001    import time,utime
002    import dht
003    from machine import Pin,I2C
004    from i2c_lcd import I2cLcd
005    import network
006    import urequests
007
008    ssid ="daduino"
009    password ="123456789"
010
011    url ="http://www.kma.go.kr/wid/queryDFSRSS.jsp?zone=4139054000"
012
013    # dht11
014    dht11=dht.DHT11(Pin(27))
015
016    # lcd
017    DEFAULT_I2C_ADDR =0x27
018    i2c = I2C(1,sda=Pin(26),scl=Pin(25),freq=400000)
```

```python
019     lcd = I2cLcd(i2c, DEFAULT_I2C_ADDR, 2, 16)
020
021
022     def wifi_disconnect():
023         wlan = network.WLAN(network.STA_IF)
024         if wlan.isconnected():
025             print("Disconnecting from network...")
026             wlan.disconnect()
027             while wlan.isconnected():
028                 time.sleep_ms(300)
029             print("Disconnected from network")
030
031     def wifi_connect():
032         wlan = network.WLAN(network.STA_IF)
033         wlan.active(True)
034
035         if not wlan.isconnected():
036             print("Connecting to network...")
037             wlan.connect(ssid, password)
038
039             while not wlan.isconnected():
040                 utime.sleep_ms(300)
041
042             print("Connected to network:", wlan.ifconfig())
043             return True
044         else:
045             print("Already connected to network:", wlan.ifconfig())
046             return True
047
048     def extract_temp_and_reh(xml_text):
049         try:
050             temp_start = xml_text.find("<temp>") +len("<temp>")
051             temp_end = xml_text.find("</temp>", temp_start)
052             temp = xml_text[temp_start:temp_end]
053
054             reh_start = xml_text.find("<reh>") +len("<reh>")
055             reh_end = xml_text.find("</reh>", reh_start)
056             reh = xml_text[reh_start:reh_end]
057
058             return temp, reh
059         except Exception as e:
060             print("Error extracting data from XML:", e)
061             return None, None
062
063     in_temp =0
064     in_humi =0
065     out_temp =0
066     out_reh =0
067
068     if __name__=="__main__":
```

```
069        wifi_disconnect()
070        if wifi_connect():
071            while True:
072                try:
073                    response = urequests.get(url)
074                    if response.status_code ==200:
075                        print("HTTP GET 요청 성공!")
076
077                        out_temp, out_reh = extract_temp_and_reh(response.text)
078                        if (out_temp is not None) and (out_reh is not None):
079                            print("실외 온도:", out_temp)
080                            print("실외 습도:", out_reh)
081                    else:
082                        print("HTTP GET 요청 실패. 상태 코드:", response.status_code)
083                except Exception as e:
084                    print("HTTP GET 요청 중 오류 발생:", e)
085                finally:
086                    response.close()
087
088                try :
089                    dht11.measure()
090                    in_temp = dht11.temperature()
091                    in_humi = dht11.humidity()
092                    print("실내 온도:", in_temp)
093                    print("실내 습도:", in_humi)
094                except :
095                    print("dht11 error")
096
097
098                lcd.move_to(0,0)
099                lcd.putstr("IT:")
100                lcd.move_to(3,0)
101                lcd.putstr(str(in_temp))
102
103                lcd.move_to(0,1)
104                lcd.putstr("IH:")
105                lcd.move_to(3,1)
106                lcd.putstr(str(in_humi))
107
108                lcd.move_to(6,0)
109                lcd.putstr("OT:")
110                lcd.move_to(9,0)
111                lcd.putstr(str(out_temp))
112
113                lcd.move_to(6,1)
114                lcd.putstr("OH:")
115                lcd.move_to(9,1)
116                lcd.putstr(str(out_reh))
117
118                time.sleep(1.0)
```

008~010 Wi-Fi 연결에 필요한 SSID와 비밀번호를 설정합니다.

011 KMA(기상청) 웹사이트에서 날씨 정보를 가져오기 위한 URL을 설정합니다.

048~062 KMA(기상청) 웹사이트에서 XML 데이터에서 온도와 습도를 추출하는 함수를 정의합니다.

068~118 메인 코드를 실행합니다. 먼저 Wi-Fi 연결을 시도하고 KMA(기상청) 웹사이트에서 날씨 정보를 가져옵니다. 가져온 데이터에서 온도와 습도를 추출하고, DHT11 센서로 실내 온습도를 측정합니다. LCD에 온도와 습도 정보를 표시하고 1초마다 업데이트합니다.

[⊙ 현재 스크립트 실행] 아이콘을 클릭하여 코드를 실행합니다.

실외온도는 기상청에서 실내온도는 DHT11센서를 이용하여 출력하였습니다.

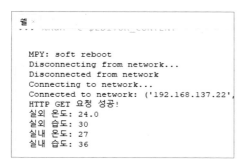

```
셸 ×

MPY: soft reboot
Disconnecting from network...
Disconnected from network
Connecting to network...
Connected to network: ('192.168.137.22',
HTTP GET 요청 성공!
실외 온도: 24.0
실외 습도: 30
실내 온도: 27
실내 습도: 36
```

실내온도와 실외온도 thingspeak에 기록하기

DHT11 센서로 실내 온습도를 측정하고, KMA(기상청) 웹사이트에서 실외 온습도 정보를 가져와서 ThingSpeak 서버에 업로드하는 예제입니다

thingspeak 채널 추가

thingspeak에 접속한다음 새로운 채널을 추가합니다.

[실내 실외 온도 습도 비교] 로 이름을 정한다음 4개의 field에 아래와 같이 실내온도, 실내습도, 실외온도, 실외습도로 이름을 지정한다음 스크롤을 아래로 내려 저장을 눌러 채널을 생성합니다.

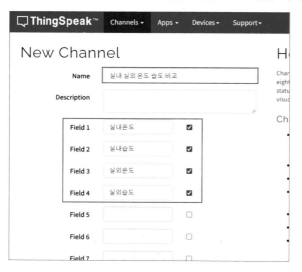

하나의 채널에 4개의 데이터를 받을수 있는 그래프가 생성되었습니다.

[API Keys] 탭으로 이동하여 Write API Key를 복사합니다.

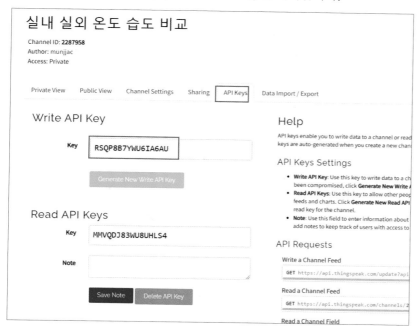

thingspeak에 채널을 추가하는 코드를 작성합니다.

```python
001    import time,utime
002    import dht
003    from machine import Pin,I2C
004    from i2c_lcd import I2cLcd
005    import network
006    import urequests
007
008    ssid ="daduino"
009    password ="123456789"
010
011    url ="http://www.kma.go.kr/wid/queryDFSRSS.jsp?zone=4139054000"
012
013    # dht11
014    dht11=dht.DHT11(Pin(27))
015
016    # lcd
017    DEFAULT_I2C_ADDR =0x27
018    i2c = I2C(1,sda=Pin(26),scl=Pin(25),freq=400000)
019    lcd = I2cLcd(i2c, DEFAULT_I2C_ADDR, 2, 16)
020
021
022    api_key_thingspeak ="RSQP8B7YWU6IA6AU"
023    thingspeak_url ='http://api.thingspeak.com/update?api_key='+ api_key_thingspeak
024
025
026    def wifi_disconnect():
027        wlan = network.WLAN(network.STA_IF)
028        if wlan.isconnected():
029            print("Disconnecting from network...")
030            wlan.disconnect()
031            while wlan.isconnected():
032                time.sleep_ms(300)
033            print("Disconnected from network")
034
035    def wifi_connect():
036        wlan = network.WLAN(network.STA_IF)
037        wlan.active(True)
038
039        if not wlan.isconnected():
040            print("Connecting to network...")
041            wlan.connect(ssid, password)
042
043            while not wlan.isconnected():
044                utime.sleep_ms(300)
045
```

```
046                    print("Connected to network:", wlan.ifconfig())
047                    return True
048            else:
049                    print("Already connected to network:", wlan.ifconfig())
050                    return True
051
052    def extract_temp_and_reh(xml_text):
053        try:
054                temp_start = xml_text.find("<temp>") +len("<temp>")
055                temp_end = xml_text.find("</temp>", temp_start)
056                temp = xml_text[temp_start:temp_end]
057
058                reh_start = xml_text.find("<reh>") +len("<reh>")
059                reh_end = xml_text.find("</reh>", reh_start)
060                reh = xml_text[reh_start:reh_end]
061
062                return temp, reh
063        except Exception as e:
064                print("Error extracting data from XML:", e)
065                return None, None
066
067    def send_thingspeak(field1=0,field2=0,field3=0,field4=0):
068        input_json = {'field1':field1, 'field2':field2, 'field3':field3, 'field4':field4}
069
070        request_headers = {'Content-Type': 'application/json'}
071        request = urequests.post(thingspeak_url,
072                                        json = input_json,
073                                        headers = request_headers )
074
075        request.close()
076
077    in_temp =0
078    in_humi =0
079    out_temp =0
080    out_reh =0
081
082    if __name__=="__main__":
083        wifi_disconnect()
084        if wifi_connect():
085            while True:
086                try:
087                        response = urequests.get(url)
088                        if response.status_code ==200:
089                                print("HTTP GET 요청 성공!")
090
091                                out_temp, out_reh = extract_temp_and_reh(response.text)
092                                if (out_temp is not None) and (out_reh is not None):
```

```
093                                    print("실외 온도:", out_temp)
094                                    print("실외 습도:", out_reh)
095                         else:
096                                print("HTTP GET 요청 실패. 상태 코드:", response.status_code)
097                  except Exception as e:
098                         print("HTTP GET 요청 중 오류 발생:", e)
099                  finally:
100                         response.close()
101
102          try :
103                  dht11.measure()
104                  in_temp = dht11.temperature()
105                  in_humi = dht11.humidity()
106                  print("실내 온도:", in_temp)
107                  print("실내 습도:", in_humi)
108          except :
109                  print("dht11 error")
110
111          send_thingspeak(in_temp,in_humi,out_temp,out_reh)
112
113
114          lcd.move_to(0,0)
115          lcd.putstr("IT:")
116          lcd.move_to(3,0)
117          lcd.putstr(str(in_temp))
118
119          lcd.move_to(0,1)
120          lcd.putstr("IH:")
121          lcd.move_to(3,1)
122          lcd.putstr(str(in_humi))
123
124          lcd.move_to(6,0)
125          lcd.putstr("OT:")
126          lcd.move_to(9,0)
127          lcd.putstr(str(out_temp))
128
129          lcd.move_to(6,1)
130          lcd.putstr("OH:")
131          lcd.move_to(9,1)
132          lcd.putstr(str(out_reh))
133
134          time.sleep(10.0)
```

011 KMA(기상청) 웹사이트에서 날씨 정보를 가져오기 위한 URL을 설정합니다.

022~023 ThingSpeak에 데이터를 업로드하기 위한 API 키와 업로드 URL을 설정합니다.

026~050 Wi-Fi 연결과 관련된 함수를 정의합니다. Wi-Fi 연결 및 연결 해제를 수행합니다.

052~066 KMA(기상청) 웹사이트에서 XML 데이터에서 온도와 습도를 추출하는 함수를 정의합니다.

067~113 ThingSpeak 서버에 데이터를 업로드하는 함수를 정의합니다. ThingSpeak에는 4개의 필드('field1', 'field2', 'field3', 'field4')에 데이터를 업로드할 수 있습니다.

082~133 메인 코드를 실행합니다. 먼저 Wi-Fi 연결을 시도하고 KMA(기상청) 웹사이트에서 날씨 정보를 가져옵니다. 가져온 데이터에서 온도와 습도를 추출하고, DHT11 센서로 실내 온습도를 측정합니다. LCD에 온도와 습도 정보를 표시하고, ThingSpeak 서버에 데이터를 업로드합니다. 데이터 업로드 후 10초 동안 대기합니다.

[◉ 현재 스크립트 실행] 아이콘을 클릭하여 코드를 실행합니다.

실내온도, 실내습도, 실외온도, 실외습도의 데이터가 출력됩니다.

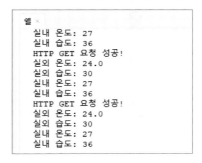

thingspeak에 실내온도, 실내습도, 실외온도, 실외습도의 데이터가 기록되었습니다.

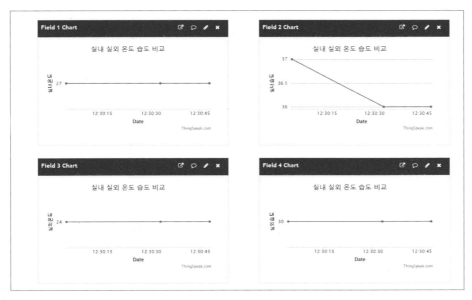

04 _ 5 주식, 코인 시세 알리미

주식과 코인의 시세를 출력하는 프로그램을 만들어봅니다.

비트코인, 삼성전자 금액 출력하기

비트코인(BTC) 가격과 삼성전자(005930) 주식 가격을 가져오는 예제입니다.

main8-5-1.py

```
01    import network
02    import time
03    import urequests
04    import json
05
06    ssid ="daduino"
07    password ="123456789"
08
09    def wifi_connect():
10        wlan = network.WLAN(network.STA_IF)
11        wlan.active(True)
12
13        if not wlan.isconnected():
14            print("Connecting to network...")
15            wlan.connect(ssid, password)
16
17            while not wlan.isconnected():
18                time.sleep_ms(300)
19
20            print("Connected to network:", wlan.ifconfig())
21            return True
22        else:
23            print("Already connected to network:", wlan.ifconfig())
24            return True
25
26    def get_coin_price(coin_name):
27        try:
28            url ="https://api.upbit.com/v1/ticker?markets=KRW-"
29            response = urequests.get(url+str(coin_name))
30            if response.status_code ==200:
31                #print("HTTP GET 요청 성공!")
32                data = json.loads(response.text)
33
34                # 비트코인 시세 데이터 추출
35                bitcoin_info = data[0]
36                market = bitcoin_info["market"]
37                trade_date = bitcoin_info["trade_date"]
38                trade_time = bitcoin_info["trade_time"]
39                trade_price = bitcoin_info["trade_price"]
```

```
40                   change = bitcoin_info["change"]
41                   change_price = bitcoin_info["change_price"]
42                   change_rate = bitcoin_info["change_rate"]
43
44                   #print("시장:", market)
45                   #print("거래 일자:", trade_date)
46                   #print("거래 시간:", trade_time)
47                   #print("거래 가격:", "{:.2f}".format(trade_price))
48                   #print("전일 대비:", change)
49                   #print("전일 대비 변동량:", change_price)
50                   #print("전일 대비 변동률:", change_rate)
51
52                   return "{:.2f}".format(trade_price)
53
54           except Exception as e:
55               print("HTTP GET 요청 중 오류 발생:", e)
56
57
58       def get_stock_price(stock_number):
59           try:
60               url ="https://m.stock.naver.com/api/json/search/searchListJson.nhn?keyword="
61               response = urequests.get(url+str(stock_number))
62               if response.status_code ==200:
63                   #print("HTTP GET 요청 성공!")
64                   data = json.loads(response.text)
65
66                   # 주식 시세 데이터 추출
67                   stock_info = data["result"]["d"][0]
68                   stock_name = stock_info["nm"]
69                   stock_price = stock_info["nv"]
70                   stock_change = stock_info["cv"]
71                   stock_change_rate = stock_info["cr"]
72
73                   #print("주식 이름:", stock_name)
74                   #print("주식 가격:", stock_price)
75                   #print("전일 대비 변동량:", stock_change)
76                   #print("전일 대비 변동률:", stock_change_rate)
77                   return stock_price
78
79           except Exception as e:
80               print("HTTP GET 요청 중 오류 발생:", e)
81
82
83
84       def main():
85           if wifi_connect():
86               print("비트코인 가격:",get_coin_price("BTC"))
87               print("삼성전자 가격:",get_stock_price("005930"))
88
89       if __name__ =="__main__":
90           main()
```

26~56 비트코인(BTC) 가격을 가져오는 'get_coin_price' 함수를 정의합니다. Upbit API를 사용하여 비트코인 시세 정보를 가져옵니다. 가져온 데이터에서 필요한 정보를 추출하고 해당 정보를 포맷하여 반환합니다.

58~81 삼성전자(005930) 주식 가격을 가져오는 'get_stock_price' 함수를 정의합니다. 네이버 주식 검색 API를 사용하여 주식 시세 정보를 가져옵니다. 가져온 데이터에서 필요한 정보를 추출하고 해당 정보를 반환합니다.

84~88 'main' 함수에서 먼저 Wi-Fi 연결을 시도하고, 연결이 성공하면 'get_coin_price' 함수를 호출하여 비트코인 가격을 가져오고 출력합니다. 그리고 'get_stock_price' 함수를 호출하여 삼성전자 주식 가격을 가져오고 출력합니다.

[▶ 현재 스크립트 실행] 아이콘을 클릭하여 코드를 실행합니다.

비트코인과 삼성전자의 금액이 출력되었습니다.

```
쉘 ×
>>> %Run -c $EDITOR_CONTENT

 MPY: soft reboot
 Already connected to network: ('192.168.137.22', '25
 비트코인 가격: 38079000.00
 삼성전자 가격: 68400
>>>
```

비트코인, 삼성전자 금액 10분마다 텔레그램으로 전송하기

비트코인(BTC) 가격과 삼성전자(005930) 주식 가격을 가져와서 Telegram으로 전송하는 예제입니다.

※ [7-4.텔레그램]를 참고하여 텔레그램 봇을 만들고 API키와 채팅방의 아이디를 확인한다음 진행합니다.

main8-5-2.py

```python
001    import network
002    import time
003    import urequests
004    import json
005    import utelegram
006
007    ssid ="daduino"
008    password ="123456789"
009    token ="5400967414:AAEmAvwaQF6du8gny7A9upRniGvtHOi-Ro0"
010    chat_id ="730238165"
011
012    def wifi_connect():
013        wlan = network.WLAN(network.STA_IF)
014        wlan.active(True)
015
016        if not wlan.isconnected():
017            print("Connecting to network...")
018            wlan.connect(ssid, password)
019
020            while not wlan.isconnected():
021                time.sleep_ms(300)
022
023        print("Connected to network:", wlan.ifconfig())
024        return True
```

```
026                print("Already connected to network:", wlan.ifconfig())
027                return True
028
029    def get_coin_price(coin_name):
030        try:
031            url ="https://api.upbit.com/v1/ticker?markets=KRW-"
032            response = urequests.get(url+str(coin_name))
033            if response.status_code ==200:
034                #print("HTTP GET 요청 성공!")
035                data = json.loads(response.text)
036
037                # 비트코인 시세 데이터 추출
038                bitcoin_info = data[0]
039                market = bitcoin_info["market"]
040                trade_date = bitcoin_info["trade_date"]
041                trade_time = bitcoin_info["trade_time"]
042                trade_price = bitcoin_info["trade_price"]
043                change = bitcoin_info["change"]
044                change_price = bitcoin_info["change_price"]
045                change_rate = bitcoin_info["change_rate"]
046
047                #print("시장:", market)
048                #print("거래 일자:", trade_date)
049                #print("거래 시간:", trade_time)
050                #print("거래 가격:", "{:.2f}".format(trade_price))
051                #print("전일 대비:", change)
052                #print("전일 대비 변동량:", change_price)
053                #print("전일 대비 변동률:", change_rate)
054
055                return "{:.2f}".format(trade_price)
056
057        except Exception as e:
058            print("HTTP GET 요청 중 오류 발생:", e)
059
060
061    def get_stock_price(stock_number):
062        try:
063            url ="https://m.stock.naver.com/api/json/search/searchListJson.nhn?keyword="
064            response = urequests.get(url+str(stock_number))
065            if response.status_code ==200:
066                #print("HTTP GET 요청 성공!")
067                data = json.loads(response.text)
068
069                # 주식 시세 데이터 추출
070                stock_info = data["result"]["d"][0]
071                stock_name = stock_info["nm"]
072                stock_price = stock_info["nv"]
073                stock_change = stock_info["cv"]
074                stock_change_rate = stock_info["cr"]
075
```

```
076                    #print("주식 이름:", stock_name)
077                    #print("주식 가격:", stock_price)
078                    #print("전일 대비 변동량:", stock_change)
079                    #print("전일 대비 변동률:", stock_change_rate)
080                    return stock_price
081
082         except Exception as e:
083             print("HTTP GET 요청 중 오류 발생:", e)
084
085
086
087    def main():
088        if wifi_connect():
089            bitcoin_price = get_coin_price("BTC")
090            samsung_price = get_stock_price("005930")
091            print("비트코인 가격:",bitcoin_price)
092            print("삼성전자 가격:",samsung_price)
093            send_txt ="bitcoin:"+ bitcoin_price +" samsung:"+ samsung_price
094            bot = utelegram.ubot(token)
095            bot.send(chat_id,send_txt)
096            time.sleep(60.0 *10)
097
098    if __name__ =="__main__":
099        main()
```

87~96 'main' 함수에서 먼저 Wi-Fi 연결을 시도하고, 연결이 성공하면 'get_coin_price' 함수와 'get_stock_price' 함수를 호출하여 비트코인 가격과 삼성전자 주식 가격을 가져옵니다. 그리고 가져온 정보를 문자열로 합쳐서 'send_txt' 에 저장합니다. 그리고 utelegram 모듈을 사용하여 Telegram으로 메시지를 보냅니다.

[▶ 현재 스크립트 실행] 아이콘을 클릭하여 코드를 실행합니다. 매 10분마다 비트코인과 삼성전자의 시세를 테레그램으로 전송하였습니다.